『憲法研究』創刊にあたって

2017年11月3日

辻村みよ子

　日本国憲法は，2017年5月3日に施行70周年を迎えた。

　この憲法は，第二次大戦を終結させたポツダム宣言を履行すべく，総司令部案をもとに原案（1946年3月6日「改正草案要綱」）が確定され，「帝国憲法改正案」として帝国議会に提出された（同年6月20日）。衆議院および貴族院での修正可決後，衆議院で可決（同年10月7日），10月29日に枢密院の採択を経て，11月3日に公布，翌1947年5月3日に施行された。

　憲法制定過程の特殊性・歴史性のゆえに，国民主権，基本的人権尊重，権力分立など「近代立憲主義」の諸原理を確立した日本国憲法が，「外見的立憲主義」の憲法であった大日本帝国憲法の「改正」として成立し，施行後も「押しつけ憲法論」のもとで「解釈改憲」の対象となってきた。さらに，2016年7月参議院選挙後に憲法改正発議要件である「各議院の総議員の3分の2」の見通しが立ってからは，自民党総裁（首相）から改憲日程や項目が具体的に示され，2017年10月衆議院選挙の公約に憲法改正項目が盛り込まれるなど，「明文改憲」が喫緊の政治課題になっている。

　また，世界の憲法動向に目を転じれば，20世紀後半からのソ連邦解体，EU統合などの政治変動がさらに進み，2016年にはイギリスの国民投票によるEU離脱，アメリカのトランプ大統領誕生，2017年にはフランス大統領選挙・ドイツ連邦議会選挙における極右派の急拡大など，慌ただしい様相を呈している。排外主義の高まりのなかで，人権や民主主義すらも危ぶむ声もある。まさに今日，日本の平和主義や人権保障の真価がますます問われている状況ともいえよう。

　このような状況下において，「憲法70年の憲法理論と運用を総括し，変容する世界の憲法動向をふまえて，基礎原理論に切り込む，憲法学研究の総合誌」として，『憲法研究』を創刊する。このこと自体，大きな歴史的意義をもつ営みであるに違いない。

　本誌は，学会の紀要を除けば，日本初，唯一の「憲法研究」雑誌となる。また，日本の戦後70年の憲法史を総括する歴史（憲法史）的視座を基調として，国際憲法学会（International Association of Constitutional Law：IACL）や諸外国の憲法研究動向をもふまえた比較憲法的視座にたって，日本と世界の憲法理論・憲法動向を展望することをめざしている。

　憲法変動や社会変動のなかでの憲法問題のアクチュアリティを追求しつつ，さらなる憲法理論の深化と日本国憲法の基本原理の定着のために，本誌創刊が貢献できることを願ってやまない。

『憲法研究』第2号　目次

創刊にあたって（辻村みよ子）

特集　世界の憲法変動と民主主義

企画趣旨：憲法変動に対峙する憲法理論のために⋯⋯ 辻村みよ子 ⋯ 1
　　Ⅰ　本誌1・2号のテーマと民主主義（1）
　　Ⅱ　特集1と世界の憲法変動（2）
　　Ⅲ　特集2と日本の課題（4）
　　Ⅳ　憲法変動に対峙する憲法理論のために（4）

インタビュー

1　日本の「デモクラシー」と比較憲法学の課題 ⋯⋯⋯⋯⋯⋯⋯ 7
　　樋 口 陽 一　　（聞き手）愛 敬 浩 二

〈特集1〉　世界の憲法状況と民主主義

2　イギリスにおける2016年国民投票および2017年総選挙
　　── 「EU 離脱」をめぐる民意と代表 ⋯⋯⋯⋯⋯⋯⋯⋯⋯ 江 島 晶 子 ⋯ 23
　　Ⅰ　はじめに ── 「2016年国民投票」とは何だったのか（23）
　　Ⅱ　イギリスにおける国民投票（27）
　　Ⅲ　2016年国民投票（28）
　　Ⅳ　試される憲法原理（36）
　　Ⅴ　おわりに（39）

3　フランス大統領選とナショナル・ポピュリズム ⋯⋯ 吉 田　　徹 ⋯ 41
　　Ⅰ　はじめに（41）
　　Ⅱ　政治空間の「三分割化」の進展と FN の伸長（44）
　　Ⅲ　大統領選の推移（52）
　　Ⅳ　まとめと展望（56）

4　2017年フランス国民議会選挙と憲法・選挙制度 ⋯⋯ 只 野 雅 人 ⋯ 59
　　Ⅰ　はじめに ── 破壊と追認？（59）

目　次

Ⅱ　2017年国民議会選挙と選挙秩序（60）

Ⅲ　憲法改正論と選挙制度（68）

Ⅳ　む　す　び（72）

5　ドイツの民主政の現状と課題
── 2017年連邦議会選挙を挟んで………………………植 松 健 一…75

は じ め に（75）

Ⅰ　„Politische Klasse" und „Lex AfD"（75）

Ⅱ　統治構造改革の課題（79）

Ⅲ　多党化にゆれる議会運営（84）

まとめにかえて（89）

6　ソロンのディカステリア
── アメリカの大統領制とポピュリズム………………大 林 啓 吾…91

序　（91）

Ⅰ　ポピュリズムとは何か（93）

Ⅱ　ポピュリズムが憲法に突きつけるもの（95）

Ⅲ　人民立憲主義と人民主権論（98）

Ⅳ　憲法秩序内の人民立憲主義（101）

後　　序（105）

7　朴槿恵大統領弾劾と韓国の民主主義………………國 分 典 子…107

は じ め に（107）

Ⅰ　弾劾事件の論点と判断（107）

Ⅱ　弾劾決定にみられる立憲主義と民主主義の関係（114）

Ⅲ　大統領罷免決定後の議論（117）

お わ り に（118）

8　ペルー社会の「憲法化」と憲法裁判の可能性
──21世紀ラテンアメリカの憲法状況を見定めるための一つの傾向
………………………………………………川 畑 博 昭…121

Ⅰ　は じ め に（121）

Ⅱ　21世紀ペルー政治の変動と憲法裁判 ── ペルーなりの突破口（123）

Ⅲ　憲法裁判が見せたペルーの過去，現在，未来 ── 先住民問題と開発（127）

Ⅳ　おわりに ── 国家間権力格差構造の現実の前で（131）

iii

［憲法研究 第2号（2018.5）］

〈特集2〉 日本の憲法状況と民主主義

9 審議回避の手段となった衆議院解散権
── 2017年解散総選挙と議会制民主主義 ── ……………大 山 礼 子 … 135

Ⅰ 異例ずくめの「国難突破」解散（135）
Ⅱ 大義なき解散の常態化（136）
Ⅲ 国会審議を回避する内閣（143）
Ⅳ リーダーシップ強化の果て（146）

10 解散権制約の試み
── イギリス庶民院の解散制度の変更 ── ……………植 村 勝 慶 … 149

Ⅰ は じ め に（149）
Ⅱ 議会任期固定法の内容・背景・運用（150）
Ⅲ イギリス解散制度の位置づけ ── 他国との比較（156）
Ⅳ おわりに ── 日本への示唆（158）

11 選挙制度改革の課題
── 参議院の議員定数不均衡問題を中心に ── …………岡 田 信 弘 … 161

は じ め に（161）
Ⅰ 本判決の内容（162）
Ⅱ 本判決の位置づけとメッセージ（165）
Ⅲ 本判決に対する「応答」としての合区解消論（170）
お わ り に（172）

書評

糠塚康江編『代表制民主主義を再考する ── 選挙をめぐる三つの問い』
（ナカニシヤ出版）………………………………………新 井 　 誠 … 173

■ 憲法年表（2017年10月1日〜2018年3月31日）………………………… 181
■ 日本の憲法状況 ── 憲法審査会の動向（2017年10月1日〜2018年3月31日）
…………………………………………………………………… 183
■ 国際学会等のご案内…………………………………………… 197

執筆者紹介
（掲載順）

辻村みよ子（つじむら　みよこ）

明治大学法科大学院教授，東北大学名誉教授

一橋大学大学院法学研究科博士課程（単位取得），法学博士

〈主要近著〉『比較憲法（第3版）』（岩波書店，2018年），『憲法（第6版）』（日本評論社，2018年），『憲法改正論の焦点』（法律文化社，2018年），『最新　憲法資料集』（辻村編著，信山社，2018年），『講座　政治・社会の変動と憲法 —— フランス憲法からの展望』（辻村編集代表・全2巻，信山社，2017年），『憲法と家族』（日本加除出版，2016年），『概説　ジェンダーと法（第2版）』（信山社，2016年），『選挙権と国民主権』（日本評論社，2015年），『比較のなかの改憲論』（岩波書店，2014年）

樋口陽一（ひぐち　よういち）

東北大学名誉教授，東京大学名誉教授

東北大学大学院法学研究科博士課程修了，東北大学法学博士，Dr. h. c. de l'Üniversité Paris 2

〈主要著作〉『近代立憲主義と現代国家』（勁草書房，1973年），『近代国民国家の憲法構造』（東京大学出版会，1994年），*Le constitutionnalisme entre l'Occident et le Japon*（Helbing & Lichtenhahn, 2001），*Constitutionnalisme, idée universelle, expressions cliversifiées*（Société de Législation Comprée, 2006）『憲法という作為 —— 「人」と「市民」の連関と緊張』（岩波書店，2009年），『抑止力としての憲法 —— 再び立憲主義について』（岩波書店，2017年）

愛敬浩二（あいきょう　こうじ）

名古屋大学大学院法学研究科教授

早稲田大学大学院法学研究科博士課程修了，博士（法学）

〈主要著作〉『近代立憲主義思想の原像』（法律文化社，2003年），『立憲主義の復権と憲法理論』（日本評論社，2012年），『改憲の何が問題か』（共著，岩波書店，2013年）

江島晶子（えじま　あきこ）

明治大学法学部教授

明治大学大学院法学研究科博士課程退学（単位取得），博士（法学）

〈主要著作〉「多層的人権保障システムの resilience —— 「自国第一主義」台頭の中で」辻村みよ子他編『「国家と法」の主要問題』（日本評論社，2018年），"The Comparative and Transnational Nature of the Bill of Rights: An Analysis of the Japanese Experience under the Bill of Rights after World War II"，阪口正二郎他編『憲法の思想と発展』（信山社，2017年），"A Possible Cornerstone for an Asian Human Rights Court, SNU Asia-Pacific Law Institute（ed），*Global Constitutionalism and Multi-layered Protection of Human Rights*（Constitutional Court of Korea, 2016），「権利の多元的・多層的実現プロセス —— 憲法と国際人権条約の関係からグローバル人権法の可能性を模索する」公法研究78号（2016年）

吉田　徹（よしだ　とおる）

北海道大学法学研究科教授

東京大学大学院総合文化研究科国際社会科学博士課程単位取得退学，博士（学術）

〈主要著作〉『ミッテラン社会党の転換 —— 社会主義から欧州統合へ』（法政大学出版局，2008年），『ヨーロッパ統合とフランス —— 偉大さを求めた1世紀』（編著，法律文化社，2012年），『「野党」とは何か —— 政権交代と組織改革の比較政治』（編著，ミネルヴァ書房，2015年）

只野雅人 (ただの まさひと)

一橋大学大学院法学研究科教授

一橋大学大学院法学研究科博士課程修了。博士（法学）

〈主要著作〉『代表における等質性と多様性』（信山社，2017年），『新・コンメンタール憲法』（共編著，日本評論社，2015年），『憲法と議会制度』（共著，法律文化社，2007年），『憲法の基本原理から考える』（日本評論社，2006年），『選挙制度と代表制』（勁草書房，1995年）

植松健一 (うえまつ けんいち)

立命館大学法学部教授

名古屋大学大学院法学研究科博士後期課程中退

〈主要著作〉「ドイツの民主政における阻止条項の現在（1）～（3・完）」立命館法学359号（2015年），365号（2016年），366号（同），「諜報機関による議員監視と『たたかう民主制』」55巻1号（2011年），プレビシット解散の法理と自主解散の論理」法政論集230号（2009年），『憲法講義』（共著，日本評論社，2015年）

大林啓吾 (おおばやし けいご)

千葉大学大学院専門法務研究科准教授

慶應義塾大学大学院法学研究科博士課程修了，博士（法学）

〈主要著作〉『ロバーツコートの立憲主義』（共編著，成文堂，2017年），『最高裁の少数意見』（共編著，成文堂，2016年），『憲法とリスク』（弘文堂，2015年），『アメリカ憲法と執行特権』（成文堂，2008年）

國分典子 (こくぶん のりこ)

名古屋大学大学院法学研究科教授

慶應義塾大学大学院法学研究科後期博士課程単位取得退学，法学博士（ドイツ，エアランゲン・ニュルンベルク大学）

〈主要著作〉『近代東アジア世界と憲法思想』（慶應義塾大学出版会，2012年），「日本における『国民』を巡る議論と問題」『日韓憲法学の対話 I 総論・統治機構』（共編著，尚学社，2012年），「韓国における『広義』の憲法改正と憲法裁判所の機能」駒村圭吾・待鳥聡史編『『憲法改正』の比較政治学』（弘文堂，2015年），「韓国」大石眞・大山礼子編『国会を考える』（三省堂，2017年）

川畑博昭 (かわばた ひろあき)

愛知県立大学日本文化学部准教授

名古屋大学大学院法学研究科博士課程後期課程満期退学，博士（法学）

〈主要著作〉『共和制憲法原理のなかの大統領中心主義 ── ペルーにおけるその限界と可能性』（日本評論社，2013年），「『日本の君主制』再論 ── 憲法制度を凌駕する信仰」『日出づる国と日沈まぬ国 ── 日本・スペイン交流の400年』（共編著，勉誠出版，2016年），「憲法とスペイン語 ── 『言語的存在としての法』の一断面」『法生活空間におけるスペイン語の用法研究』（共著［第1章］，ひつじ書房，2016年），『憲法とそれぞれの人権（第3版）』（共著，法律文化社，2017年）

大山礼子 (おおやま れいこ)

駒澤大学法学部教授

一橋大学大学院法学研究科修士課程修了，博士（法学）

国立国会図書館勤務，聖学院大学助教授，同教授を経て，2003年より現職。専攻は政治制度論。

〈主要著作〉『国会学入門（第2版）』（三省堂，2003年），『比較議会政治論』（岩波書店，2003

年），『日本の国会』（岩波新書，2011年），『フランスの政治制度（第2版）』（東信堂，2013年）

植 村 勝 慶（うえむら　かつよし）

國學院大學法学部教授
名古屋大学大学院法学研究科博士課程後期課程単位取得退学
〈主要著作〉「イギリスにおける庶民院解散権の廃止 ── 連立政権と議会任期固定法の成立」
本秀紀編『グローバル時代における民主主義の変容と憲法学』（日本評論社，2016年），「イギ
リス統治機構の変容」憲法問題26（2015年），「衆議院の自律的解散権論・再訪」杉原泰雄・
樋口陽一・森英樹編『戦後法学と憲法（長谷川正安先生追悼論集）』（日本評論社，2012年）

岡 田 信 弘（おかだ　のぶひろ）

北海学園大学大学院法務研究科教授，北海道大学名誉教授
北海道大学大学院法学研究科公法専攻博士課程単位修得退学
〈主要著作〉『人権論の新展開』（共著，北海道大学図書刊行会，1999年），『欧州統合とフラン
ス憲法の変容』（共著，有斐閣，2003年），『日本国憲法解釈の再検討』（共編著，有斐閣，
2004年），『事例から学ぶ日本国憲法』（放送大学教育振興会，2013年）

新 井　　誠（あらい　まこと）

広島大学大学院法務研究科教授
慶應義塾大学大学院法学研究科後期博士課程単位取得退学，博士（法学）
〈主要著作〉『議員特権と議会制 ── フランス議員免責特権の展開』（成文堂，2008年），「議
会と裁判所の憲法解釈をめぐる一考察」『現代アメリカの司法と憲法 ── 理論的対話の試み』
（共編著，尚学社，2013年），『憲法Ⅰ　総論・統治』，『憲法Ⅱ　人権』（共著，日本評論社，
2016年），「二元的執政府と両院制議会 ── 元老院との関係から見た一考察」『講座　政治・
社会の変動と憲法 ── フランス憲法からの展望 第Ⅱ巻）政治変動と立憲主義の展開』（共編
著，信山社，2017年），「フランスにおけるテロ対策法制とその変容」『変容するテロリズムと
法 ── 各国における〈自由と安全〉法制の動向』（共編著，弘文堂，2017年）

〈特集〉 世界の憲法変動と民主主義

企画趣旨

憲法変動に対峙する憲法理論のために

辻村みよ子

Ⅰ　本誌1・2号のテーマと民主主義
Ⅱ　特集1と世界の憲法変動
Ⅲ　特集2と日本の課題
Ⅳ　憲法変動に対峙する憲法理論のために

Ⅰ　本誌1・2号のテーマと民主主義

　本誌『憲法研究』創刊号（2017年11月3日刊行）は「国民主権と象徴天皇制」を扱い、この第2号では「国民主権と民主主義」の問題を扱っている。本号のテーマを、「世界の憲法変動と民主主義」としたのは、近年の諸国の憲法状況（憲法変動）が、民主主義の変容と課題（あるいは危機的状況）を、如実に示しているからに他ならない。

　ここでは、民主主義の語義について、広義に「人民による統治」（ギリシア語の「デモクスの支配」）のように捉えているが、近年の問題状況からすれば、いかなる民主主義か、立憲主義とどう関わるのか、などの諸点を含めて、世界と日本の憲法状況を展望する広い視座から、その意義やあり方自体を再検討しなければならないだろう。

　この点で、冒頭の樋口陽一教授のインタビューが、日本の「デモクラシー」と比較憲法の課題をテーマとして、重要な問題提起を行っている。

　日本のみならず世界の憲法学の泰斗であり、国際憲法学会名誉会長・日本公法学会元会長・日本学士院会員など文字通り代表的な地位にあって、比較憲法学、日本公法学、フランス憲法学等の研究・教育をリードしてこられた樋口教授の理論や研究の深層に迫ることは、憲法研究者をはじめとする多くの読者にとって極めて有意義である。また本誌『憲法研究』自体にとっても、創刊の意図や編集の方向性を示す点で、直接インタビューできる機会を得たことは喜ばしいことである。その前半では、民主主義の意味や立憲主義との関係、「抑止力としての憲法」の真意などが明らかにされ、後半では、樋口憲法学のキー・コンセプトである「ル

憲法研究　第2号（2018年5月）

［憲法研究　第2号(2018.5)］

ソー＝ジャコバン型」「トクヴィル＝アメリカ型」という近代社会の二類型の背景や比較憲法の課題について，聞き手である愛敬浩二編集委員の突き詰めた質問に答える形で論じられている。

このインタビューは，樋口憲法学・比較憲法学を学ぶために貴重な内容であるとともに，世界の憲法動向をふまえて，「デモクラシー」と比較憲法学の意義と課題を明らかにしようとする本誌の特集号にとって，総論的な意味を持つものである。

Ⅱ　特集1と世界の憲法変動

本誌では，このような比較憲法学の課題と土俵を確認した上で，世界の憲法状況と日本の民主主義の現況について，第一線の専門研究者10名が詳細な分析を加えている。

いうまでもなく，2016年11月のアメリカ大統領選挙以降，世界の憲法政治は，目まぐるしく，またポピュリズムや政治家個人への権力集中など一定の傾向をもって，変動を続けている。

2016年11月のオーストリア大統領選挙，2017年3月のオランダ総選挙に続いて，5月フランス大統領選挙，6月イギリス総選挙，9月ドイツ総選挙，2018年3月イタリア総選挙等が実施され，従来の二大政党制や既存政党の凋落傾向，移民・難民問題等を背景とした極右政党とポピュリズムの席巻など，厳しい状況が現存する。トランプ大統領の独裁的政治手法に加えて，中国の2018年3月憲法改正による国家主席の任期撤廃，ロシア大統領選挙におけるプーチン大統領の長期政権確定なども加えれば，世界の政治状況は，むしろ，民主主義の成熟とは逆の方向に動いているようにみえる点が危惧される。

そこで，本号特集1は，「世界の憲法状況と民主主義」をテーマとして，イギリスのEU離脱・総選挙，フランスの大統領選挙・議会選挙，ドイツの議会選挙，アメリカの大統領制とポピュリズム，韓国（東アジア）およびラテンアメリカの民主主義の現況と課題を明らかにする。

とくにイギリスに関する江島晶子論文では，議会主権の国で2016年6月に実施された国民投票の結果EU離脱支持が多数を占めた後の困難をふまえて，代表民主制と直接民主制の関係や二大政党制の課題が提起される。成文憲法をもたない（憲法改正手続がない）イギリスの特殊性を認めてもなお，他国にも通じる普遍的論点が凝縮されていて興味深い。

フランスについては，政治学の吉田徹論文が，「ポピュリズム・ドミノ」に対

する試金石でもあった2017年フランス大統領選挙で，極右政党のルペン候補が２位になったものの，決選投票において進歩派でグローバル主義者のマクロンが勝利した経過を中心に，今後の趨勢を占う分析を寄せている。

また，大統領選挙の翌月に実施された総選挙について，只野雅人論文が詳細に分析している。大統領制と議院内閣制の中間形態を採用し，近年では「半大統領制」とも称されるフランスでは，大統領と国民議会の多数派が一致することが嘱望されてきたが，2017年にはこれが実現して強固な政治基盤が確立された。そのメカニズムと既存政党システム「破壊」の今後が注目される。

2017年９月24日の総選挙の結果，従来の二大政党が議席を減らしたドイツについては，右派の AfD（ドイツのための選択肢）が得票率を伸ばして多党化となった状況を植松健一論文が分析している。小選挙区比例代表併用制という選挙制度に由来する超過議席の結果，本来598の議席が709議席となり，議会運営にも困難が生じている。メルケル首相の第４期政権維持のために CDU と SPD の大連立が成立しており，今後の政権運営が注目される。

ついで，アメリカについては，大林啓吾論文がトランプ大統領選出過程でのポピュリズムを分析し，近時の憲法学説によりつつ，人民立憲主義との接合を展望する。この人民立憲主義の概念は，人民主権と立憲主義の複合型であることが示されるが，個々の概念の内実，例えば，アメリカの人民主権とフランスのそれとの異同などをめぐって，各国の議論に共通する理論的課題が再び登場する。

さらに，東アジアについては，韓国を取り上げた。國分典子論文が詳しく分析するように，韓国では2017年に憲法裁判所で朴大統領の弾劾審判が実施され，罷免が決定された。その主たる理由が「国民主権と代議民主主義の本質の毀損」にあり，憲法裁判所が民主主義の問題に深くコミットした過程が示される。ここでは，民主主義と立憲主義の関係をめぐる理論的課題が提起されており，文在寅大統領の下で南北協調路線が進む朝鮮半島や東アジアの今後を占う意味でも，目が離せない状況にある。

ラテンアメリカの憲法状況については，従来から大統領中心主義として理解されてきたが，近年では，憲法裁判所の活性化などにより，人権保障重視への展開が認められる。なかでも特徴的な状況にあるペルーの憲法について，川端博昭論文が分析している。アジア，ラテンアメリカ，アフリカ諸国については，日本の憲法学・比較憲法学の研究が不足しているのが実情であり，本誌で上記の論稿を得られたことは貴重である。

［憲法研究　第 2 号(2018.5)］

Ⅲ　特集 2 と日本の課題

　日本国内でも，憲法施行70周年を経て，2017年 5 月 3 日に自民党総裁でもある首相から具体的な憲法改正案（自衛隊の明記）が提案されて以来，北朝鮮のミサイル発射などを背景に「国難突破」選挙と称する解散総選挙による安倍一強体制のもとで，憲法改正論議が進められてきた。憲法学のテーマとして重要な，解散権の制限や「合区」の憲法改正論をめぐる理論的課題も明らかになりつつある。

　そこで，特集 2 「日本の憲法状況と民主主義」では，2017年解散・総選挙や憲法改正動向を踏まえた政治学的な分析と，解散権制約の問題，参議院の「合区」問題などを含む選挙制度問題を取り上げる。

　政治学の大山礼子論文は，「異例ずくめ」だった2017年 9 月28日解散の大義と実態を踏まえて解散権制約の問題を検討すると同時に，臨時国会召集期限についても論じて，首相のリーダーシップ強化の弊害を明らかにしている。

　続く，植村勝慶論文は，解散権制約法として重要な意味を持つイギリスの議会任期固定法を素材に諸外国の解散制度を比較検討し，日本の解散権の運用が特異であることを指摘する。日本では，今後，解散権をいかに制約して，行政権優位型議院内閣制から，せめて均衡型に引き戻すことができるかどうかが課題となるであろう。

　さらに，岡田信弘論文は，参議院議員定数訴訟における2017年〈平成29〉年 9 月27日最高裁大法廷合憲判決を素材として，投票価値平等を厳格化するために近年の最高裁判決が求めてきた都道府県単位の選挙区の見直し（「合区」の実施）と，自民党の憲法改正案（「合区」解消案）との対抗図式を提示して後者を批判的に検討する。この問題には，43条の代表制や二院制の在り方，投票価値平等の重要性（および選挙権の権利性）に関する根底的な理論的課題が多く含まれており，自民党憲法改正推進本部がどこまで理解しているのか疑問もあるところである。岡田論文はこの問題に多面的に切り込むことで，憲法改正論議の「軽さ」を危惧している。

Ⅳ　憲法変動に対峙する憲法理論のために

　上記の諸論文やインタビューの分析から得られた結果だけを見ても，われわれを取り巻く憲法政治の状況が，緊迫感と重要課題に満ちたものであることがわかる。今後の日本と世界がいかなる民主主義を構築し，発展させてゆくことができ

るか，また，比較憲法学や憲法学という学問が，これらの憲法変動にいかに対峙できるかについて，本誌の特集が示唆に富むものとなれば幸いである。

　なお，憲法変動に対峙する憲法理論の確立をめざして創刊された本誌の推進力となるべく，第2号にあわせて，憲法史研究・憲法判例研究に資する『最新　憲法資料集 ── 年表・史料・判例解説』（辻村編著），および，憲法解釈学・学説研究・比較憲法理論研究に資する『概説　憲法コンメンタール』（辻村＝山元編，本誌編集委員・編集協力者による共著）の3冊が，2018年春期に同時刊行されている。本誌購読者の皆さまには，憲法をより深く学ぶために，是非とも，ご活用いただけることを願っている。

インタビュー

1 日本の「デモクラシー」と比較憲法学の課題

樋口陽一／愛敬浩二（聞き手）

　樋口陽一先生の近著『抑止力としての憲法 ── 再び立憲主義について』を拝読させて頂いたのですが，比較憲法や基礎理論に関わる研究書でありながら，日本の民主主義の現状に対しても，重大な問題提起となっていると感じました。そこで本日は，同書での樋口先生のご議論や問題提起を踏まえつつ，「日本の『デモクラシー』と比較憲法学の課題」というテーマについて，樋口先生にインタビューをしたいと思います（愛敬）。

　＊インタビューの中で言及された文献の情報については，20頁の【文献一覧】を参照。本文中では，著者名と発行年を組み合わせて，「樋口2017ａ:1」というかたちで示した。この場合，樋口陽一『抑止力としての憲法』の１頁を指示している。

1　日本の「デモクラシー」と立憲主義

> **Q1**　「日本の『デモクラシー』と比較憲法学の課題」というタイトルですが，「デモクラシー」にカッコが付いているのは，樋口先生のご要望に従ったものです。デモクラシー（民主主義）というのは多義的概念ですので，以下の議論において，どのような意味でお使いになるのかを確認させて下さい。というのも，デモクラシーという概念が多義的であることは言うまでもありませんし，本日の議論との関係では，Ｑ６とＱ７のところで取り上げるレジス・ドゥブレ（Régis Debray）の論文，「あなたはデモクラットか，それとも共和主義者か」（1989年）の用語法が問題になります。ドゥブレ論文で「デモクラシー」は，樋口先生が「ルソー＝ジャコバン型」として描き出したフランスの「共和国」と対置される特殊な意味内容を持たされているからです。先生が「デモクラシー」にカッコを付けたのは，ドゥブレの独特な用語法を意識したものなのでしょうか。

　樋口：いいえ。タイトルにある「デモクラシー」というのは，ドゥブレの言う「デモクラシー」とは関係ありません。普通に言われているところのデモクラシーの意味です。つまり，専制的な支配ではない秩序という一番広い意味で，日本もそういう意味でのデモクラシーに属することは間違いない。大正デモクラシーの

時期を中心に帝国憲法下の日本もこのような意味でのデモクラシーであったと私は考えていますが，ましてや，1945年8月以降の日本が広義のデモクラシーに属することは，論ずるまでもないことでしょう。

　そういう意味でのデモクラシーを前提とした上で，私の用語としては，民主主義と立憲主義を論理的に違ったものとしてとりあえず区別し，歴史的にもそれぞれに対応するものを，広い意味での憲法史の中で説明しています。

　立憲主義についても，積極的立憲主義（positive constitutionalism）と消極的立憲主義（negative constitutionalism）を区別する必要があります。これまで何となく，一般的に念頭に置かれてきたのは後者だと思いますが，阪口正二郎さんがスティーヴン・ホームズ（Stephen Holmes）の議論を援用しながら展開してくれたので（阪口2001: 224-234），積極的立憲主義のほうも共通の認識になりました。愛敬さんがある論文で，私の立憲主義を「異形」と適切に表現してくれましたが（愛敬2014: 61-63），それはここで言う積極的立憲主義に当たります。一方，消極的立憲主義は，「国家からの自由」をポイントとする自由立憲主義で，古典的な自由主義，それから利益集団自由主義，そしてネオ自由主義，というふうに，歴史的に少なくとも3つの意味を持ってきたと思います。

　以上のとおりですが，立憲主義を論ずる場合，実は，「何からの自由か」ということを意識する必要があります。積極的立憲主義の場合，何よりも「社会からの自由」が重要です。歴史的には「宗教からの自由」であり，今日的には「お金からの自由」，「資本からの自由」ということになります。

　それに対して，私が立憲主義と対比する民主主義というのは，権力を作り，維持し，正統化する。そういう意味で，「デモスの支配」というギリシャ語の語源そのままの民主主義，です。

　民主主義も，立憲主義も，いわば「逸脱した形態」をそれぞれの系列の中で産んできました。前者については，今日のポピュリズムの問題があり，さらに突き詰めると，1930年代の経験まで含まれる。国民主権を前提とした上での，しかし，今日では誰が考えても民主主義とは呼べないものまで含まれる。立憲主義のほうも，いわゆる「後見人付きのデモクラシー」，すなわち，憲法裁判所等の裁判機関によって民主主義が管理されるような体制・運用へと逸れていくことを問題視する際に使われるような言葉使いを含めて，タイトルの「デモクラシー」という言葉にカッコを付けました。

　最後に，「日本の」という言葉をあえて付けたのは，私たち研究者は，それぞれ専門の領域で，あるいは英米の，あるいは第三世界の，あるいは旧社会主義世界の，それぞれに固有の問題に没入して研究しますから，「日本という問題」が

1 〈インタビュー〉日本の「デモクラシー」と比較憲法学の課題〔樋口陽一／愛敬浩二〕

読者には伝わらないような作品を，私自身を含めて書いてきています。これは学問のあり方からして，決して邪道ではないのですが，そのことで，学問としての社会的責任を果たせるのかどうかという問題があると思います。そういう意味で，「日本の」という言葉をあえて付けて頂いたということです。

> **Q2** 「日本の」デモクラシーという場合，第二次安倍政権成立以降の日本の民主主義の状況も踏まえて，比較憲法学の課題を議論することになると思うのですが，安倍政権の政治手法への対抗として，とりわけ，2015年の安保関連法案の制定過程において，メディアはもちろん，一般市民の間にも，国家権力の抑制原理としての立憲主義という考え方が，一定のポピュラリティを獲得した感じがします。それにもかかわらず，『抑止力としての憲法』で樋口先生は，どちらかというと積極的立憲主義の意義を強調しているように読めますし，再び「それにもかかわらず」ですが，そのような内容のご著書に『抑止力としての憲法』という題名を付けたのはなぜなのでしょうか。

樋口：直接的には，安倍政権の政治運営に対して，国家権力からの自由を念頭に置いて，立憲主義という言葉が生きてくるわけです。ただし，5年足らずの間に5回も国政選挙で安倍政権に支持を与えた日本社会に対する批判，「日本社会からの自由」という問題も，私が2017年末の時点で出版した『抑止力としての憲法』の主要なポイントでした。

私がここで問題にしているのは，形に出ない日本社会の「雰囲気」です。日本社会では，宗教が前面に出てくることはない。しかし，お金の力をベースにしたある種の雰囲気に，日本の民主主義は強く縛り付けられている。端的に言えば，株価でしょう。円の価値を引き下げる。どんどんどんどん引き下げて行くことによって，つまり国民一人ひとりが，実は資産をどんどん縮小させていくことによって，かろうじて株価を上げている。政権発足時と比べると，2倍以上になっているわけです。それが日本社会にもたらす「雰囲気」の問題です。もちろん，憲法学者が直接，研究すべき対象ではありませんが，そのような問題意識をもって，それぞれの憲法論をやることが必要じゃないのかということです。

もっと理論的に踏み込んで説明しますと，愛敬さんが「異形」という言葉で受け止めて下さった私の問題提起は，研究者としての，言わば本能であって，今まで言われてきたことを繰り返すことはしない，違った角度から問題提起をしたい，という面があり，「初期近代」の意味を改めて先鋭的に提示したいとの思いもあ

りました。

　遡れば,「近代」というもののあり方自身が,社会集団からの解放を主要な課題としていました。社会契約論の系譜の最初に,ホッブズ（Thomas Hobbes）が出て来るのは,決して偶然ではない。「人は人にとって狼である」という認識から出発して,レス・プブリカ,コモン・ウェルス,すなわち,「公共」というものを組み立てるのだという,ホッブズの問題意識を片時も忘れてはならないと思います。

　他方,「初期近代」を飛び越した日本近代史の特殊な成り立ちゆえに,戦前日本の立憲主義憲法学に典型的ですが,立憲主義は最初から「国家からの自由」として,消極的立憲主義として輸入されてしまった。アメリカはその特殊な成り立ちからして,消極的立憲主義でよかったのですけれども,ヨーロッパの場合には,積極的立憲主義という「初期近代」の課題をまず果たさなければならなかった。社会契約論の系譜の最初はホッブズでなくてはならず,ホッブズがいなければ,ロック（John Locke）が出てくる前提がなかった。

　ホッブズなしにロックが出てくると,社会集団の支配が温存され,個人の展開を抑止する。そういう状況の中で憲法学は苦しい議論を余儀なくされているけれども,それが憲法学にとっての「日本という問題」なのではないか,ということです。

2　ルネ・カピタン再読と「抑止力としての憲法」

> **Q3**　『抑止力としての憲法』の中で樋口先生は,ルネ・カピタン（René Capitant）の憲法論を検討されています。同書の第1章「『知』が『近代』を構想したとき」の中で,ホッブズとカール・シュミット（Carl Schmitt）の議論がまず検討され,そして,ホッブズ理解をめぐって,次にシュミットとカピタンの議論が検討されるかたちになっています。実は,樋口先生の前著『憲法という作為──『人』と『市民』の連関と緊張』（樋口2009a）の冒頭にある論考は「ルネ・カピタン再読」です。「『個人』と『共和国』思考」と題する第Ⅰ章の第1節に位置付けられています。そこで質問なのですが,先ほどの議論との関係で,カピタンを読むことの意義はどの辺りにあるのでしょうか。

　樋口：私の恩師であるカピタン先生の議論に度々言及していることについて,一言で言えば,カピタン学説の本質は,私の書き物の中で強調してきたことですけれども,あらゆるものに対する「アンチ＝異議申立者」なのです。1930年代に

1 〈インタビュー〉日本の「デモクラシー」と比較憲法学の課題〔樋口陽一／愛敬浩二〕

学界にデビューして，まずアンチ・ミュンヘン（1938年ミュンヘン会議への異議申立）ですね。第二次世界大戦が始まると，アンチ・ヴィシー（ドイツに降伏後のフランス政府に対する異議申立）になります。それから，戦後は，第4共和政の中道連合，すなわち，左の共産党と右のドゴール派の両方を排除した中道連合に対するアンチです。アルジェリア戦争に対しては，徹底的なアンチ・アルジェリア戦争であり，国際政治のレベルでは，アンチNATOだったわけです。一貫して「アンチ」であるカピタンの態度は，「抑止力」として必要な，知識人のありようを典型的に示している。私が，カピタン先生の思い出を語る小文の副題を，「西欧知識人の『異議申立』精神」としたのもそのためです（樋口2017b: 87）。

　しかし，カピタンは，「アンチ」の立場で一貫して，権力に近づかなかったのではなく，カピタン自身が関わったレジスタンス綱領のいわば実施者，執行者として，戦争末期の臨時政府段階から，ドゴール政権の主要閣僚として，「アンチ」を前提にした知識人であると同時に政策遂行者であったことも見落とすべきではないでしょう。

　カピタンには「建設の思想家」という側面があります。最も有名なのが，文部大臣時代に国立行政学院（ENA: École nationale d'administration）を作ったことでしょう。戦前の教育機関としては，サルトル（Jean-Paul Sartre）とレイモン・アロン（Raymond Aron）が同級生だったという高等師範大学（École Normale Supérieure）ですね。第3共和政下で支配的であった知的有産階級の再生産に頼っていたのでは駄目だ。特権的な教育機関と化した高等師範大学だけでは足りないということで，レジスタンスの勝利という時点で着想されたのがENAですが，今ではそれ自身が，特権の牙城になっているということで，いろいろな人が教育改革を議論しているところです。

　私がカピタンを「建設の思想家」として評価するのは，レジス・ドゥブレが擁護するような「共和国」の理念を残すための制度を一応設計したからです。戦後日本についていえば，南原繁の改革がそうだったのでしょうけどね。

Q4　カピタンが，フランス「共和国」のための「建設の思想家」としての側面を持つとすると，彼の憲法論と政治実践に対する樋口先生の高い評価からして，「国家からの自由」よりも，「公共」の構築を重視する憲法論を展開してもよさそうなものですが，そうではありませんね。かつて，個人の権利の擁護のために「公共の福祉」を制約することに重点を置いてきた憲法学・行政法学のあり方を批判し，より建設的な方向への「公法観念の再編」を求めた政治学者・松下圭一の提

［憲法研究 第2号（2018.5）］

言（松下1973）がありました。それに対して，先生は批判的な応接をし，「私欲の解放」をあえて肯定するなど，消極的立憲主義の意義を強調する議論をなさっています（樋口1974）。

『抑止力としての憲法』を拝読して興味深かったのは，どちらかといえば，積極的立憲主義の意義が強調されている同書の，最初の注で改めて，松下理論に対するご自身の応答の意義を確認されている点でした（樋口2017a: 193）。現在の政治情勢の下で，「日本のデモクラシー」を考える場合，消極的立憲主義だけでは駄目だけれども，積極的立憲主義でよいというわけでもない。そのバランスというか，そういう問題についてお聞きしたいのですが。

樋口：単なるバランスの問題にしてしまうと，歴史的文脈における議論の立て方という問題が見えにくくなるかもしれません。松下論文を当時，手島孝さんなどは，「松下ショック」として受け止めました。美濃部達吉以来の消極的立憲主義では駄目じゃないか，建設のほうまで行くべきではないかとの提言ですから，確かに大きな問題提起です。当時の私の応答は，「日本はまだそんなことが言える身分じゃない」というものでした。日本の公法学は，「建設」の前にまず「国家権力からの自由」を徹底的に推し進めなくちゃいけない。消極的立憲主義の学説がなぜ挫折したのかという疑問に答えを見つける前に，「建設」に向かうのはよくない，と考えました。

愛敬さんの第二の質問ですが，松下理論への私自身の応接への言及を，なぜ『抑止力としての憲法』の冒頭の文章に対する注の中でしたのか，という問題です。「国家からの自由」としての消極的立憲主義のある側面は，高度経済成長の下である程度以上に広まってきたのではないか。逆にそこをつけ込まれて，安倍政権が5年間の間に5回の国政選挙で勝利する事態を招いたのではないか。

高度経済成長下の利益集団リベラリズムという段階を経て，その次のネオ・リベラリズムの段階になると，権力の側が「公より私」というイデオロギーを押し出してくる。そうなってくると，本当のところは心配が伴うのだけれども，私としては，「公」を持ち出さなくちゃいけなくなってきたのです。愛敬さんが指摘して下さった注の中で，1970年代の私は，「権力へのペシミズム」を強調する立場を表明していました。そのこととの対照を明示しておくことが必要と考え，ご指摘のような註記をしたのです。

1 〈インタビュー〉日本の「デモクラシー」と比較憲法学の課題〔樋口陽一／愛敬浩二〕

3　1989年の憲法状況とそれから30年を経て

> **Q5**　フランス革命200周年を記念して1989年にパリで開かれた「フランス革命のイマージュ」でのご報告において，樋口先生は「個人主義という基本哲学をそれぞれに援用する近代社会の二つの類型」として，「ルソー＝ジャコバン型」と「トクヴィル＝アメリカ型」の対置を提唱されたわけですが，先生ご自身，この89年パリ報告は先生の比較憲法体系における重要な転換点であったとお考えのご様子です（樋口2016a: 334-335, 342-343）。
> 　「比較憲法学の課題」との関係で，先生の89年パリ報告の意義についてお話を聞く前に，歴史の転換というか，時代認識の問題として，1989年の前と後で何が変わって，さらに30年後の現在，どのような状況にあるのか，という点について，先生のお考えをお聞かせ下さい。

　樋口：1989年というのは，ヨーロッパ規模でいうと，旧ソ連圏の東欧諸国で軒並み，それまでの一党支配が解体しました。その締めくくりが，12月のルーマニア大統領チャウシェスク（Nicolae Ceauşescu）夫妻の処刑だったわけですが，ルーマニア以外は平和的な変革でした。話は前後しますが，愛敬さんがご指摘下さった報告をしたのは，1989年の7月14日を挟んだ歴史学者を中心にした学際的で大規模な国際学会においてでした。ヨーロッパの東側世界の大変革の前兆はあったとしても，まだ目に見える変化は起きていませんでした。

　逆に中国では，6月4日の天安門事件が起こっています。天安門事件自身がやはり，ヨーロッパの地殻変動を敏感に感じ取った中国の若者たちの行動が引き金になって，民主化運動が高揚し，けれども，逆にああいうかたちで大きな惨事を引き起こすことになったわけですから，現れ方は正反対ですけれども，世界史の大きな状況から申し上げると，洋の東西を問わず，共産党一党支配に動揺が生じていることが，誰の眼にもはっきりと見え始めた時期と言えます。

　それでは，知の世界ではどうだったかというと，先ほど申し上げた国際政治の状況は，西側から見れば，1789年人権宣言の復権という客観的な意味合いを持つわけですけれども，ヨーロッパの，特にフランスの知的社会の雰囲気というのは，逆に「ユーロ・ペシミズム」，ヨーロッパ文明に対する懐疑でした。

　もともとフランスの知的フォーラムは，フランス的意味での左派の影響が一貫して強かったこともあり，ロシア革命，そして毛沢東革命に対して，好意的というよりも，それに入れ込むような論調が支配的でした。しかし，フランスの知識

[憲法研究 第 2 号 (2018.5)]

人, 特に左派知識人がそれぞれ, 人類の未来を託したいと描いてきたものが次々, 幻滅を余儀なくされている。私はある書き物に書いたんですけど (樋口1989a: 16-17), 要するに, 彼らは「青い鳥」を探している。スターリンも駄目だった。毛沢東もなんだかおかしい。そうなると次はホーチミンで, 第三世界に期待する, ということになるわけですね。

左派に限らず, 一貫してユーロ・ペシミズムなのですが, それに多文化主義という新しい要素が加わって, ヨーロッパ中心主義に対する自己批判というのが, フランスの論壇のメインストリームだった。そんな中で私は意識的に, 「西欧よ, そんなに物分かりがよくなるな」と論じました。ヨーロッパ諸国は植民地支配の過去を正面から見極めていくことの責任はもちろんだけれど, だからといって, ポスト・コロニアリズムの論調に染まって, 自らが掲げてきた人権というシンボルが人類にとって意味を持ってきたこと, そして現代も意味を持ち続けていることを忘れてはいけない, ということを強調したんです。

私は当時の勤務先の休講を一週間だけにしたかったので, 最終日は出席せずに帰国したのですが, 最終日の歴史家モーリス・アギュロン (Maurice Agulhon) による総括報告を聞いた日本の研究者のお話で, 彼が, 「我々自由と人権の友であり続けようとしている歴史家は, 樋口報告によって大いにエンカレッジされた」と述べたことを知りました。その後この大会の全記録は Pergamon 社から全4巻本として出版されていますし, 私の報告の私自身による日本語訳もそのあと出しています (樋口2009b: 50-71)。なお, この大会について, 『自由と国家』(樋口1989a: 210) には誤った情報をもとに書いた記述があり, 同書の最新の印刷で訂正してあります (樋口2016b: 211)。

愛敬さんがご指摘下さったとおり, 「ルソー＝ジャコバン型」と「トクヴィル＝アメリカ型」という二類型を私が示したのは, その文脈でのことでした。そして, その年の10月, レジス・ドゥブレが, 例のイスラム・スカーフ事件の問題を切っ掛けとして, 一般論壇誌に長い論説「あなたはデモクラットか, それとも共和主義者か」を書いて, フランス流の「共和国」とアメリカ流の「デモクラシー」を明快に対置させてみせたんですね。

Q6 「イスラム・スカーフ事件」というのは, パリ郊外の公立中学校で, ムスリムの3人の女子生徒が教室内でもスカーフを被ったままであったところ, 教室でのスカーフの着用はライシテ (政教分離) に反すると考えた校長はそれを止めさせようとしたが, 女子生徒がそれに従わなかったので, 校長は彼女たちを退校

1 〈インタビュー〉日本の「デモクラシー」と比較憲法学の課題〔樋口陽一／愛敬浩二〕

させた事件です。樋口先生もこの事件について論じておりますし（樋口1994: 114-126），私自身，主に英語圏の政治哲学の議論を参考にしつつ，この事件を検討したことがあります（愛敬2012: 173-199）。

　樋口先生のパリ報告とドゥブレ論文が，アメリカ型のデモクラシーと対照的なものとしての，フランスの「共和国」という理念あるいは政治構想の意義や固有性を，ほぼ同時期に，それも1989年に論じたことには，何か理由があったとお考えですか。

　また，先ほど，「ユーロ・ペシミズム」の話がありましたが，1989年から30年近く経過した現在，その間のヨーロッパ人権条約システムの「成功」等もあって，ヨーロッパの側から「人権の普遍性」をポジティブに語ることも増えた気がするのですが。

　樋口：パリで報告をする前，ドゥブレのその論文は出ていませんでしたし，ドゥブレも私の報告を聞いていないでしょうから，お互い無関係に，同じようなことを同じ時期に語ったということでしょう。

　ここで指摘しておきたいのは，『憲法という作為』の冒頭でも紹介しましたが，カピタンが1939年の講演で，「République とは，ひとつの政府形態以上のもの，デモクラシー以上のもの」であると論じており，50年前に私たちと同様の議論をしていたことです（樋口2009a: 3-4）。カピタンのこの講演草稿は，2000年代に編集された二冊の論文集の中に収録されたものなので，89年パリ報告の時点で，私はその存在を知りませんでした。ドゥブレも同じでしょう。3者がそれぞれ独立に語って，それでも基本的に同じことを語っていたということですね。

　時代状況との関係でいうと，イギリスのサッチャー政権やアメリカのレーガン政権が進めた「新自由主義」政策が，「欧米諸国の新傾向」みたいなかたちで普遍化されないようにするため，「欧米諸国」も一様ではないことを示し，フランス「共和国」の伝統の中にアンチテーゼを見出すという共通の問題意識があったと思います。

　最後の質問ですが，たとえば，ホーチミンであったり，インドのネルーやインドネシアのスカルノだったり，あるいは，アフリカ諸国にもそれなりに優れた指導者はいたわけですが，ヨーロッパの知識人の側で，これら第三世界の英雄的政治家に期待していた人々も，それらの国々の政治の実情を否応なく知ることになって，熱が冷めていったという面はあると思います。

　法律家の内部で，たとえば，違憲審査の場での比例原則のような考え方がグローバルに受け入れられつつある状況を観察することはできるのかもしれないけれ

［憲法研究 第 2 号 (2018.5)］

ど，それはやはり，基本的には，法律家内部の話ではないか。もちろん，89年からドイツ再統一と東欧変革の祝祭的雰囲気の中でいったん「人権の普遍性」を素直に語る時期がありました。しかしそのあと一転して立憲デモクラシーという戦後ヨーロッパのコンセンサスが揺らいでくるという状況があり，それとの関係で，「ヨーロッパの危機」が語られることになります。

4　比較憲法研究の課題

Q7　樋口先生も共著者の 1 人である『思想としての〈共和国〉』は，既に何度か話題にしたドゥブレ論文を切っ掛けとして編まれた書物で，水林章先生，三浦信孝先生，そして樋口先生という，日本のフランス学の大家 3 人による鼎談「共和国の精神について」も収録されています。2016年に公刊された同書の増補新版には，本誌 1 号のインタビュー（水林・山元2017）に登場して下さった法制史学者の水林彪先生が，「比較憲法史論の視座転換と視野拡大 —— ドゥブレ論文の深化と発展のための一つの試み」と題する論考を寄せていらっしゃいます。

水林先生の問題提起の意味を理解するためにも，「デモクラシー」と「共和国」の差異に関するドゥブレの主張のイメージだけでも持っていたほうがよいと思うので，印象的な彼の議論を少し紹介します（便宜上，「デモクラシー」を D，「共和国」を R で表す）。①統治形態の前提となる人間観は，R では理性的な自己統治の主体であるが，D では財産所有者である。②R では最も優秀な人間は，司法，行政，あるいは討議空間としての政治の世界に進出するが，D では（営利的な）事業に励む。③R では国家はあらゆる宗教的影響力から自由であるが，D では教会が国家の影響力から自由である。④R では国家が社会を見下ろしているが，D では社会が国家を圧倒している。⑤R では社会は学校に似ていなければならないが，D では学校が社会に似ていなければならない（ドゥブレ2016: 23-30）

水林論文は，ドゥブレ論文は比較憲法史論の「視座転換」と「視野拡大」のために重要な問題提起となっているとの評価の下で，ドゥブレ論文と「深く通底する」議論をしてきた樋口先生の比較憲法史論を高く評価しつつも，それが社会経済史を基礎とする欧米憲法史論として展開されてきたものであるため，「デモクラシー」と「共和国」の原理的対立という問題を論じきるまでには至っていない点を比較憲法（史）研究の課題として提起していると，私は理解しました（水林2016: 293-296）。

水林先生の問題提起に対して，樋口先生は既に応答を示されていますが（樋口2016a），比較憲法研究の課題について，もう少し先生のお考えをお聞きしたいと思います。というのは，樋口先生の比較憲法史体系の「転換」という問題との関

1 〈インタビュー〉日本の「デモクラシー」と比較憲法学の課題〔樋口陽一／愛敬浩二〕

係で，お尋ねしたいことがあるからです。前述した水林先生からの問題提起に対して，樋口先生は，89年パリ報告における「ルソー＝ジャコバン型」と「トクヴィル＝アメリカ型」の対抗軸の提示によって，基本的には比較経済史学に基づいている自身の比較憲法史体系の「組み換え」の可能性を探っているのだが，まだその作業を完遂できていないという応答をなさっています（樋口2016a: 341-345）。

樋口先生の比較憲法史体系の「変化」あるいは「転換」の原因について，私は違った見方をしていました。私の見方を簡単に示しておきます。近代個人主義の主体が，大塚久雄や川島武宜が描き出したような「中間団体から解放されたアトム的個人」ではなく，社団的秩序を前提とした「家長個人主義」であることを明らかにした村上淳一先生の一連の研究成果（村上1985等）は，『比較憲法』に示された樋口先生の比較憲法史体系を動揺させた。イギリス・フランスの「下からの革命と近代立憲主義の発展」とドイツの「上からの改革と外見的立憲主義」という比較経済史学的な二項対立を維持することが困難になった結果として，「ドイツ評価の転換」（ドイツ評価の好転）が起こる一方，比較経済史ではなく比較国制史の観点から「フランス基軸論」を再定位するため，「ルソー＝ジャコバン型」という類型論が示された，というのが私の理解です（愛敬2012: 101-111）。

この「転換」の結果として，樋口先生の比較憲法史体系の中でイギリスの位置付けが曖昧になったと都合よく理解し，そこになら「つけ込む隙」もあるのではないかと一人合点して，私はイギリス憲法を勉強してきたものですから（笑）。

樋口：引用して下さった水林論稿へのコメント（2016a）では，比較経済史の枠組に乗った比較憲法史論から，近代立憲主義を何より個人主義という思想的特徴でとらえる観点へと関心を移したことについて，留学時代の恩師カピタン先生の戦前の業績と，1970年代日本で営業の自由論争をリードした岡田与好さんの経済史論の中から，私の憲法論にとっての〈個人〉を発見した，と述べています。

村上理論については，まず，比較経済史学に対する強烈なアンチテーゼを意味するという，愛敬さんの理解に賛成です。

村上理論への私の対応は『権力・個人・憲法学』（樋口1989: 31-38）の1章補論で，1979年論文を補う形で出しました。イギリス・フランスを一方に置き，ドイツを他方に置くという私の基本体系は動いていないにしても，しかし，村上さんの家長個人主義という問題提起それ自身は，私の考えをフォーミュレイトするのに決定的に有益だったと思います。村上さんの家長個人主義に対して，私の「団体から解放された個人」を前提にした個人主義を「個人個人主義」と呼ぶならば，個人個人主義が持つ危うさと困難というものを，団体的自由を重んずる観点から

逆照射させて，自分なりに明確化することができるようになったからです。このことについては，教科書レベルでも簡潔に述べていますので参照して下されば幸いです（樋口2007: 45-46／同書の1992年初版では42-43頁）。

　ただし，家長個人主義は，ナチスに対する抵抗を貫くための岩盤にはなりえなかった。フォン・シュタウフェンベルク（Claus Graf von Stauffenberg）大佐等の高級将校，旧プロイセン貴族の系譜に連なる特権的階層による，文字通り命をかけたヒトラー暗殺計画もあったわけですから（1944年7月），村上さんの指摘するとおりなのだけれども，なぜそれが国民的な規模で起こり得なかったのか。家長個人主義は結局，ナチスへの抵抗を貫けなかったということを，私は改めて確認せざるを得なかった。そういう見方をしていましたから，村上理論との対話を経ても，『比較憲法』初版（1977年）以来の，イギリス・フランスを一方に置き，ドイツを他方に置くという基本的構図自体は変わっていなかったと思います。村上さんから受けた学問上の刺激は多々にわたり大きかったし，ある大学行政上の論点がきっかけとなって学問観・大学観を共有することを知ることもできました。信頼する故人と学問共同体を共にすることができたことを感謝しています。

　家長個人主義は，権力の並存状況の下で，実力を現に有する家長が国家権力に対抗するという構図です。マグナ・カルタ制定の経緯が典型的だけれども，家長個人主義の下では結局，実力を根拠にした抵抗の論理なのですね。一方，個人個人主義はあくまでも個人が主役だから，実力としての抑止力は出てきにくい。政府の権力濫用に対してはまず，裁判機関による抑止に期待するんだけど，裁判作用も権力作用である以上，最終的には個人個人主義はそれを当てにできない。

　それでは，「憲法の抑止力」はどこにあるのか。個人個人主義の下では，権力のあり方に対して，人々が裁判で抵抗するかもしれないし，自ら街頭に出て「ノン」と言うかもしれない。憲法学者としては，社会がそういうことを可能にするような，ある種の憲法観を語り続けなきゃいけないと私は思っています。

　一方，「ドイツ評価の転換」は，西ドイツの変化そのものを追ってのことです。『比較憲法』初版（1977年）の基礎となった講義は1966年開講でした。その当時，西ドイツはアメリカを盟主とするNATO体制の中軸で，東ドイツとその先にあるソ連とに対して「戦う民主制」だった。そのことの結果として，消極的立憲主義としての近代立憲主義のモデルからすると，まさにそれからの離反が顕著にみられた時期だったわけです。典型的には，憲法裁判所が右のネオ・ナチと左の共産党の両方を違憲として解散させていますから。その後ヨーロッパ規模の緊張緩和を西ドイツ自身が進める中で，憲法裁判所の機能変化が起こってきます。第2版では，初版に対する高見勝利さんの書評を受けて，項目見出しの「外見的立憲主

義」を「立憲君主制」という中立的表現に変えています。

1968年の若者のラディカルな問題意識が時を経て社会全体に共有されることによって，西ドイツ社会そのものが変化を遂げた点は，日本と対照的です。私の「ドイツ評価の転換」は，そのような現象そのものを反映しているだけのことだと，私は考えています。イギリスについては一言だけ。水林さんの問題提起との関連でルソー・ジャコバン＝共和国型とトクヴィル・アメリカ型の対比を問う限り，もちろんイギリスは後者です。

Q8 樋口先生の比較憲法史の体系は英米独仏4か国を中心にしたものですが，近年では，発展途上国や体制移行国への法整備支援活動の広がりの中で，たとえば，アメリカのトム・ギンズバーグ（Tom Ginsberg）のように，アジア諸国の憲法を広く研究する有力な比較憲法学者も現れてきていますし，日本でも，鮎京正訓先生や國分典子先生など，アジアの国々の憲法を比較研究の対象とする学者も増えてきています。辻村みよ子先生のお話では，本号の企画をする上でも，韓国や南米の憲法を比較対象に含めなくてもいいのかということを悩まれたそうです。

そこでお尋ねしたいのですが，樋口先生がもし今，新たに比較憲法の体系書をお書きになるとしたら，4か国以外の途上国の憲法も視野に収めることになると思いますか。

樋口：私が今，そのような書物を書くとしても，これまで書いたのと同じような編成になると思います。それは，一人の人間が憲法横並べのエンサイクロペディアを書くことはできないからであり，幕末以来，西洋型近代化の基本方向を選択してきた日本社会自体の現在について考える私の憲法学の関心のゆえです。その一方で，同じ非西洋文化圏にあって憲法文化のあり方を模索しているアジア・中東・アフリカについて，それぞれの地域の内外での研究があります。それが「アジアにはアジア流のデモクラシーがある」という安易な方向に流れないためにも，西洋型と非西洋型の対話を可能にする三角点として，日本の比較憲法学の意味があると考えています。「個人の尊厳」を基本価値とした上で加藤周一さんが文化一般の問題として描く思考座標を，私として受け入れてきたのは，そのような意味でのことでした。

もちろん，知的興味としては，どこの国の憲法も興味深い研究対象になるでしょう。ケニアならケニア，ナンビアならナンビアの憲法に対して知的関心を持って徹底的に研究し，対象国の法律家には思いもつかないような研究成果を出すとい

［憲法研究　第2号（2018.5）］

うこともありえる。学問とはそういうものです。私の場合，イタリアとオランダの憲法に興味があります。しかし，こういう研究は，「5年に1回報告書を書く」というような話ではないはずですよ。

　もう一つは，もっと現実的な関心との関係で，特定の国に関する比較研究が盛んになることもあります。たとえば，戦前の日本でイスラム研究が進展しました。当時の言い方で「支那学」が盛んであったことは周知のとおりですが，その「支那」の向こう側の，大東亜共栄圏の延長線として，「回教研究」というものがかなり進展したのです。そういう実践的な関心はありえますね。

　それとは「関心」の次元も内容も違いますが，私はここ1年の間に韓国に2回，ヴェトナムに1回往復しました。韓国は国際研究会，学士院同士の学術交流，ヴェトナムはここ数年間，憲法・国会法・選挙法整備のためのセミナーの一環で3度目です。私としては，自分自身の戦後責任 ── 他ならぬ朝鮮戦争とヴェトナム戦争を経て「経済大国」となったことの負い目 ── を少しでも埋めたいという実践的な思いからのことです。

> **Q9**　本日は興味深いお話をお聞かせ頂き，ありがとうございました。私にとっては，比較憲法学の意義と面白さを再確認する貴重な機会となりました。最後に何か一言ございましたら，お願いいたします。

　樋口：これまで断片的にいろいろの場面で述べて来たことを，今の時点で改めて総括したいと願っています。アタマとペンを持つ手が使いものになるうちにと取りかかりはじめた最後の本 ── 3冊目となるはずの外国語の単著 ── の中でそれを果たせたなら，自分でそれを日本語に訳す余力は残っていないでしょうから，あなたにはその日本語版のお世話役をして頂ければ冥利に尽きます。妄言多謝。

【文献一覧】

樋口陽一　1974「法学的思考の任務とは何か ── 松下圭一氏の憲法学批判に触発されて」社会科学の方法65号

樋口陽一　1989a『自由と国家 ── いま「憲法」のもつ意味』岩波新書

樋口陽一　1989b『権力・個人・憲法学 ── フランス憲法研究』学陽書房

樋口陽一　1992『比較憲法　全訂第3版』青林書院

樋口陽一　1994『近代国民国家の憲法構造』東京大学出版会

樋口陽一　2007『憲法　第3版』創文社

1 〈インタビュー〉日本の「デモクラシー」と比較憲法学の課題〔樋口陽一／愛敬浩二〕

樋口陽一 2009a『憲法という作為 ── 「人」と「市民」の連関と緊張』岩波書店

樋口陽一 2009b『〈共和国〉はグローバル化を越えられるか』(J. P. シュヴェヌマン，三浦信孝と共著) 平凡社新書

樋口陽一 2016a「水林彪論稿に寄せて」レジス・ドゥブレ他『思想としての〈共和国〉 ── 日本のデモクラシーのために ［増補新版］』みすず書房

樋口陽一 2016b『自由と国家 ── いま「憲法」のもつ意味』岩波新書（最新刷）

樋口陽一 2017a『抑止力としての憲法 ── 再び立憲主義について』岩波書店

樋口陽一 2017b『時代と学問と人間と：追想のなかの恩師・知友たち』青林書院

愛敬浩二 2012『立憲主義の復権と憲法理論』日本評論社

愛敬浩二 2014「通常法と根本法 ── M・ラフリンの問題提起を踏まえて」『岩波講座　現代法の動態1　法の生成／創設』岩波書店

阪口正二郎 2001『立憲主義と民主主義』日本評論社

ドゥブレ，レジス 2016「あなたはデモクラットか，それとも共和主義者か」(水林章訳) 前掲『思想としての〈共和国〉』所収

松下圭一 1973「市民参加と法学的思考」世界1973年7月号

水林彪 2016「比較憲法史論の視座転換と視野拡大 ── ドゥブレ論文の深化と発展のための一つの試み」前掲『思想としての〈共和国〉』所収

水林彪・山元一 2017「憲法史からみた象徴天皇制」憲法研究1号

村上淳一 1985『ドイツ市民法史』東京大学出版会

特集 1　世界の憲法状況と民主主義

2　イギリスにおける2016年国民投票および2017年総選挙 ——「EU 離脱」をめぐる民意と代表

江 島 晶 子

Ⅰ　はじめに ——「2016年国民投票」とは何だったのか
Ⅱ　イギリスにおける国民投票
Ⅲ　2016年国民投票
Ⅳ　試される憲法原理
Ⅴ　おわりに

Ⅰ　はじめに——「2016年国民投票」とは何だったのか

　イギリスにおいて2016年 6 月23日に実施された国民投票の結果は存続（remain）を支持する有権者が16,141,241人（48.1％），離脱（leave）を支持する有権者が17,410,742人（51.9％）という結果であった（投票率72.2％）。投票用紙の質問は，「連合王国は EU 加盟国であり続けるべきか，それとも EU を離脱すべきか」で，有権者は「EU 加盟国であり続ける」または「EU を離脱する」のいずれかのチェックボックスにチェックをつける（「国民投票の投票用紙」参照）。この文言は，2015年ヨーロッパ連合国民投票法（European Union Referendum Act 2015）に明記されている。「EU を離脱する」にチェックをつけた人が51.9％という結果は，イギリス憲法の下では法的には何を意味するのか。

　EU を「脱退する」（withdraw）ということならば，投票から 2 年近くが経とうとする現在，EU 脱退の全貌が明らかになっていてもおかしくないはずである[1]。ところが，昨年末に EU 脱退の条件をめぐる基本合意（前提条件）[2]が得

＊以下に記す HP のアクセス日は2018年 3 月20日である。
（1）国民投票で用いられた言葉は leave であるのに対して，EU 条約50条の文言は withdraw（脱退する）である。本稿では，leave は「離脱する」と訳し，かつ，日本ではイギリスの国民投票を紹介する文脈では「離脱する」という言葉が定着しているので，EU 条約50条の文言をとくに意識する文脈でのみ「脱退する」という言葉を用い，それ以外の場合には「離脱する」を用いる。
（2）中心的なものは，①イギリスが払う EU 予算分担金，②北アイルランドとアイルランド間の国境管理，③イギリス在住の EU 市民と EU 加盟国在住のイギリス市民の権利保護。

Referendum on the United Kingdom's
membership of the European Union

Vote only once by putting a cross ☒ in the box next to
your choice

Should the United Kingdom remain a member of the
European Union or leave the European Union?

Remain a member of the European Union ☐

Leave the European Union ☐

「国民投票の投票用紙」

られ，ようやく本体の脱退交渉に入ったばかりである。本年2月28日に，EU側が脱退協定案を発表したが，これに対抗して，May首相は政府が考えているBrexitを説明する演説を行ったが，困難な課題が浮き彫りになった(3)。3月19日には，移行期間（3019年3月29日から2020年12月31日）設置が同意されたが，これは脱退交渉期限である来年3月29日までに重要事項を決めきれないことが双方に明確に認識されているということで，裏返せば現時点では重要なことは何も決まっていないということである(4)。

　これほどの困難さの原因はそもそもイギリス政府が離脱のプランを持っていなかったからだが，そうだとすれば，他の筋書きが可能ではなかったのかを考えたくなるだろう。イギリス憲法の基本原理は議会主権で，国民投票は諮問的なものに過ぎない（法的拘束力はない）。EU脱退はイギリスに重大な影響を及ぼすことから，国民投票の結果を国民の声として最大限尊重しつつも，議会で議論して議会が決めるという方針の下に，Brexitに関する特別委員会を国会内に設置してEU脱退のメリット・デメリットを客観的データに基づき検証した上，議会において脱退するかどうか，そして，脱退するとしてもどのような「離脱」にするのか（手続も含め）議論した上，議会が決定して（場合によっては国民投票にかけ），脱退通告をするという道筋もあったはずである（国民投票実施前，国会議員の3分の2以上は存続派）。元々存続派であったMayは，勇ましく"Brexit means Brexit."と言い切って保守党をまとめ党首の座につきBrexitを推し進めようとしているが，それは保守党の存続および権力奪取という意味では適切な行動だが，イギリス全体の利益という観点からの考察の結果と呼べるだろうか(5)。

　さらに，今まで起きたことは既定としても，今後，たとえば第二の国民投票を行う可能性はないだろうか(6)。今回の国民投票が諮問的なものならば，そして

────────────

（3）〈https://www.gov.uk/government/speeches/pm-speech-on-our-future-economic-partnership-with-the-european-union〉.

（4）"The UK and EU agree terms for Brexit transition period" BBC, 19 March 2018〈http://www.bbc.com/news/uk-politics-43456502〉.

2 イギリスにおける2016年国民投票および2017年総選挙〔江島晶子〕

離脱の場合の具体的プランがなかったことからすると，具体的プランが確定したところで第二の国民投票をすべきではないのか。そうだとしたら，誰がどのように提起できるのか。そもそも，議会に主権があるならば，議会がEU離脱を止めることができるのか。

離脱のプランを全く準備していなかったイギリス政府は，EUとの交渉において難しい立場に立たされている。May政権の弱点として指摘されているのは，①交渉期限が2年と限られていて，その間に協定が成立しなければ，自動的に脱退となるイギリスに対して，EU側には交渉を急ぐべき理由はあまりないこと，②EU27カ国の団結が当初の予想を超えて硬いこと（イギリスがEU加盟国の一部と個別交渉する余地がない），③現May政権は2017年総選挙の結果，少数与党になったこと，④与党保守党内および閣内の欧州懐疑派（強硬離脱派）の存在がイギリス政府の交渉を困難にしていること（EU側に譲歩すると国内では与党が割れるまたは国民の支持を失う）などである[7]。May首相が相手にしているのは，EUだけではなく，自党である保守党内のヨーロッパ懐疑派，野党労働党，スコットランド地方政府（とスコットランド独立問題），DUP（と北アイルランドとアイルランド間の国境問題），そして，「国民」（たとえば，2016年国民投票で示された民意と2017年総選挙で示された民意はどういう関係になるのか）である。

「国民投票」に関しては，「情報」という観点も見逃せない。Brexitのメリット・デメリットについて，国民投票前の運動の際あれだけ言われていたのに今や影を潜めてしまった主張（後述Ⅲ参照）がある一方，新たな問題（デメリットが中心）が常時報道されている。現時点で国民投票を行ったらどのような結果が生じるだ

（5）Oxford English Dictionaryによると，2012年5月12日にthe British Influence（シンク・タンク）の創設者Peter Wildingが自身のブログで使ったのが最初。Wildingは当時取り沙汰されていたギリシア危機，ギリシアのEU脱退（Grexit）が念頭にあり，そこからBrexitという言葉を思いついた。"The rise of the word Brexit" BBC, 25 Dec 2016〈http://www.bbc.com/news/uk-politics-37896977〉.

（6）May首相もCorbyn労働党党首も2回目の国民投票の可能性を否定している。"Brexit: Seven thoughts on a second referendum" BBC, 11 Jan 2018〈http://www.bbc.com/news/uk-politics-42651525〉；他方，国民の多数派は第二の国民投票に賛成だという世論調査もある。"Brexit: British people have changed their minds on leaving the EU, poll finds" The Independent, 18 June 2017〈http://www.independent.co.uk/news/uk/politics/british-people-changed-minds-brexit-second-referendum-poll-finds-a7795591.html〉. なお，2010-2015年の連立政権時の副首相Clegg（2017年総選挙で落選）は，Brexitを阻止する方法という書籍を出版した。Nick Clegg, *How To Stop Brexit*（*And Make Britain Great Again*）（The Bodley Head, 2017）.

（7）庄司克宏「Brexitの諸問題・8－メイ首相のフィレンツェ演説とBrexit交渉－」貿易と関税2017年11月号13頁以下，16頁の分析に基づく。

［憲法研究 第 2 号（2018.5）］

ろうか（2017年12月に行われたある世論調査では，存続派が51％，離脱派41％という結果が生じた[8]）。

May 首相は今年 3 月 2 日の演説の冒頭で，イギリスと EU との協定が満たすべき条件として 5 つの基準（five tests）を掲げた。①協定は国民投票を尊重しなければならない。②協定は長続きするものでなければならない。③協定は人々の雇用と安全を守らなければならない。④協定は，離脱に際して，我々がそうありたいと望む国，すなわち，現代的で，開放的で，前向きで，寛容なヨーロッパの民主制国家であることと合致していなければならない。⑤上記を実現する際に，協定は諸国（イングランド，ウェールズ，スコットランド，北アイルランドなどを指す）の連合と人々の連合（our union of nations and our union of people）を強化しなければならない。以上の基準が依拠するスタンスとして，この演説の冒頭で May 首相が次のように述べている。「自分が率いる政府はごく少数の恵まれた者のための利益ではなく，あなたの利益（yours）によって動かされています。重大な決定をするときには，力を持つ人たちのことではなく，あなた方のことを考えます。新しい法律を可決するときは強力な者ではなくあなたの声に耳を傾けます。税金については裕福な者ではなくあなたを優先します。機会については恵まれた少数者の有利な立場を強化したりしません。…イギリスがごく少数の恵まれた者のためではなく，我々一人一人のための国になるようにします」。一部の国民ではなく「あなた」を盛んに連呼するこの演説は，May 首相が2016年 7 月13日の首相就任演説の冒頭で使った表現をそのまま引用している[9]。だが，2016年の「あなた」と2018年 3 月の「あなた」は同じように国民に響くのか。違いが生じているとすれば，それをどのように察知し，取り込み，政治に反映させることができるだろうか。そもそも，そうした仕組みがイギリス憲法に用意されているだろうか。

本稿では，前述したような混乱状況を招いた2016年国民投票と，その後，それに対して憲法構造がどのように応答したか（とくにミラー事件最高裁判決と2017年総選挙）を取り上げ，民意と代表の関係，直接民主主義と代表民主主義の関係について考察する素材を提供したい[10]。加えて，今回の2016年国民投票の観点から，

---

(8) "Brexit: Britons now back Remain over Leave by 10 points, exclusive poll shows", Independent, 16 December 2017 〈http://www.independent.co.uk/news/uk/politics/brexit-second-referendum-latest-poll-remain-ten-points-leave-bmg-a8114406.html〉

(9) 〈https://www.gov.uk/government/speeches/statement-from-the-new-prime-minister-theresa-may〉.

(10) 関連して，江島晶子「代表・国民投票・EU 離脱（Brexit）──権力者の自己言及（イギリスの場合）」法律時報89巻 5 号（2017年）19頁以下参照。

2 イギリスにおける2016年国民投票および2017年総選挙〔江島晶子〕

他国の憲法にはないイギリス憲法の特徴（不文軟性憲法，議会主権，小選挙区制と二大政党制）を再検討したい。

Ⅱ　イギリスにおける国民投票

ヨーロッパでは，民意の反映という観点から，国民投票という手法が広がっている[11]。同じ EU がらみの問題でいえば，EU がかつて「統合」の到達点として「憲法条約」の批准を進めようとしたところ，フランスとオランダが国民投票で否決し，同条約が頓挫した過去がある[12]。当時のシラク大統領は，議会による批准ではなく国民投票による批准を選択したのは，国民が条約を拒否するはずがないという見込みによるが，実際は批准賛成が45.13％，批准反対が69.74％という結果となった。これからもわかるように，国民投票の結果は，想定し難いところがある。

他方，イギリスでは，議会主権の伝統から，元来，国民投票に関する一般法は存在せず，国民投票には消極的であったが，1975年に初の国民投票が実施されている[13]。奇しくも，これは1973年に加盟した EC（当時）に存続し続けるかを問うもので，1975年国民投票法が制定され，これに基づいて実施された。その結果は，存続賛成が67.2％，存続反対が32.8％（投票率64.5％）であった。これ以外にも，前述の EU 憲法条約批准に際して国民投票を約束していたが（European Union Bill 2005を準備），前述のフランスとオランダの批准拒否を受けて法案が撤回された。

その後，「2000年政党，選挙およびレファレンダム法」（Political Parties,

---

(11) 最近では，アイルランドが中絶規制の問題を国民投票で対処しようとしている（2015年の国民投票で同性婚を合法化する一方，妊娠中絶禁止（憲法上の規定）廃止を，今年5月の国民投票で問う予定（現在，中絶は女性の生命が危険な場合しか認められず，強姦や近親相姦，胎児異常の場合は認められない））。

(12) その結果，EU はこれを一度引っ込め，「憲法的」特徴を薄めてリスボン条約として実現させた。参照，蛯原健介「リベラリズムに抵抗するフランス国民 ── 欧州憲法条約をめぐるレファレンダム」法学セミナー610号（2005年）70頁以下。

(13) ただし，権限委譲（devolution）の問題については，住民投票が多用されている。これについて小松浩「現代イギリスにおけるレファレンダム活性化の動向」阪口正二郎他編『憲法の思想と発展』(信山社，2017年) 477頁以下，480頁参照。国民投票，について，間柴泰治「イギリスにおける国民投票法制 ── 国民投票運動資金を中心に」レファレンス2005年12月号（2005年）70頁以下；山田邦夫「英国における対 EU 関係の見直し ── 権限バランスレビューと「存続・離脱」国民投票」レファレンス2006年1月号（2016年）63頁以下。

［憲法研究 第2号（2018.5）］

Elections and Referendums Act 2000）が制定され，レファレンダム（国民投票およ
び住民投票）時の選挙運動規制などが定められた。その後，保守党・リベラル・
デモクラッツ連立政権時に，リベラル・デモクラッツが連立の条件とした選挙制
度に関する国民投票が2011年に実施された。選択投票制（Alternative Voting
System，以下，AVS）の是非を問うたこの国民投票の結果は賛成32.1％，反対
67.9％という結果に終わった。AVSという仕組みが国民に理解されず，長年慣
れている小選挙区制の圧倒的支持という結果に終わったが，投票率の低さ（42.2％）
からわかるように国民の関心は低かった（スコットランドと北アイルランドだけ賛
成が50％を超えた）。この国民投票に関して注目すべき点は，その根拠法である，
「2011年議会選挙制度および選挙区法」（The Parliamentary Voting System and
Constituencies Act 2011）8条が，投票の結果に対する対応を明記していることで
ある（国民投票の結果，選択投票制の賛成が多数となれば，大臣は命令により選択投
票制を実施しなければならず，反対が多数となれ選択投票制の条項を廃止する）。とこ
ろが，2016年国民投票の根拠法である2015年 EU 国民投票法（The European
Union Referendum Act 2015）の場合には国民投票の結果についてどのように対応
するかを定めた規定がない（この違いをミラー事件において裁判所は強調している）。

　こうした経験からは，政府は望む（または想定する）結果を得て，政策や方針
を推進させることに国民投票を活用できるといえる（とりわけ Cameron 首相は選
択投票制の国民投票では小選挙区制を維持し，スコットランド独立の是非を問うた住民
投票では辛くも独立を回避できた）。だが，今回の国民投票では，Cameron が過半
数（51.9％）の国民の声を読み誤った。なぜそうなったのか，次に2016年国民投
票について検討する。

Ⅲ　2016年国民投票

1　国民投票にかけられる「問い」だったのか

　そもそも今回問われた「問い」自体の問題がある。一見，存続か離脱かという
二者択一の中立な質問に見えるが，実はそうではないという指摘（よって国民投
票は無効）が投票理論（多数決ルールには投票のパラドックスと呼ばれる現象が伴う）
に基づきなされている[14]。すなわち，選択肢が二つしかないことによって，実

---

(14) Thomas Colignatus, "The Brexit referendum question was flawed in its design"〈blogs.
lse.ac.uk/brexit/2017/5/17/the-brexit-referendum-question-was-flawed-in-its-
design〉．

際にしていた（したかった）選択とは違う形の選択に誘導される。Brexit の場合は，実際の選択肢は存続か離脱かではなく，より複雑かつ多様な選択肢がある。たとえば，①いかなるコストがあろうとも離脱する（hardest Brexit），②労働者の自由移動を拒否し，そのためには単一市場からの離脱もやむをえない（hard Brexit），③離脱するが EU の単一市場には何らかの形で事実上残り，そのために労働者の自由移動をある程度甘受する（soft Brexit），④EU の制度改革を条件として存続する，⑤存続する（現状維持）などが考えられ，かつ，①〜⑤の選択肢の中にも様々なヴァリエーションが存在する。このような複雑かつ 3 つ以上の選択肢が含まれている問題を扱うのは，国民投票ではなく代表民主制が向いている。そこでは交渉の上，妥協をはかるということができるからである。

　今回，政府は④を国民に提示し，かつ，国民はそれを選択するだろうと思っていたところが厄介である。実は，2015年 EU 国民投票法案が当初予定していた質問は，「連合王国は EU 加盟国であり続けるべきか」で，用意した回答は，「はい」または「いいえ」であった。それに対して，国民投票を監督する選挙委員会（Electoral Commission）が，この質問にはバイアスがあるとして現行の質問と回答（前掲 I 参照）への変更を勧告した経緯がある(15)。質問自体の中立性という点では，現行案が優れているのはその通りだが，その質問がさらに複雑な質問を内包していて，国民はそれを意識した上，選択できるかどうかという点が問題である。選挙委員会は，「国民が理解できるかどうか」という点を文字通り「使われた言葉の意味がわかるか」というものとして解し，それ以上立ち入らなかった（委員会の役割は，レファレンダムの質問が議会の意図に沿って理解しうるものかどうかを査定することで，質問の前提を再査定することではないという立場である(16)）。もしもこの国民投票が単なる諮問というのであれば，それでもよかったのかもしれないが，事実上強い拘束力を発揮している現在（後掲Ⅳ），重大な問題が当初から存在していたことに留意しておきたい。様々な専門的政策的考慮の末，EU 改革を条件として EU 内に存続することがベストだと考える政府が，それでいいかどうかを念のため国民に問うもの（諮問）と考えれば（かつ，それが実情に近い），当初の案の方が政府（＝議会内多数派〔国民投票当時〕）の意思に沿った質問ではあっ

---

(15) 〈https://www.electoralcommission.org.uk/i-am-a/journalist/electoral-commission-media-centre/news-releases-referendums/electoral-commission-recommends-change-to-eu-referendum-question〉；詳細は，Electoral Commission, *Referendum on membership of the European Union Assessment of the Electoral Commission on the proposed referendum question*, 2015 〈http://www.electoralcommission.org.uk/__data/assets/pdf_file/0006/192075/EU-referendum-question-assessment-report.pdf〉.

(16) See, supra note 14.

たのである。

2 投票資格

次に，EU 内で人の移動の自由が推進されてきた現状を前提とすると，今回の国民投票に参加すべき人が参加できていたのかも検討の余地がある。これを象徴的に示すのが，①イギリス以外の EU 加盟国内に住むイギリス国民（EU 市民）約100万人および②イギリス国内に住むイギリス以外の EU 加盟国の国民（EU 市民）約300万人である[17]。今回の国民投票の投票資格は，庶民院の選挙において投票資格を有する者である。具体的には18歳以上のイギリス市民，在英アイルランド共和国市民，在留許可または居住権を有する英連邦諸国市民などである（1983年国民代表法参照）。他方，現在，イギリスでは，イギリス国外に15年以上居住すると庶民院選挙における投票資格を失う場合がある。よって，①の中には重大な利害関係がありながらこの投票に加われなかったイギリス国民が相当数存在するはずである。他方，②はそもそもイギリス国民ではないので，同じく重大な利害関係を有しながら投票に参加できない。

これに付随して，脱退する加盟国内に居住する EU 市民の権利の保護の観点から，一加盟国による脱退通告の前に，EU が何らかの制度的関与を行う仕組みが必要ではなかったのか指摘しておきたい。なぜならば，EU 法は通常の国際法とは異なる特徴を有しているからである。まず，EU 法は人の移動の自由を認めてきたため，前述したようにイギリス国内に多くの EU 市民が居住する状況にあり，かつ EU はこれらの人々の権利を保護すべき立場にあるはずである。そして，EU 法は「個人の権利を媒介にして国内法と一体化し，EU 司法裁判所だけでなく，加盟国の国内裁判所で日々適用される法」である[18]。これが意味することは加盟後44年（国民投票時）経った現在では，イギリス法の中に EU 法が組み込まれているというのは，国内機関が日々これを適用して実務を蓄積している状態である。たとえるならば国内法と EU 法のそれぞれの根がからみ合っている状態であり，そこから EU 法だけを抜き出すことは場合によっては木の命を奪う可能性もある（だからこそ現在審議中の 2017-2019 年 EU（脱退）法案（European Union (Withdrawal) Bill 2017-2019）の要は EU 法をどこまでそのままイギリス法にできるかにかかっていて，どれだけ EU 法を廃止できるかではない－よって離脱派がいう「主権

---

(17) Cf., Kirsty Hughes, "Brexit and the Right to Remain of EU Nationals" [2017] *P.L.* 94.
(18) 須網隆夫「EU 複合危機と EU 法 ── ユーロ危機・難民危機・Brexit と EU 法の変化（1）」Law and Practice11号（2017年）115頁以下，117頁。

の回復」という実態にはほど遠い[19]）。そしてこの場合，木は1本ではない。イギリスだけでなく，EU（そしてEU内の他の加盟国）も影響を受ける（日本企業の例からもわかるように非EU加盟国も一定の影響を受ける）。EU脱退はこれまでEUが締結してきた協定や条約からイギリスが外れることを意味しており，ある推定では759に上る協定や条約をイギリスは一つ一つ交渉し直して，結び直さなければならない上に，この作業はEUから脱退してから行う必要がある。

　これらの点について，EU側はどう考えていたのか。本当に脱退する加盟国が出てくるとは思っていなかったのだろうか。確かに，東西冷戦の終結後，東欧諸国が続々とEUに加盟希望を出し，コペンハーゲン基準を満たすために相当の努力をしてEUに続々と参加していった。だが，1990年代と現状では大きく変化している。「EU複合危機」[20]が喧伝される現状では，EUのメンバーシップの意味は変化している。そもそもEU条約50条の脱退規定は，リスボン条約で新設されたもので，それまで脱退に関する規定はなかった（脱退できるかどうかも議論の余地があった）。リスボン条約における自主的脱退規定の新設は，加盟国主権を保護する方向の改正である。主権の完全性を主張する立場からは，加盟国が完全な主権を回復できる可能性を明示したと評価されたという[21]。だが，すでにEU市民として自国以外のEU加盟国内において生活の基盤を作り上げ，簡単には出ていけない状態にあるEU市民の権利の保護というからすると，統合の進展度と国家主権の保護とのちぐはぐさを感じないわけにはいかない。

3　国民投票における情報提供——広告を例として

　国民投票の結果の正当性の前提となるのは，国民が判断の際に必要な正しい情報が提供されていることである（これに付随して運動資金調達と支出も重要になるが，別稿を期す[22]）。今回とりわけ問題になったのは，存続・離脱両陣営の提供した情報の正しさである。以下では，とりわけ物議を醸した広告を取り上げる。

　国民投票を監督する選挙委員会は，離脱派の主導的団体としてThe Vote Leave Ltd[23]を，存続派の主導的団体としてThe In Campaign Ltd[24]を指定した。

---

(19)　スムーズな移行を可能にするために政府はヘンリー8世大権を持ち出している点でも注目される。

(20)　遠藤乾『欧州複合危機』（中央公論新社，2016年）

(21)　須網隆夫「EUと加盟国の国家主権」福田耕治『EU・欧州統合研究（改訂版）』（成文堂，2016年）82頁以下，100頁。須網教授は，リスボン条約における加盟国主権のあり方は主権の保護が強調されていると評価する。同上101頁。

(22)　ちなみに，存続派の主導的団体The in Campaign Ltd.は£6,767,584を，離脱派の主導的団体Vote Leave Ltd.は£6,742,466を支出しており，支出の点では大差はない。

［憲法研究 第2号(2018.5)］

前者の Vote Leave の主張，そして，広告の中でもひときわ注目されたのが，EU から離脱すれば現在，EU に払っている巨額の負担金を大赤字の国民保険サービス（National Health Service，以下，NHS）にまわすというものであった。大きな真っ赤なバスの側面に運動のメッセージ（We send the EU £350 million a week. Let's fund our NHS instead）を書いて市中を巡回した。誤った主張だという指摘が専門家によって何度も行われたが，その反論がどれだけ効果をもったかは疑問である(25)。週£3億5千万という数字の正確性はさておき，相当額の負担金を EU に支払っていることは事実である上，一般市民にとって EU は，「杓子定規の規制を押し付ける自分たちが選んだわけではないブリュッセルのエリート官僚」というイメージからくる反感が強い。他方，NHS は，イギリス国民が誇りかつ頼りにしている制度ではあるが，財政難で手術の予約がとれない，サービスの質が悪いという問題を抱えている。よってこの組み合わせは市民の関心を集める上で秀逸だった。ところが，国民投票の翌日には，離脱派の UK Independence Party（UKIP，イギリス独立党）の党首 Farage はこの発言が間違いだったと認めるに至った（以後，この主張は表舞台から消えたが，最近になって Johnson 外務大臣が実は£4億以上になると発言して問題になった）(26)。

より物議を醸したのは，Farage が投票日1週間前に出した広告（トラックの側面に貼り出した）である。これは非白人系の男性が長蛇の列をなす写真に "Breaking Point"（限界点）という見出しをつけ，「EU から自由になって我々の国境のコントロールを取り戻そう」と呼びかけるものである。しかしこの写真は，クロアチアとスロベニアの国境で列をなすシリア難民などで，EU 市民ではないので，EU 存続・離脱と直接は関係ない（EU から脱退して取り戻すことができるのは EU 市民に対する移民規制）(27)。これには，The Vote Leave Ltd 自身が，自分たちとは無関係だと距離を置いた。だが，投票1週間前で，この広告の影響がもしあったとすれば，それを打ち消す十分な時間が残されていたかは不明である。さらに

---

(23) 〈www.voteleavetakecontrol.org/campaign.html〉.

(24) 〈https://www.strongerin.co.uk/terms_of_use#X48V0ipkVkeDoUBS.97〉.

(25) 例として，〈https://www.theguardian.com/politics/reality-check/2016/may/23/does-the-eu-really-cost-the-uk-350m-a-week〉.

(26) "£350m Brexit claim was 'too low', says Boris Johnson" BBC, 16 Jan 2018 〈http://www.bbc.com/news/uk-42698981〉.

(27) "Nigel Farage's anti-migrant poster reported to police" the Guardian, 16 June 2016 〈https://www.theguardian.com/politics/2016/jun/16/nigel-farage-defends-ukip-breaking-point-poster-queue-of-migrants〉 人種差別を煽るものだと市民が警察に告発した（ナチスの宣伝と同じ手法だという指摘がインターネット上でなされた）。

は，正式団体以外の個人・団体が勝手にフェイク・ニュースを提供した場合，効果的規制は難しい。また，ネットを通じて提供されれば，SNS を通じて拡散できてしまう。

　以上のような広告が一定の影響を及ぼしたことは否めないが，どの程度かをはかることは難しい。(後掲 4 参照)。とはいえ，イメージはいったん発してしまえば，様々な媒体を通じて拡散する現代社会においては，広告の問題は重大であることは疑いの余地はない（こうした実例からすると，日本の国民投票には，国政選挙とは異なり，運動や広告宣伝費に規制がない点は懸念される）(28)。

　他方，存続派の運動には上記に挙げた離脱派の広告に匹敵するインパクトを持ったものは見当たらない。離脱派が「主権の回復」という勇ましい言葉を旗頭に，新たな未来を切り開くとポジティヴに訴えかけたのに対して，存続派は，EU から離脱するとイギリスの経済が衰退すると呼びかけた（不人気な EU を援護しながら「現状維持」を説かなければならない）。しかし，これは恐怖戦術として国民の反感を買った。各国の首脳がイギリスに存続を呼びかけたのも裏目に出た。そもそも，EU の目的である平和と繁栄の実現という高邁な理想を説かなかったのは，イギリスの加盟の動機がそこにはなくて，イギリス経済の存続のためだったこともある。国民投票後はイギリス経済は失速したかといえば，確かに，経済に対する影響に関するニュース，たとえば，EU 加盟27カ国の大手銀行が2017年6月までの 1 年間で，離脱に伴う資産価値の低下による損失を回避するために英国関連の資産を3500億ユーロ削減した（欧州銀行監督機構のまとめ）というタイプのニュースが次々と報道される一方で，経済は順調に成長し続けており，失業率も下がり続けており，国民投票後に暴落したポンドも持ち直している(29)。イギリスの産業構造（ドイツと異なり製造業の占める割合が低い）からすると EU 脱退のインパクトはそれほど大きなものにはならないという推定もある。いや，影響はもっと後で出てくるのだと言われればそうかもしれないが，現時点では，まだその兆候はない（というのが一般的認識である）。

　2016年国民投票は，「討議」という点でも興味深い。運動期間中，様々な演説，そして，討論番組が実施されたが，主張の是非を根拠の吟味によって問い，相手の主張の根拠を論破するというものではなく，また聞いている側も，主張を聞くことによって再考するというよりは，自分の見解に近い人の意見を聞いてさらに

---

(28) 運動の様子を伝える BBC のビデオクリップ（本文で言及した広告も登場）として参照，
〈http://www.bbc.com/news/uk-politics-eu-referendum-36595226〉．
(29) 毎日新聞「英国　資産46億兆円削減」2017年11月25日。

［憲法研究 第2号(2018.5)］

自分の意見が強められるという役割を果たした感がある。よって，メッセージを投げかけるターゲットをしぼりこみ，そこにいかに効果的にメッセージを届けるかが重要で，そのメッセージの真偽は短期的には問題にならない（なりにくい）(30)。そして，その点で離脱派の運動は存続派の運動よりも効果的だったということを意味する。しかも，総選挙のように様々な争点の一大パッケージではなく，シングル・イシューの是非として問われるため，投票行動に影響を及ぼしやすい（操作もしやすい）という特徴も観察できる

　最後に，2016年4月に，政府が£900万を費やして，2700万世帯にリーフレットを配布したことにも言及しておく(31)。政府が特定の立場を支持する場合に，どうすれば国民投票自体の中立性が維持されるであろうか。国民投票運動に対しては支出制限（団体は£700万，政党は£400万）があることを考慮に入れると，£900万という金額は中立性を疑うのに十分であり，選挙管理委員会も憂慮している(32)。

　選挙委員会は，2016年国民投票における選挙運動に関する報告書において，情報の信憑性について市民から疑義が寄せられたケースが相当数あったことに言及し，投票結果の信頼性を脅かすものであることを認めている。他方，同委員会の独立性という観点から，選挙運動における主張の正確性や真実性の規制を行うことによって同委員会が政治的論議に巻き込まれるのは望ましくないとしているので，これまで指摘してきたような問題状況に対して誰が効果的に対応できるのかも検討する必要がある(33)。

---

(30) Cambridge Analytica（データ分析会社）がフェイスブックの5千万人分の情報を利用してターゲットを絞り込み，2016年国民投票に関する運動や米国大統領選に影響を及ぼしたのではないかが問題化。Cambridge Analytica: Warrant sought to inspect company, BBC, 20 March 2018 〈http://www.bbc.com/news/technology-43465700〉.

(31) HM Government, *Why the Government believes that voting to remain in the European Union is the best decision for the UK* 〈https://www.gov.uk/government/uploads/system/uploads/attachment_data/file/515068/why-the-government-believes-that-voting-to-remain-in-the-european-union-is-the-best-decision-for-the-uk.pdf〉

(32) The Electoral Commission, *The 2016 EU referendum, Report on the regulation of campaigners at the referendum on the UK's membership of the European Union held on 23 June 2016* (2017) 〈http://www.electoralcommission.org.uk/__data/assets/pdf_file/0004/223267/Report-on-the-regulation-of-campaigners-at-the-EU-referendum.pdf〉, p43-44.

(33) Electoral Commission の勧告参照。同上参照。

4 現政権・首相に対する信任・不信任投票（リコール）と無責任体制の出現

前述のような広告があったから，イギリス国民が難民やテロの不安（しかもフェイク情報によって作り出された不安）ゆえに EU 離脱に賛成したというのは単純すぎる分析だろう[34]。ここでは，離脱という結果の原因として，Cameron 政権の緊縮財政の影響に触れておく。Cameron 政権の緊縮財政政策の影響を受けた人々（かつ EU の恩恵を直接は受けていない人々または受けているとは知らなかった人々[35]）が，この国民投票を好機として政府への「反対票」として離脱に投票したと考える余地がある[36]。とすれば，この国民投票で問われたのは，EU 存続・離脱ではなく，Cameron 政権に対する信任・不信任である。Cameron 首相は，2016年1月のインタビューで投票結果離脱となっても辞任しないと表明していたが，その理由は，辞任すれば国民投票が政府と首相に対する信任投票にすりかわってしまうからである[37]。だが，投票結果を受けて Cameron 首相はただちに辞任を表明した。実際には，不信任を国民から言い渡されたと受け止めたのである。これは，国民投票の事実上の効力として留意しておくべきである（仮に，日本国憲法改正の国民投票の結果，首相・与党が提案する改正案が否決されたと想像してみよう。首相は辞任する法的責任は全くないが，その地位にとどまることは非常に困難であろう。しかも日本の場合には，各議院の総議員の3分の2以上の賛成による国会の発議を国民が否決するというのは，代表民主制によって示された民意と国民投票によって示された民意との間のはなはだしい相違である）。

皮肉なことに，前の連立政権下で2011年議会任期固定法（Fixed-term

---

(34) 国民投票においてメディアおよび SNS が果たす役割を精査する必要がある。参照，Martin Moore and Gordon Ramsay, *UK media coverage of the 2016 EU Referendum campaign*（2017）〈https://www.kcl.ac.uk/sspp/policy-institute/CMCP/UK-media-coverage-of-the-2016-EU-Referendum-campaign.pdf〉.

(35) "Cornwall issues plea to keep EU funding after voting for Brexit" The Independent, 24 June 2016〈http://www.independent.co.uk/news/uk/home-news/brexit-cornwall-issues-plea-for-funding-protection-after-county-overwhelmingly-votes-in-favour-of-a7101311.html〉. コーンウォールは，毎年 EU から£6000万の補助金を受けていたが，56.52％という全国平均よりも高い割合で離脱に賛成した。しかし，投票後，経済の保護を訴える陳情をしているという記事が，よく例に出される。

(36) Lisa McKenzie, The class politics of prejudice: Brexit and the land of no-hope and glory, 68 The British Journal of Sociology S265（2017）. Mackenzie によると，緊縮財政政策は中産階級には影響を及ぼしていないが，労働者階級には強い影響を及ぼしており，それに憤った労働者階級が現状に対する代替策として Brexit を選択したと分析する。

(37) グレイグ・オリヴァー『ブレグジット秘録』（光文社，2017年）54頁。

Parliaments Act 2011）が制定され，特別多数の支持を得ない限り庶民院を解散できない仕組みになっていて，総選挙で Cameron 政権の責任を問うには2020年まで待たなければならないはずだった（ちなみに May 首相はこの特別多数を得て2017年の解散・総選挙を実現したが，その背景にあるのもやはり2016年国民投票の威力である。後掲Ⅳ参照）。

　さらに，EU 存続・離脱について，UKIP やリベラル・デモクラッツとは異なり，二大政党である保守党および労働党は党内で意見が分かれていた点にも注目する必要がある。党内をまとめきれないからこそ国民投票という手段に依拠したが，その結果は，「離脱」という投票結果を実現する準備のある政府が存在しないばかりか，離脱派の議員の中に首相となり内閣を組閣できる人物がいなかったという政治的混乱である。UKIP にいたっては組閣しようにも議員が1人である（2017年総選挙ではゼロになった）。しかも党首 Farage は，自分の目的は達成できたとして党首を辞任した。ここに現在のイギリス政治が「漂流」する原因の一つがあるといっても過言ではない。さらに，通常総選挙と超党派で争う国民投票の違いにも注意を向ける必要がある。政党間の対立であれば，与党政権の失敗は次の選挙で責任を問えるが，今回の超党派という構造は無責任体制を生み出した。主権の回復や移民規制を声高に叫んでいた離脱派の立役者（Farage, Johnson, Gove ら）は，国民投票後，いったん表舞台から姿を消し，存続派であった May が現首相になった。「すべてが終わった時に，お互いを破壊し合っていないことを願うばかりだ」(Osborne 財務相〔当時〕の言葉)[38]という願いはかなったが（保守党は分裂しなかった），それ以上に困難な事態が国政にもたらされた。また，ポピュリスト政党は，政権に参加せずとも，そしてシングル・イシューに特化しても（総合的政策を有していなくても），政治に大きな影響を及ぼしうることを示した例としても注目される[39]。

Ⅳ　試される憲法原理

　EU 脱退は，成文憲法典を有する国であれば憲法改正を必要とするレベルの決定である。そうだとすれば，誰がその提案を行い，どのような手続で決定するこ

---

(38) オリヴァー・前掲注(37)70頁。
(39) Tamás Boros, Maria Freitas, Tibor Kadlót and Ernst Stetter, *The State of Populism in the European Union 2016*, FEPS and Policy Solutions, 2016 〈https://www.policysolutions.hu/userfiles/elemzes/264/state_of_populism_in_europe_in_2016.pdf〉, p.31.

とができ，その手続がきちんと守られたかを監視する機関が憲法上予定されているはずである。しかしながら，成文憲法典を有さず，かつ，法的には国民主権ではなく議会主権であるイギリスではどうであったか。この間，憲法原理を問い返すできごとが連続した。いわばダイシー流の「議会主権」が裁判所において再登場する一方，拘束力のないはずの国民投票が，実際上，首相，内閣，政党，国会議員を強く拘束している（議会主権とは呼べない状態）。誇張した言い方をすれば，国民投票の結果を受けて開始された「EU 脱退の実現」は，幾多の憲法的ハードル（司法審査，議会主権，議会任期固定制，貴族院の修正と庶民院の優越）を乗り越えてきた。

　簡単に，国民投票後の展開を概観する(40)。まず，Cameron 首相の辞任を受けて，新首相となった May が国王大権に基づき EU に対して脱退通告を行おうとしたところ，EU からの脱退によりこれまで享受してきた EU 法上の権利を著しく失うのでそのような権限は政府にないとして，市民から訴訟が高等法院に提起された（司法審査）。高等法院は，2016年11月3日，国民投票は勧告的なものである一方，イギリスの EU 加盟資格の根拠は議会が EC 加盟を認めた1972年ヨーロッパ共同体法（European Communities Act 1972）であるため，この法的根拠を撤廃するには議会に諮る必要があると判示した（議会主権）(41)。2017年1月24日，最高裁も高等法院の結論を支持する判決を下した(42)。

　これに対して，同月26日，ただちに首相は法案を庶民院に提出し，同年2月8日庶民院で原案が494対122で可決されたが，貴族院はイギリス在住 EU 市民300万人の権利を保護する修正案を，3月7日に366対268で可決した。しかし，同月13日庶民院で再審議がなされ335対287で原案通り可決され，貴族院も273対136で原案を可決するに至った（貴族院による法案修正と庶民院の優越）。同月16日女王

---

(40) 詳細は，江島・前掲注(10)参照。そもそも2016年国民投票をなぜ行ったのか（行わなければならなかったのか）も重要である。実施に至る背景の検討として，成廣孝「2016年 EU メンバーシップに関するレファレンダム：Brexit on BES Survey Data」岡山大学法学会雑誌66巻3・4号（2017年）970頁以下参照。

(41) ［2016］EWHC 2768（Admin）.

(42) R (on the application of Miller and another)(Respondents) v Secretary of State for Exiting the European Union ［2017］UKSC5. 両裁判所は真正面からこの問題に取り組み，かつ，「議会主権」とは何かを述べる点で憲法判例として重要な意味をもつ。両判決の詳細な検討として，加藤紘捷「Brexit とイギリス憲法——2017年ミラー事件の最高裁判決を中心に」日本法学83巻2号（2017年）2頁以下；キース・ユーイング「ブレグジッドの憲法理論——イギリス高等法院ミラー判決を契機として」法律時報89巻3号（2017年）86頁以下；Mark Elliott, "The Supreme Court's Judgment in Miller: In Search of Constitutional Principle" 76（2）Cambridge Law Journal（2017）257.

［憲法研究 第2号 (2018.5)］

裁可を得て，European Union (Notification of Withdrawal) Act 2017 (2017年ヨーロッパ連合 (脱退通告) 法) が成立し，同月29日 May 首相は EU に対して脱退通告を行った[43]。

続いて，同年4月18日 May 首相，解散総選挙を宣言し，同月19日庶民院で特別多数（議員定数の3分の2）により解散が可決された。Brexit を円滑に進めるためには "strong and stable government" が必要というのが表向きの理由だが，野党労働党の支持率が非常に悪いことを計算に入れての解散であった。よって党利党略の解散であり，本来的には2011年議会任期固定法によって阻止し得るような解散だが，労働党は，解散を阻止すると，労働党は Brexit に反対だと国民に見られてしまうという懸念から解散に賛成した。ところが，同年6月8日の2017年総選挙の結果は，May の思惑に反して保守党は過半数を失い，労働党は議席を伸ばし（しかし過半数に届かず），UKIP は議席をゼロに，得票率も12.6％から1.8％に激減したというものであった。May は，EU 側との交渉をさらに困難にする状況を自ら作り出してしまった。よって，この2017年総選挙を民意としてどう評価すべきか。国民は May のいう Brexie に反対なのか。それとも別の理由で May を支持しないのか。ここで，重要な点は，2017年総選挙では「どのような Brexit にするか」が中心的争点にはならなかったことである。換言すれば，選挙の結果によって，国民が Brexit を望んでいるのかを再度聞く機会にならなかったし，Brexit を望むとしても，soft Brexit を望むのか，hard Brexit を望むのかという選択の機会でもなかった。May はスムーズな Brexit のために強い安定的政府を望むということをスローガンにしたが，Brexit の中身については明らかにしなかった。他方，労働党も，Brexit を争点にせず，政府の緊縮財政の下で苦しむ人々や学生に訴えかける政策（たとえば大学の授業料無料）によって支持を集めた（選挙運動のスローガンは for the many, not the few）。2017年総選挙は2016年国民投票の具体的中身を明らかにすることにはまったく役立たなかったし，二大政党はそれを意図的に避けたといえよう。

現在，2017年7月13日に庶民院に提出された EU（脱退）法案が，庶民院では2018年1月17日に可決され，貴族院での審議が行われている。貴族院では，同月29日「憲法特別委員会報告書：EU（脱退）法案」[44]が提出され，憲法的にとて

---

(43) 両院で行われた議論の詳細は，江島・前掲注(10)参照。

(44) Select Committee on the Constitution, *European Union (Withdrawal) Bill 9th Report of Session 2017-19*, 29 January 2018 - HL Paper 69. これに対する Elliott 教授らのコメントとして，〈https://publiclawforeveryone.com/2018/01/29/sovereignty-or-supremacy-lords-constitution-committee-reports-on-eu-withdrawal-bill/〉.

も承認できないという強い批判が示されているので，貴族院での審議とその後の庶民院での審議が注目される。2017年総選挙後，与党政権は DUP の協力によって過半数を維持している状態なので与党議員の中から離反者が出れば法案が通らないということもありうる。

　以上，国民の意思を政治に反映させることの難しさが如実に出ているが，とりわけイギリスの特徴として，小選挙区制によって多数派を創出する仕組み（議席数では過半数を超えても，投票率では30％代を超える政党はいない）が国民の声を反映しにくくしている[45]。他方，小選挙区制のもう一つの特徴として，小選挙区における有権者と立候補者の距離が近く，自己の選挙区の有権者の声を無視することが困難なことである（一選挙区の有権者数が 6 万人前後）。議員が特定の選挙区の代表であるという意識は実際上日本以上に強い。以上のような民意の表出システムは，うまくいけば代表は国民投票の結果によって補強されながら政治を進めていくことができるが，逆に働けば代表の方が国民投票によって表出された民意（国民の声そのものと受け止められやすい），さらには選挙区選挙民の意思に縛られる。

Ｖ　おわりに

　EU にとっても，Brexit は，EU の崩壊の引き金にもなりかねない出来事である。EU は改革により真剣に取り組まざるをえず，2017年 3 月 1 日に欧州委員会が出した「欧州将来白書」[46]を踏まえ，2017年 3 月25日，イギリスを除く EU 加盟国27カ国による首脳会議において結束の強化に向けローマ宣言[47]が出された。他方，イギリスはどうか。近代憲法の典型として挙げられる，アメリカ合衆国憲法もフランス憲法も現状を否定し，新たな目標を掲げて，それを実現するための制度設計を書き込むものである。イギリス憲法はそれとは逆で，憲法政治の歴史を後から振り返ると，議会主権と評価される憲法原理を観察しうるのであって，最初から目標を設定して統治機構を構築する経験に乏しい。この伝統ゆえに，現在，憲法的難問に直面している[48]。さらに，ヨーロッパ全土で懸念材料となっ

---

(45)　詳細は，近藤康史『分解するイギリス ── 民主主義モデルの漂流』（筑摩書房，2017年）。

(46)　European Commission, *White Paper on the Future of Europe*, COM（2017）2025 of 1 March 2017 〈https://ec.europa.eu/commission/sites/beta-political/files/white_paper_on_the_future_of_europe_en.pdf〉.

(47)　Council of the EU, *The Rome Declaration*, STATEMENTS AND REMARKS 149/17, 25/03/2017 〈http://www.consilium.europa.eu/en/press/press-releases/2017/03/25/rome-declaration/pdf〉.

[憲法研究 第2号(2018.5)]

ているポピュリズムの動向を観察すると，ポピュリズムの危険からは遠いと思われていたイギリスが国民投票によってEU離脱を選択したことの意味はさらに検証されるべきである（ポピュリズムの影響がより懸念される他国でもEU離脱という選択はまだ起きていない）(49)。とりわけ，イギリスの小選挙区制，二大政党制（二大政党間による政権交代）という憲法構造は，国民の声を構成に反映させ，かつ，説明責任をとらせるという点で機能不全に陥っていて，それがUKIPのような政党の台頭を可能にしたとすれば深刻に受け止める必要がある。不文・軟性憲法と聞くと，簡単に憲法改正が容易な感じがするが，実際はその逆で憲法改正のルールさえ明文化されていないので，何をすれば憲法原理を変更できるのか不明である。この他国との違いをむしろ誇りとしてきた感のあるイギリスだが，国民投票と議会民主制，直接民主制と代表民主制との関係について制度的検討が必要な時にきている。2016年の国民投票は，「第二の市民革命」の始まりとなるかもしれないという興味深い評価もある(50)。このまま漂流を続けていくのか，新たな憲法原理の確立の出発点となるのか，イギリスは岐路に立っている(51)。

---

(48) 労働党政権下の「憲法改革」について，松井幸夫編『変化するイギリス憲法 —— ニュー・レイバーとイギリス「憲法改革」』（敬文堂，2005年）参照。

(49) Brexitとトランプ政権誕生を区別する分析として，ブレディみかこ「労働者階級の反乱 —— 地べたから見た英国EU離脱」（弘文社，2017年）。

(50) 中村民雄「Brexitが突きつけたイギリス憲法の難題」ビジネス法務2017年4月号99頁以下，99頁。

(51) Public Lawは2017年にBrexitに関して異例の特集号を出している。

3 フランス大統領選とナショナル・ポピュリズム[1]

吉 田 　 徹

Ⅰ　はじめに
Ⅱ　政治空間の「三分割化」の進展と国民戦線（FN）の伸長
Ⅲ　大統領選の推移
Ⅳ　まとめと展望

Ⅰ　は じ め に

2017年 4 月23日（第 1 回投票）および 5 月 7 日（第 2 回投票）に行われたフランス大統領選は，その約 1 年前に結党された「前進！（EM）」を率いるエマニュエル・マクロンが，極右ポピュリスト候補たる国民戦線（FN）のマリーヌ・ルペンを破って選出された。

2016年 6 月の国民投票による英 EU 離脱，同年11月のアメリカ大統領選でのトランプ大統領の誕生，さらにはやり直しとなったオーストリアの同年12月の大統領選での極右候補の決選投票進出，2017年 3 月のオランダ総選挙での極右政党（自由党）の議席増を経験する中，フランスの2017年大統領選はグローバルな「ポピュリスト・ドミノ」がヨーロッパの主要国にどう影響するのかの試金石として世界の注目を集めた[2]。

2012年の大統領選で現職サルコジ大統領を破って当選した社会党のオランド大

（ 1 ）本稿は日本政治学会2017年度研究大会・総会分科会 C6「EU 統合への「信頼性」の揺らぎ ── ポピュリズムと欧州政治の動態」における被告ペーパー「EU はいかに信頼されずに至ったか ── 2017年フランス大統領選から」を加筆・修正したものである。
（ 2 ）ポピュリズムという言葉は「Kampf begnff（闘争用語）」であるゆえ，定義が困難であることは言うまでもない（Cas Mudde&Cristobal Rovira Kaltwasser, *Populism: a very short introduction*, Cambridge University Press, 2017）。最も過去のリテラチャーレビューからは，それが①エリートと庶民との間の道徳的を煽り，②既成政党が取り残したニッチ市場を開拓する動員を展開し，③特定の「ピープル」を措定することを共通項していることが指摘できる。Noam Gidron&Bart Bonikowski, Varieties of Populism: Literature Review and Research Agenda, in *Weatherhead Working Paper Series*, No. 13-0004, 2013参照。

憲法研究 第 2 号（2018年 5 月）　　*41*

統領は，リーマンショック・ユーロ危機以降，過去最悪を記録する失業率を下げることを公約としたものの，相次ぐテロ事件や難民流入問題，さらに自身や閣僚のスキャンダルなどの混乱に見舞われ，史上最低の支持率に甘んじていた[3]。大統領および政権支持率の低迷もあって，前回大統領選でサルコジとオランドの保革候補に次いですでに三位につけていたルペンは，2014年から世論調査の支持率首位を走り続けていた[4]。

　決選投票でルペンはマクロンの得票率66.1％に対して33.9％と敗退，一部で懸念された欧州大陸でのポピュリスト大統領誕生は実現しなかった。しかし，選挙全体の得票構造をみるとルペンを除いても，EUやグローバル化に対して明示的に異議申し立てを唱える「ハードな欧州懐疑」ないし「修正主義的な欧州懐疑」[5]を掲げた候補者は11名中少なくとも8名を数え，総票数の6割以上を占めたことは強調されて然るべきだろう（表1参照）[6]。

　下記に述べるように，マクロンの勝利は幾つかの偶然が重なった結果でもあり，総体としてみるならば2017年のフランス大統領選は他国と同様，ポピュリズムが跳梁跋扈した選挙でもあった。2014年の欧州議会選挙でもFNはすでに24.9％の票を獲得しており，最大野党UMP（ゴーリスト党，20.9％）および与党社会党（14.0％）のそれを大きく引き離していた。続く2015年の統一地方選挙でも第一回投票で第一党（27.7％）となり，大統領選でのルペンの決選投票進出は確実視されていた。大統領選第1回投票におけるルペンの得票は2012年のそれの（64万票）の約10倍であり，決戦投票でも250万票あまりを上乗せしており，ルペンが有権者や世論

（3）オランド大統領およびヴァルス内閣の末期については Françoise Degois, *Les cent derniers jours de François Hollande*, Ed. de L'o, 2017に詳しい。

（4）BVA および IPSOS 社調査の数字。他の世論調査意会社でも同様の傾向が見て取れる。

（5）Szczerbiak&Taggart（2008）は「欧州懐疑主義」を「欧州連合の権限（power）を強めることに反対すること」と定義した上で，①否定主義者（rejectionist：EU の新規加盟や EU の制度への参加に反対）【ハードな懐疑】②修正主義者（revisionist, 条約によって委譲された国家主権の復活を要求）【中間的な懐疑】③ミニマリスト（minimalist, 現状維持を志向し EU の権限拡大に反対）【ソフトな懐疑】④漸増主義者（gradualist, 慎重な EU の権限増大には賛成）⑤改革主義者（reformist, EU の権限増大に賛成），⑥マキシマリスト（Maximalist, 更なる統合の加速化の要求）の6つに分ける。

（6）ルペンの第一回投票での21.3％に加え，極左メランション（『服従しないフランス（LFI）』の19.6％, さらにトロツキスト候補，主権主義者，地域主権主義者候補などの票を足し合わせたもの。なお，EU に関連する公約において，マーストリヒト基準を改正ないし破棄としたのが7名，域内派遣労働の見直しあるいは廃止が9名，ユーロ離脱あるいは自国通貨との併用が5名，EU 離脱ないし大幅な修正が8名である。うちユーロ圏財政政策の促進，EU の現行制度強化については，マクロン，フィヨン，アモンの各候補のみが一致している（cf. *Le Monde*, 15 avril 2017）。

3 フランス大統領選とナショナル・ポピュリズム〔吉田　徹〕

【表1】 フランス大統領選挙結果（第1回投票，第2回投票）

	第1回投票（4月23日）		第2回投票（5月7日）	
有権者数	47 582 183	100%	47 568 693	100%
棄権	10 578 455	22.23%	12 101 366	25.44%
投票者数	37 003 728	77.77%	35 467 327	74.56%
白票	659 997	1.78%	3 021 499	8.52%
無効票	289 337	0.77%	1 064 225	3.00%
投票総数	36 054 394	97.45%	31 381 603	88.48%
候補者	票数	相対得票数（%）	票数	相対得票数（%）
マクロン（EM）	8 656 346	24.01	20 743 128	66.10
ルペン（FN）	7 678 491	21.30	10 638 475	33.90
フィヨン（LR）	7 212 995	20.01		
メランション（FI）	7 059 951	19.58		
アモン（社）	2 291 288	6.36		
デュポンテニヤン（DF）	1 695 000	4.70		
ラサール（R）	435 301	1.21		
プトゥ（NPA）	394 505	1.09		
アスリノ（UPR）	332 547	0.92		
アルトー（LO）	232 384	0.64		
シュミナド（SP）	65 586	0.18		

【出典】フランス内務省

　の強い現状への不満を体現したことは事実である。大統領選での反EU・反グロー
バリズム候補者の大量得票とルペン支持の漸進的拡大は，特定の政治勢力や政治
家の戦略に帰することのできるものではなく，グローバル化に対置されるものと
してのナショナル・アイデンティティの保護を掲げる「ナショナル・ポピュリズ
ム」が継続して足場を広げていることの証左ともなった[7]。さらに，このよう
に多数を占めた反EU票にも係らず独立系の中道候補マクロンが勝利できたの
は，既存の政党政治の対立軸が衰退したからでもあり，それは，ルペンの伸張と

（7）ポピュリズムの類型の中でもナショナルなものを形容する「ナショナル・ポピュリズ
　　ム」については，畑山敏夫「マリーヌ・ルペンと新しい国民戦線」高橋・石田編『ポピュ
　　リズム時代のデモクラシー』（法律文化社，2013年），Pierre-André Tagieff *Le nouveau
　　national-populisme*, CNRS Edition, 2012などを参照。

［憲法研究 第2号（2018.5）］

コインの表裏の関係にあった。

　マクロン大統領とフィリップ内閣の業績を測るのは早計に過ぎるが，2018年2月の段階で，就任当初に60％以上あった大統領への支持率は44％と，サルコジ，オランド大統領の時期と比べればまだ高水準ではあるものの，依然不支持率の方が高い。反EU意識が多数であるにも係わらず明示的に「親EU」を掲げるマクロンのプレジデンシーは，それゆえに脆弱さを抱えている[8]。

II　政治空間の「三分割化」の進展とFNの伸長

　2008年のリーマンショックと2010年からのユーロ危機による不況，さらに国内での連続テロ（2015年1月から2017年5月までで240名死亡）や難民流入（2013年から16年まで計30万件弱の庇護申請を受理）など，内外にまたがる問題がナショナル・ポピュリズムの進展を促したことは間違いない。フランスでは2005年に8％の高水準にあった失業率はそのまま2010年に8.9％，2013年には9.9％と戦後最悪の水準（1997年の10.3％）近くにまで達した。購買力（ネット）も2010年から12年にかけて1ポイント下落，2014年になってもユーロ危機以前の水準を取り戻せなかった。2005年から15年までを見たとき，家計の64％の一次所得が減少，うち下位10分の1の所得分布にある家計は2割も落ち込んでいる[9]。

　長期トレンドでみた時，フランス有権者のEUに対する態度には大きな波が2つあったことがわかる。第1の波は1992年のマーストリヒト条約での国民投票，第2の波は2005年の欧州憲法条約時の国民投票後であり，この2つのレフェレンダムを経た後のフランス世論では「EUに加盟していることが良いと思う」とする割合が，それまでの約7割から5割程度に減少していっている。50％台という水準はイギリスなどと比べれば低く，加盟国では中位に留まる。もっともユーロ危機以降ではEUに対する信頼やこれへの好イメージは10ポイント前後下落していっている。

　90年代からの推移をみた場合，2回の国民投票とこれをきっかけとした反EU政党の生成，反EUの対立軸へのFNの憑依があったために「政治的な反EU」が「社会的な反EU」へと伝染していったといえる[10]。90年代後半からフランス政治では「主権主義（souverainisme）」という言葉が流通するようになり，EUの

（8）IFOP社2018年2月17日調査（大統領に満足39％，非常に満足5％，満足していない34％，とても不満足21％）。

（9）McKinsey martinGlobal Institute (2016) *Poorer than their parents?* McKinsey & Compagny.

政策領域・権限の拡大に反対することをシングルイシューとする政党が保革の両陣営で観察されるようになる[11]。1994年の欧州議会選では総得票率の3割程度が，1999年の同選挙では35％程度がいわゆる欧州懐疑政党（リスト）の得票となっている（FNおよび共産党の得票含む）。

　国民投票は政党横断的な対立軸を可視化させ，比例代表で行われる欧州議会選挙は政権批判や単一争点的な投票行動を可能にさせる。国民投票においては，すでに「ウイ」（北西地方）と「ノン」（南東地方）の対立があることが明らかになり，後者では失業率や低学歴の若年層，貧困率，単身親世帯，経済的不平等の割合が高い地域で反EU意識を募らせていることが特徴的だとされた。地域によって異なる投票行動が取られることに注目した地理学者らは，この「ノン」の地域とFNの得票率伸張の地域が重なっていることを指摘する[12]。すなわちEUをめぐる政治が露わにしたのは党派による「政治的投票」ではなく，個人の生活条件や展望に基づく「社会的投票」であり，政治意識と社会的属性が齟齬をきたしている状況だった[13]。国民投票や欧州議会選で醸成された「政治的なEU」はこうして「社会的な反EU」へと移植されていくことになった。

　政党間競合の次元に目を向けるならば，デュヴェルジェが命名した1970年代に完成した「二極のカドリーユ」（社共の左派陣営と中道・ゴーリスト政党の右派陣営）は，1980年代後半からの共産党の凋落，さらに2002年のゴーリスト党UMPによる中道派の吸収などによって二大政党化が進展してきた[14]。問題は，政党制の次元では二極化が進展しつつ，一方の有権者市場においては保革対立に留まらない「三分割（tripartition）」が同時並行的に進んだことだった。グランベルグ／シュヴァイツグートは，政治社会学者イングルハートの「脱物質主義的価値観」論や政治学者キッチェルトの「左派リバタリアン」論を引証点に，90年代半ばまでにフランス有権者の間では従来の保革対立に加えて「普遍主義－反普遍主義」の価

---

(10) Bruno Cautrès *Les Européens aiment-ils（toujours）l'Europe ?* La Documentation française, 2014; Do., "Les trois France" Note #5 / vague 1 / *L'Enquête électorale française Comprendre 2017*, CEVIPOF, 2017.

(11) Gérard Grunberg "Euroscepticism in France,1992-2002," in Szczerbiak,Aleks and Paul Taggart,（eds.）,*Opposing Europe? The Comparative Politics of Euroscepticism*,vol.1,Oxford: Oxford University Press, 2008 および 吉田徹「現代フランス政治における主権主義政党の生成と展開」『ヨーロッパ研究』2号（2002年）を参照。

(12) Christophe Guilly, *La fracture française*, François Bourin Editeur, 2010; Jacques levy, *Atlas politique de la France*, Ed.Autrement, 2017.

(13) Hervé Le Bras & Jérôme Fourquet, *Le Puzzle Français*, Fondation Jean-Jaurès, 2017.

(14) Gérard Grunberg&Florence Haegel, *La France vers le bipartisme?* Presses de Sciences Po, 2002.

［憲法研究 第2号（2018.5）］

値観の対立が生じてきたことを明らかにしている(15)。彼らは1995年と2002年の有権者意識調査から，与党経験のある政党の支持者が人権擁護や文化的リベラリズム，親欧州的態度で凝集する一方で，左右対立軸の上に自らの位置付けを見出せない有権者も増えており，さらに移民排斥・反欧州統合・死刑復活など権威主義的な価値を是とする若年層を中心とする有権者が2割から3割存在することを突き止めた。これらの有権者は，経済的リベラリズムに消極的であり，さらに保守的なカトリック・ミリューにも属していないという意味で伝統的な右派とは異なり，社会党・共産党支持者と価値観の親和性が強い左派支持者とも異質で，相対的に自律的なブロックを形成しているとされた。

こうした三分割化にもっとも早くに適応したのはFNだった。2005年の国民投票ではFN支持者と共産党支持者の9割は「ノン」に投票している。また「ウイ」（45.3％）が主として欧州憲法を争点として投票したのに対し「ノン」（54.7％）の投票者の過半数は国内上の争点を意識して投票している。

この三分割化は80年代から定着したフランスにおける政権交代とこれを実現した保革二大政党に対する政治不信によるものでもあった。世論調査機関IPSOSのタンチュリエは，2007年の右派のサルコジ当選と2012年の社会党のオランド当選という保守の政権交代があったにも係らず，とりわけ雇用情勢に改善が見られなかったことで，有権者による政治に対する無力感や諦念，他方では政治家に対する怒りや憎悪が拡大していることを多くの意識調査から跡付け，これを「PRAF態度」と名付けた(16)。サルコジ大統領はそれまでのゴーリスト党候補者と政治的志向を明確に異にし，文化的には保守的，経済的にはリベラリズム路線を掲げたもののリーマンショックとユーロ危機に際して十分に対応できず，他方で12年ぶりの左派大統領たるオランドは格差是正と市場経済の修正を訴えて当選したものの，任期途中で労働法制や市場緩和へと方向転換したためである。

つまり，二大政党のいずれの候補も自党の過去の政策の転換を謳い，2007年と2012年には政権交代が実現したものの，とりわけ雇用創出と購買力維持という結果を残せなかったことが有権者の失望へとつながり，これが既成政党不信へとつながり，エリート批判を常とするルペン支持へと転換していくことになった(17)。

---

(15) Gérard Grunberg&Etienne Schweisguth " Vers Une Tripartition de l'Espace politique" in Daniel Boy & Nonna Mayer (dir.) *L'Electeurs a ses Raisons*, Presses de Sciences Po, 1997; Do.,"La tripartition de l'espace politique", in pascal Perrineau (ed.) *Le vote de tous les refus*, Presses de Sciences Po, 2003.

(16) フランス語の「Plus Rien A Faire（もう何もできない）Plus Rien A Foutre（もうどうでもいい）」の頭文字をとったもの。Brice Teinturier, *Plus rien à faire, plus rien à foutre. La vraie crise de la démocratie*, Robert Laffont, 2017.

【図2】フランス人の自国の民主主義に対する満足度（満足―不満）

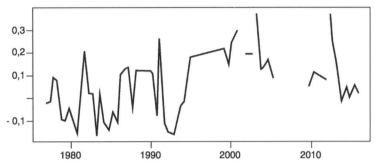

【出典】Grossman&Sauger 2017:41

　2016年には有権者の65％が「いかなる政権でも有意な結果をもたらすことはできない」と答えており，さらに政府の施策についても３％のみが「個人的な状況を改善できる」とし，反対に60％が「悪化させる」，36％が「関係ない」と答えている。また，政治に対してネガティブなイメージを抱く有権者も82％に上り，そのうち９％が無関心，40％が失望，13％が怒り，20％が嫌悪感を抱いているという。政治家そのものに対しては８割もの有権者が「何らかの形で腐敗している」ともみている[18]。

　タンチュリエは政治に嫌悪感と無関心を抱く「PRAF態度」を有権者の３割程度が有しているとするが，これは先のグランベルグ／シュヴァイツグートの調査結果と呼応し，さらには彼ら全員が投票したとは想定できないものの，ルペンの第２回投票での得票率が３割程度だった事実とも整合する。

　政治不信がフランス政治の基調を為していることはつとに指摘されてきた[19]。グロスマンとソジェは，フランスの社会的平等や社会支出が低いわけではなく，公共政策全般に対する不満も高くないにも係らず，政治不信がなぜ高いのかとの問いに対して，政党や政治家への信頼が低い一方で，政治参加の度合いが極めて

---

(17) オランド時代の評価については John Gaffney, *France in the Hollande presidency*, Palgrave, 2016; サルコジ大統領期の政策や改革の評価については Pierre Cahuc&Andre Zylberbeg *Les réformes ratés du président Sarkozy*, Flammarion, 2010を参照。

(18) 本稿では分析の対象としないが６月の国民議会選挙でのマクロン派（EMPR）の多数派形成と新人議員の割合の高さ（577名中234名）も，政治家全般に対する不信が影響しているとみることができるだろう。

(19) 例えば Yann Algan&Pierre Cahuc, *La société de défiance*, CEREMAP, 2016は公共政策の実効性と信頼が強く相関しているため，フランスの社会経済政策の問題は社会全般における不信の高さにあるとする。

高いことに求めている[20]。具体的には，大統領制を頂点とした多数派民主主義と，二回投票制という多元主義との組み合わせは，第1回投票では政治的代表性が確保されるものの，大統領制による応答を必ずしも確保するわけではない。このため，政治に対する期待と落胆がサイクルを描くことになるという（図2参照）。この指摘は，メアーが指摘した「代表の要求」と「応答の要求」との間の矛盾に，フランスの代表制民主主義もまた引き裂かれていることを意味する[21]。

「三分割化」された有権者の支持を獲得すべく，ルペンはすでに2012年大統領選公約「フランスとフランス国民のための私の公約」で，輸出力強化のためユーロ脱退を国民投票で問うことなどに加え，労働供給の制限や不公正貿易に対する制裁といった保護主義的政策を盛り込んできた。90年代後半以降，FNはそれまで治安重視と移民排斥（および両者のリンケージ）の一辺倒から，社会経済政策の拡充へと軸足をシフトさせ，公約に占める社会経済政策はそれまで2割以下だったのが2012年には4割に比率が増えている[22]。これに反比例するかのように，それまで4分の1程度を占めていた福祉排外主義的な政策は1割以下に留められ，代わりに最低賃金の引き上げ，退職年齢の引き下げ，エネルギー価格凍結など，困窮層の生活支援などが盛り込まれた。ルペンはいみじくも「失業・債務・購買力，そして移民と治安問題という2本足で私は歩いている」と2012年に公言している。2017年大統領選の前哨戦となる2015年の統一地方選挙では，右派（LR，UDI，Modem）に投票した有権者は自営業，商工業，農業部門従事者，富裕層の高齢者，対する左派（社会党，PRG）に投票した有権者は公共部門や中間管理職，学生や高学歴者層に多かった。これに対して，FNは低学歴者層，若年層，経済的困窮者など，それまでの支持者層に加え，自営業や民間企業従業員からの支持を伸ばした[23]（表2参照）。

すなわち，FNはそれまで有権者のニッチ市場を開拓する「階級間政党」とされてきたが，90年代には労働者層の支持を一貫して拡大させていく「プロレタリア政党化」を経験してきた[24]。これは，ユーロ危機以降の失業率上昇と生活水

---

(20) Emiliano Grossman&Nicolas Sauger, *Pourquoi détestons-nous autant nos politiques ?*, Presses de Sciences Po, 2017.

(21) Peter Mair, *Ruling the void. Hollowing of western democracy*, Verso, 2013.

(22) Gilles Ivaldi « Du néolibéralisme au social-populisme ? : La transformation du programme économique du Front national (1986-2012) " in Sylvain Crépon, Alexandre Dézé, Nonna Mayer (eds.) *Les faux-semblants du Front national. Sociologie d'un parti politique*, Presses de Sciences-Po, 2017.

(23) Bruno Cautres "Les trois France" Note #5 / vague 1 / *L'Enquête électorale française Comprendre 2017*, 2015.

準の低下は，低成長時代の「キャッチオール政党」はFNにおいて他ないという哲学者マルセル・ゴーシェの指摘につながっていく(25)。

このFNの「キャッチオール化」は，2017年大統領選において顕著なものとなった。職業別にみた場合，ルペンは農業，自営業，一般従業員，労働者層，失業者で得票率（投票予定候補者）トップとなっており，投票先として唯一2割以下のシェアに留まるのは管理職のみである。これも2012年にルペンに投票した中間管理職・管理職は19％に過ぎなかったものの，これも2015年の統一地方選でその割合は25％と約4分の1に達している(26)。

FNの伸張は，他政党・党派の階層ヘゲモニーの喪失の結果でもある。2012年大統領選（第1回投票）では，オランドとサルコジの保革両候補は労働者票の41％，一般従業員の49％，中間管理職の55％を集めたのに対し，今回の選挙では保革候補でそれぞれ21％，26％，30％を集票したに過ぎない(27)。表2に確認できるように，それまで右派の伝統的支持基盤だった農家や自営業はFNに侵食され，逆に社会党の支持基盤だった一般従業員や中間管理職はマクロンへと票が流れている。

レギュラシオン学派のアマーブルとパロンバリーニは，社会党が70年代までに形成した有権者ブロックが，その後の新自由主義の浸透から過去30年で解体したため，政権与党としての社会党は新たに親EU派を含む「ブルジョワ・ブロック」の形成に迫られ，これに依存するようになったと分析する(28)。こうした指摘も，有権者の意識というよりも，供給サイドの変化の結果として「三分割化」が生まれたことを示唆するものだろう。つまり，有権者市場の破断化とその結果としてのFNの伸張（並びにマクロン新党の台頭）は，既存のヘゲモニーブロックの崩壊と再編に起因しているのである。

構造的には，EUが経済市場の開放と人の自由移動と関連する多文化主義を是とするものである限り，福祉国家／保護主義とナショナリズム／自国優先という，従来の社民と保守政党を横断する「異質な連合」による対立軸が形成可能となり，

---

(24) Florent Gougou « Les ouvriers et le vote front national» in Sylvain Crépon et al. (eds.) *op.cit.*,2017

(25) Marcel Gauchet « Du Sarkozysme au Hollande, » in *Le Débat*, no,176, 2013.

(26) CEVIPOF " L'enquête électorale française. Comprendre 2017", Vague 11, 2017; Do. " L'enquête électorale française. Comprendre 2017", La Note #7 Vague 1, 2017.

(27) マクロンはそれぞれで9％，21％，25％を得票しており，アモン，フィヨン，マクロンの3候補をあわせて2012年の保革候補得票率を上回ることになる。

(28) Bruno Amable&Stefano Palonbarini, *L'Illusion du bloc bourgeois*, Raison d'Agir, 2017; 片岡大右「予告された幻滅の記録」『世界』2017年7月号も参照。

［憲法研究 第2号(2018.5)］

【表2】有権者の属性（第1回投票，得票率5％以上の候補者5名のみ，%）

	メランション	アモン	マクロン	フィヨン	ルペン
得票率	19.6	6.4	24	20	21.3
男性	19	5	26	22	21
女性	21	8	22	19	21
18-24歳	27	12	21	10	21
25-34歳	25	7	21	11	25
35-49歳	21	8	23	12	26
50-64歳	20	5	24	18	23
65歳以上	11	3	27	41	12
上級職位	19	7	32	24	10
（管理職）	21	9	39	16	6
中間管理職	21	9	30	12	16
下位職位	24	6	16	9	36
（従業員）	26	6	17	11	29
（労働者）	21	5	16	7	43
（無職）	16	6	24	30	17
1500E 未満	28	8	14	12	28
2500E 未満	19	7	21	15	27
3500E 未満	21	6	22	22	20
3500E 以上	14	4	36	26	12
2012年投票候補者					
メランション	83	5	7	0	3
オランド	27	14	46	3	6
バイルー	9	7	46	19	4
サルコジ	4	1	16	59	14
ルペン	3	0	4	8	81

【出典】BVA社4月25日調査

これがナショナル・ポピュリズムの温床となる。そしてこの経済保護主義と文化的権威主義を矛盾なく統合することができたのがFNだった。これは，保革二大政党の右派共和党の経済的自由主義と，左派社会党の文化的リベラリズムの否定から成り立つが，こうした構図が出来上がっていったのは過去30年に渡る政治社

【図1】支持者の党派によるEUとの距離(「EU離脱によって大きな安心を感じる」とした有権者の党派別割合, %)

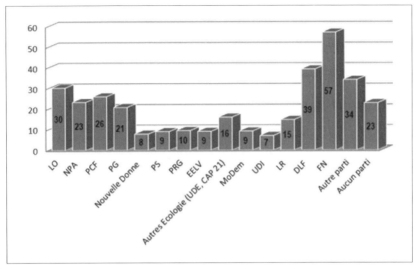

※ LO:労働者の戦い, NPA:新反資本主義党, PCF:共産党, PG:左派党, Nouvelle Donne:新しい結果, PS:社会党, PRG:急進左派党, EELV:緑ヨーロッパ, Autre Ecologies:その他の緑の党, MODEM:民主運動, UDI:独立民主連合, LR:共和派, DLF:立ち上がれフランス, FN:国民戦線, Autre Parti:その他政党, Aucun Parti:無党派

【出典】Enquête électorale française ENEF 2017, CEVIPOF, vague 4

会の変化にフランスの代表制が有意な形で変容できなかったからでもある。

　図2は,有権者の党派別EU支持の高低を図式化したものだが,左右両極に行けば行くほどEUに対する忌避感が強くなるU字型の配置となる。これは,既存の保革対立に留まらない三分割化を経験した有権者ほど,反EUの意識を持ちやすいことを示してもいる。

　フランス大統領選でEUが主要候補者同士の間での争点となったのは2012年の時だが,この時は統合に対して経済的保護主義(市場の規制)を唱える社会党のオランド候補,文化的保護主義(自由移動の規制)を唱えるUMPサルコジ大統領,この両方を主張するルペンの何れもが,EUに対して留保的な態度を示した[29]。2012年のように,保革二大政党の候補者ともにEU懐疑主義に近づけば,FNを

---

(29) Céline Belot et al. "L'Europe comme enjeu clivant. Ses effets perturbateurs sur l'offre électorale et les orientations de vote lors de l'élection présidentielle de 2012" in *Revue française de science politique*, vol. 63, 2013.

［憲法研究 第2号（2018.5）］

含む欧州懐疑派がEUを争点とする余地は狭まる。しかし，以下にみるように2017年大統領選では保革二大政党候補者の当選可能性がなくなり，争点管理の能力を喪失すると，欧州懐疑主義の余地は最大化し，これが反EU票の大量得票につながる。仮にEUにまつわる争点が政権担当能力を持つ政党の間で管理されていれば（それがたとえ反EUのニュアンスを含むものでも），それが争点化される度合は抑制的なものになる。しかし，それすらもが可能にならなかったのがこの大統領選であった[30]。

Ⅲ 大統領選の推移

それではなぜ反EUと反グローバル化が全面化することになったのか。これについてはそれぞれに関連する5つシークエンスが指摘できる。

1 現職オランド大統領の不出馬

オランド大統領は，2016年末になって次期大統領選への不出馬を正式表明した。2015年11月のパリ同時多発テロ直後に支持率が一次復調したものの，年明けの労働市場改正（エル＝コムリ法）や，二重国籍条項剥奪等の法律に対して政権・党内からの反対があり，支持率は20％を切るようになる。オランドの在任期間の平均支持率は25％と過去の大統領の中でも最低記録を更新し，出馬しても勝利が見込めないことは明白だった。

1974年のポンピドゥー大統領のように，任期中の病死で出馬できなかった例は過去にあったものの，再選を目指さないことになったのはフランス第五共和制憲政史上，初めてのこととなった。現職大統領の不出馬はEUが争点化される余地を大きくさせたといえるだろう。

2 公開予備選による「分極化」

オランド大統領が不出馬を宣言する直前の2016年11月，最大野党の共和派（PR）の公開予備選が実施された。予備選には前大統領のサルコジ，元首相ジュペなど7名が出馬したが，下馬評を裏切って決戦投票でジュペを破り，指名を得たのはサルコジ大統領のもとで首相を務めたフランソワ・フィヨンだった（66.5％対

---

(30) Emmanuelle Schön-Quinlivan "The elephant in the room' no more: Europe as a structuring line of political cleavage in the 2017 presidential election" in *French Politics*, Vol.15, No.3, 2017.

33.5%）。

　フィヨン勝利の要因は，サルコジが大統領経験者として嫌われる一方，フィヨンが極度の経済リベラル（例えば健康保険制度の民営化や公務員５万人の削減）と文化保守（移民制限）を掲げてサルコジ路線を踏襲することを宣言した一方，有力対抗馬のジュペが反改革的だったことが理由とされる[31]。

　他方の社会党はオランドの出馬辞退を受けて７名による公開予備選を2017年１月に行った。当初はヴァルス首相が有利とされたが，やはり下馬評を覆して決選投票を制したのはヴァルス内閣で文科相を務めたブノワ・アモンだった（58.7%対41.3%）。アモンが選出されたのは，現職経験者ヴァルスが嫌われる一方で，ベーシックインカムや大麻の合法化，温暖化ガス規制強化など，極めて左派寄りの政策を並べたためとされる（*Le Monde*, 29 janvier 2017）。それゆえ，仮に大統領になったとしても，党内をまとめるのに苦慮することになるとの予想がなされた。

　共和派にしても社会党にしても，公開予備選で二回投票制を導入したために，決戦投票に際して党内グループの合従連衡を余儀なくされるものの，第一回投票では党支持者が中心に動員されるため，コアな党員に訴求力を持つ政策を打ち出した候補者が有利になる。ジョン・メイのいった党組織のサブリーダーほど理念的で急進的になるという「曲線的不均衡」は，公開予備選といった選挙でも最大化する[32]。元職経験者が嫌われ，フィヨンとアモンという新顔かつ，サブリーダーに忠実なリーダーが選出されることになった。しかし保革二大政党の候補者が遠心的な競合を開始したことは，EU が容易に争点化し，さらには既成政党の中道路線が開き，それがマクロン選出を容易にすることにもなったのだった。

3　保革二大政党候補の敗退

　４月23日の大統領選第１回投票を迎え，それまでほぼ一貫して支持率（投票予定先）の首位を走っていたルペンが決選投票に進むことは確実視された。与党社会党の不人気は必然的に共和派候補フィヨン優勢につながり，従って決選投票はフィヨンとルペンの一騎打ちとなることが予想された。

　もっとも，１月27日にスクープ記事で有名な『カナール・アンシェネ』紙がフィヨンの公金横領・架空雇用疑惑を報じ，検察も予備審問に着手してから，それまで支持率25%と，ルペンと互角にあった支持率は年明けから20%を下回るように

---

[31]　Bice Teinturier, "L'inédite (et dernière?) primaire de la droite et du centre " in Pascal Perrineau (ed.) *Le vote disruptif*, Presse de Sciences Po, 2017.

[32]　cf. John D. May, "Opinion Structure of Political Parties: The special law of curvlinear dispanty," in *Political Studies*, Vol.21, n:2, 1973.

なる。もともと強い政治家不信の結果として共和派候補となったフィヨンの疑惑
は，それだけ大きな反動となった。

　フィヨン降下と反比例して浮上したのが前年夏に社会党を割って独自の運動
「前進（EM）！」を立ち上げたエマニュエル・マクロンに対する支持だった。ま
た，社会党アモンの支持率低下と反比例する形で，「屈しないフランス（La
France Insoumise）」を率いる極左候補メランションの支持が伸びていった。

　極右ポピュリスト・ルペンの堅調，共和派フィヨンの凋落，マクロンの台頭は，
4月23日の第1回投票で既成政党候補者の総崩れと反グローバリズム連合の大量
得票という結果へとつながっていく。第1回投票でマクロンは24％，ルペンは
21％を獲得して決戦投票への進出が決まったが，3位となったフィヨン（20％）
と肩を並べたのは元社会党で共産党と共闘してEU離脱を主張するメランション
（19％）だった。1980年代の大統領選での二大政党候補者の総得票率はほぼ毎回
5割を超えていたのが，2017年には総投票数の4分の1にまで落ち込んだ。ゴー
リスト派，社会党の何れの候補者も決選投票に進出できなかったのも第五共和制
初のこととなった。

　第一回投票は合計11人で戦われたが，ルペンとメランションに加え，決選投票
直前にルペンと政策協定を結んだ右派デュポンラエニカン，国家主権の回復を訴
えるラサールとシュミナド，地方自立を訴えるアスリノ，トロツキスト候補のプゥ
トゥ，アルトーといった現EUや資本主義に否定的な候補者の合計獲得票は50％
近くに達した。親EUでグローバル経済に肯定的なのはマクロンとフィヨンの2
名に限られた。

　こうしてマクロンは，極左と極右以外の支持者で，既成政党候補者に失望した
有権者，さらに既成政党に対する反感を持つ有権者を自らの支持へと振り分ける
ことに成功した。第一回投票でのマクロン票は，左派支持者4割，中道支持者3
割，右派支持者3割となっており，各党派からほぼ万遍なく得票している[33]。
しかし，それはマクロン候補に対する積極的支持ではなく，既存候補者を喪失し
た民意が最後に見出すことのできた支持といってもよい。

4　ルペンの「ガラスの天井」

　こうしてマクロンとルペンがともに決選投票に進んだものの，ルペン大統領の
誕生は制度的要因から想定され得ないことでもあった。「ルペンのガラスの天井」

---

(33) Sylvie Strudel "Emmanuel Macron: un oxymore politique?" in Pascal Perrineau (ed.),
op.cit.

などと呼ばれたが，二回投票制をとるフランスでは，左右いずれかの既成政党と選挙協力を結べない勢力は決選投票で2対1の構図に持ち込まれ，当選は叶わない。つまり，ルペンが決選投票に進んだとしても保革支持者による「共和戦線」と言われる反FN連合が形成され，当選は阻まれることになる。比例代表で戦われる2014年の欧州議会選でFNは第1党になり得たのに対し，二回投票制の2015年の地方議会選では第1回投票で首位となりつつ，この反FN連合によって多数派になれなかったのと同じ構図である。こうした制度的要因に加え，高学歴者やホワイトカラー層の反FN感情は強固であり，他方で潜在的には支持され得る労働者層や貧困層の動員は制約的であるため，社会階層上の条件からも票の掘り起こしには制限がかかることになる(34)。

　もっとも，このガラスの天井は第1回投票で民意を幅広く反映させ，2回目の投票で本命候補を絞り込む2回投票制を事実上，機能不全に陥らせることになる。事前の有権者調査でも，何れの有力候補に対しても，ルペンは当選できないことが数字から明らかになっていた(35)。すなわち，本命候補を絞り込むのが2回投票制の本来の意味合いだったのが，2017年はルペンを落とすための実質的な1回投票制へと変質することになったのである。

5　「消極的動員」

　このことは，第1回投票と決選投票での棄権票と白票の記録的な多さを説明する。第1回投票の投票率（77.8%）は，1969年と2002年の大統領選に次いで史上3番目の低投票率となった。それは，選挙でルペン進出がすでに既成事実となっていたこと，彼女と争うことが想定されていたフィヨン候補が凋落して，漁夫の利を得たマクロン以外の決選投票進出が望めず，6割近くの有権者の票が行き場をなくしたためだった。マクロンの第1回投票での絶対得票数（18%）は，棄権率（22%）よりも低かったのである。

　決戦投票にマクロンとルペンが進出し，マクロン当選がほぼ確実視されると関心はさらに低くなった。5月7日の選挙での投票率は74.5%と「保保対立」だった1969年選挙以来の低さとなった。決選投票の投票率は第1回投票よりも高いのが通例だが，それが逆転したのも1965年と69年以来の記録となった。

---

(34) Jérôme Jaffré *Le Front National face a l'obstacle du second tour*, Fondation pour l'Innovation Politique, 2017; Nonna Mayer "Le plafond de verre de Marine Le Pen" in *Le 1*, no.26, 2014.

(35) 3大候補者（フィヨン，マクロン，メランション）のうち最も接戦となる対フィヨンのシミュレーションでも55%対45%でルペンは敗退すると予測された（CEVIPOF2017）。

［憲法研究 第2号（2018.5）］

　投票率の低さ以上に，決戦投票での白票と無効票にも注目しなければならない。ここで白票は8.5％，無効票は2.9％を数え，実に10人に1人が選挙そのものに不満であることを表明したのである。世論調査では，白票を投じた有権者の81％が何れの候補者にも投票したくなかったから，36％が投票することが大事であるから，36％がフランスの統治のされ方に異議申し立てをするため，27％がこの選挙が無意味であるため，20％が投票の結果がすでに決まっているため，12％が投票では何も決まらないため，と回答している（Opinion Way社調査，複数回答）。棄権した有権者は4人に1人，白票・無効票を投じた有権者は10人に1人，これはフランス有権者の実に35％が大統領選に参加しなかった計算になる。ルペンの決戦投票進出，既成政党候補の凋落，極左候補に対する忌避感，マクロンという独立系の唯一の選択という状況が「消極的な動員」となって現れた[36]。

Ⅳ　まとめと展望

　2017年のフランス大統領選は，英エコノミスト誌が評したように，マクロンに代表されるグローバル・リベラリズムとルペンの代表するナショナル・ポピュリズムの対決であったことは間違いない（*The Economist*, 30th March 2017）。マクロン自身も選挙は「進歩派対ナショナリスト」の戦いであり，片やルペンは「グローバル主義者対愛国者」の対決であるとした。

　EUの統合の進展，とりわけ冷戦後の東欧諸国の新規加盟による移民労働者市場の拡大，資本市場の統合とユーロ導入による経済政策の制約といった直接的な内在的要因に，近年のユーロ危機やテロ・難民危機といった間接的な外部要因が加わって，フランスの政党制と政党組織は再編の圧力にさらされ，新たな対立軸が顔を覗かせた。保革二大政党のうち共和派は下院で112議席と野党第1党としては過少の議席に留まり，社会党は31議席と過去最低の議席に甘んじることになった。また共和党や社会党から閣僚を迎え入れたフィリップ内閣を支持する保革の議員集団もおり，マクロンの公約にある比例代表制の導入や定数削減が実現すれば，政党制のさらなる再編は不可避となるだろう。マクロン大統領は就任直後から労働法制改正，税制改革，移民政策，職業訓練，大学入試改革などに手をつけ，さらに憲法改正を要する選挙制度改革や議会定数削減など，多くの改革案を実現していくことになる。

---

(36) Anne Muxelle "La mobilisation electorale, du decrochage civique a l'abstention record" in Pascal Perrineau (ed.) *op.cit.*.

3 フランス大統領選とナショナル・ポピュリズム〔吉田 徹〕

　2017年の選挙は過去30年以上に渡って展開してきたフランス政治の変化と，その変化を推し進めたアクターの戦略の帰結でもある。まず，社会党とゴーリスト党といった，いわば供給側である保革政党は，プレジデンシーと政権交代を繰り返す中で，二大政党化を進めてきた。保革の何れの政党もが潜在的な政権与党となる限りにおいて，保革対立は EU そのものを争点とすることはできない。これがメアーのいう「応答の要求」の帰結である。

　しかし，それと並行する形で，需要側たる有権者市場では，経済的に保護主義，文化的に権威主義的な志向を持つ層から構成されるニッチ市場が拡大してきた。この新たな需要に呼応する形で新たな供給源として伸張してきた政党が FN だった。80年代の FN は時の政策や政権への批判票の受け皿でしかなかったが，90年代以降は，自前の票田を形成するようになった。この政党と有権者の関係が変化するきっかけを作ったのは，比例代表制で行われる欧州議会選挙と1992年と2005年と2回に渡って行われた EU に関わる国民投票だった[37]。さらにリーマン・ショックとユーロ危機は，FN の伝統的な票田に加えて北東部の旧工業地帯（フランス版ラストベルト）での得票伸張をもたらすことになった。EU 深化と経済リベラリズムを核とする「ブルジョワ・ブロック」が形成されるのであれば，他方では構造的には不利な状況に置かれつつも，FN を中核として反グローバリズムと反 EU のブロック，「ナショナルポピュリズム・ブロック」が形成されるのも当然の流れとなる。このブロックには，FN から分党したルペンのブレーン（フロリアン・フィリポ）が新党「愛国者（Les Patriotes）」を結党，参入している。こうした流れはメアーの「代表の要求」に相当するだろう。

　政治学者サルトーリがかつて「政治の社会学」に対して「政治社会学」の優位を唱えたように，政治社会における対立軸は政党制に機械的に反映されるのではなく，それを未来軸の中で展開する主体によって条件付けられ，形成されるものである。「政党は社会によって条件付けられると同時に，社会も政党によって条件づけられる」からだ[38]。国民投票と欧州議会選で EU が争点として顕在化し，結果として欧州懐疑主義とそれを掲げる政党・候補者が増大し，その中で FN が欧州懐疑主義の極化が進められていった。こうした過去30年以上に渡るフランス政治と社会の相互作用の帰結のクライマックスのひとつが2017年大統領選であっ

---

(37) イギリスの EU 離脱も，欧州議会選挙での UKIP の躍進（2009年に第2党，2014年に第1党）があり，その圧力によって国民投票をキャメロン政権が約束してしまった結果であることを特筆しておいてもよいだろう。

(38) Giovani Sartori "From the Sociology of Politics to Political Sociology" in *Government and Opposition*, vol.4., no.2, 1969, p.214.

たことは間違いなく，そして来たる数十年間の趨勢を決める始点ともなるだろう。

4 2017年フランス国民議会選挙と憲法・選挙制度

只 野 雅 人

Ⅰ　はじめに —— 破壊と追認？
Ⅱ　2017年国民議会選挙と選挙秩序
Ⅲ　憲法改正論と選挙制度
Ⅳ　む す び

Ⅰ　はじめに——破壊と追認？

「破壊的（disruptif）」投票とは，2017年のフランス大統領選挙・国民議会選挙を分析した著書の表題である[1]。4月・5月の大統領選挙の投票では，既存政党と一線を画したマクロン（Emanuel Macron）と極右・国民戦線のマリーヌ・ルペン（Marine Le Pen）が，政権を担ってきた右派・共和党と左派・社会党（いわゆる統治政党）の候補を押しのけ決選投票に進出し，マクロンが当選した。6月に行われた国民議会選挙は，マクロンが立ち上げた新興勢力・共和国前進が過半数を制した。

　1990年代以降のフランスの一連の国政選挙をめぐり，選挙分析の叢書が，ペリノー（Pascal Perrineau）を中心に編まれてきた。国民議会選挙（2002年以降は大統領選挙・国民議会選挙双方）に関する著作は，それぞれの投票を，「制裁」(1993年)，「驚き」(1997年)，「全面拒否」(2002年)，「断絶」(2007年)，「正常」(2012年) と形容している[2]。いずれもがフランスにおける投票行動の大きな変動を象徴しているが，旧来の構造を破壊し産業に革命的刷新をもたらすテクノロジーに用いられる「破壊的」という形容は，それらにもまして，選挙結果の衝撃の大きさを

（1）P. Perrineau (dir.), *Le vote disruptif*, Presses de Science Po, 2017（以下，*Le vote disruptif* と略称）.

（2）Ph. Hubert, P. Perrineau et C. Ysmal (dir.), *Le vote sanction*, Presses de Science Po, 1993 ; P. Perrineau et C. Ysmal (dir.), *Le vote surprise*, Presses de Science Po, 1998 ; Perrineau et C. Ysmal (dir.), *Le vote de tous les refus*, Presses de Science Po, 2003 ; P. Perrineau (dir.), *Le vote de rupture*, Presses de Science Po, 2008 ; P. Perrineau (dir.), *Le vote normal*, Presses de Science Po, 2013（以下，*Le vote normal* と略称）.

物語っている。

4月・5月に行われた大統領選挙が「破壊的」であったのに対し，6月の国民議会選挙は，その「追認（confirmation）」であった。それまで議会に議席をもたなかった新興勢力による過半数の議席獲得は驚きではあるが，それだけ一層，「追認」選挙としての性格を際立たせているとみることもできる。とはいえ，そうした選挙結果の背後には，従来とは異なる新たな社会的亀裂も垣間見える。

選挙後，マクロン大統領は，選挙公約に従い憲法改正の問題を提起した。論点は多岐にわたるが，議員定数削減や比例代表制の部分的導入と関わり，日本と同様，県を単位とした選挙区のあり方が，領域（territoire）の代表の問題として議論されている。こうした制度改正を通じ問われるのは，新たな社会的亀裂とも関わる，議会の代表性（représentativité）である。

今回の選挙結果が，テクノロジー同様に破壊的創造をもたらすものであるのか，展望はなお定まっていない。以下では，2017年国民議会選挙の意味について，憲法の機能をも視野に収めつつ論じるとともに，選挙結果から浮かび上がる代表性の欠如という問題を意識しつつ，選挙後の憲法・選挙制度改正をめぐる議論についても，概観してみたい。行論に必要な限度で大統領選挙についても言及はするが，その分析については，本号掲載の吉田・論文を参照されたい。

Ⅱ　2017年国民議会選挙と選挙秩序

1　追認の選挙

1962年の大統領直接公選制の導入以来，フランスでは，大統領が国民議会の多数派 —— 大統領多数派 —— を制御できるかどうかにより，体制の均衡が大統領と首相の間を揺れ動いてきた[4]。憲法の規定のうえでは，国政を決定し指導するのは，下院・国民議会の信任に依拠する政府であり，その政府を指揮するのは首相である。憲法の守護者・諸権力の仲裁者・国家の継続性と一体性の保証人（第5共和制憲法5条）とされる大統領は，一定の法律案や条約案の国民投票への付託権，軍の指揮権，首相の任命権，国民議会の解散権等をもつものの，国政運営に関する明示的な権限を有しているわけではない。

一見首相優位ともみえるこの体制は，規律され安定した大統領多数派が国民議会に存在する場合には，大統領優位に機能する。大統領は，首相の任命，閣議の主催権などを通じ，強い政治的影響力を行使する。1962年以降の国民議会選挙では，ほぼ一貫して，明確な議会多数派が選出されてきた。いわゆる多数派事象（fait majoritaire）である。選挙から明確な大統領多数派が生まれれば，大統領の地位

| 4 | 2017年フランス国民議会選挙と憲法・選挙制度〔只野雅人〕

国民議会選挙における主要党派の選挙結果[3]

	2002年	2007年	2012年	2017年		
投票率（有権者比）	64.4%	60.4%	57.2%	48.7%		
党派	得票率	得票率	得票率	党派	得票率	議議（議席率）
左翼戦線	—	—	6.9	不服従のフランス	11.0%	17（1.7%）
共産党	4.9%	4.3%	—	共産党	2.7%	10（2.9%）
緑の党	4.4%	3.3%	5.6%	EELV	3.5%	1（0.2%）
社会党・左翼急進党	25.3%	26.4%	30.9%	社会党・左翼急進党	7.9%	32（5.5%）
左翼諸派	1.4%	1.6%	3.5%		1.6%	12（2.1%）
	—	—	—	共和国前進	28.2%	308（53.4%）
MoDem	—	7.6%	2.3%	MoDem	4.1%	42（7.3%）
UDF／新中道派	4.8%	2.4%	2.1%	UDI	3%	18（3.1%）
UMP	33.4%	39.5%	27.8%	共和党	15.8%	113（19.6%）
右翼諸派	7.4%	4.5%	3.6%	右翼諸派	2.6%	6（1.0%）
国民戦線	11.1%	4.3%	13.6%	国民戦線	13.2%	8（1.4%）

＊「投票率」「得票率」は，いずれも第１回投票時のものである。

は強固なものとなる。一方，国民議会選挙で大統領とは異なる党派が多数を占めると（コアビタシオン），大統領の地位は脆弱化する。1986年，1993年，1997年の３度のコアビタシオンは，大統領優位とは異なる制度の論理を顕在化させた。

　コアビタシオンを回避するため，2000年，大統領任期を国民議会に合わせて７年から５年とする憲法改正が行われ，さらに選挙日程の変更によって国民議会選挙が大統領選挙直後に実施されることとなった。その結果，「これまで変化のリズムを調整してきた憲法の枠組」[5]から柔軟性が失われ，「制度の大統領化」[6]

（3）P. Martin, « Les élections législatives des 11 et 18 juin 2017 », *Commentaire* n° 159, 2017, p.528 Tableau 7, による。筆者が元の表を簡略化し，*Le vote disruptif*, pp.374-377 掲載の選挙結果をもとに一部補正を加えている。候補者の党派ごとの分類が難しい場合があり（L.de Boissieu, « Plaidoyer pour la rationalisation de l'offre électorale », *Revue politique et parlementaire*, n°1083-1084, 2017, p.218），また党派の構成にも選挙ごとに変動がある。内務省が公表する選挙結果（https://www.interieur.gouv.fr/Elections/Les-resultats, 最終閲覧2018年３月30日）とは若干異なるが，党派・候補者の分類は，継続的に分析を行っているマルタンのものに従った。

（4）拙稿「代表民主政と選挙制度の展開 —— 統治・代表とその限界 ——」辻村みよ子編集代表，山元一＝只野雅人＝新井誠編『講座・政治・社会の変動と憲法 —— フランス憲法からの展望 —— 第１巻・政治変動と立憲主義の展開』（信山社，2017年）290頁以下。

が進んできた。以降，国民議会選挙はその意義を減じられ，大統領選挙の結果の「追認」としての性格を強めてきたことが指摘される[7]。

　もっとも，今回の選挙では，「追認」の結果が当初より自明視されていたわけではない。4月の大統領選挙第1回目の投票の結果，右派と左派の統治政党（共和党，社会党）の候補が決選投票に進むことができなかったが，決選投票での勝利が確実視されていたマクロンも，国民議会には支持基盤がない。右派・共和党の勝利による4度目のコアビタシオン，あるいは多数派（過半数を有する政党）を欠いた議会というシナリオも想定されうる状況であった。

　また，全土577の小選挙区（2回投票制）で争われる国民議会選挙をめぐっては，地域への定着（implantation）あるいは地盤の重要性が指摘されてきた。新興勢力には不利に働く要因である。大統領化が進む中でも，地域への定着の重要性は，なお無視し得ない要因として機能してきた。ルバン（Luc Rouban）は，社会党候補オランド（François Hollande）が勝利した大統領選挙の結果を「追認」し左派が勝利を収めた前回2012年の国民議会選挙をめぐり，地域における人物の役割や現職としての地位が重きをなしていることを指摘し，議会選挙は「地方レベルでの単なる大統領選挙の再生」ではないとしている[8]。

　しかし，今回の選挙結果は，すでにみたように，「追認」としての性格を際立たせるものであった。新興組織である共和国前進は，第1回投票後の調査予測（440～470議席）こそかなり下回ったものの，単独で過半数に達すると共に，連携するMoDem（Mouvement des démocrates, 民主運動）と合わせると6割を超える議席を獲得している。新興勢力が躍進する一方で，多くの現職（124名）が第1回目の投票で落選している。その大部分（110名）は左派の候補であった[9]。もちろん比較的狭い区域を選挙区とする以上，地方への定着には，なお無視できない意味がある[10]。しかし従来と比較すると，今回の国民議会選挙は「大統領選挙にほとんど劣らず全国化されたもの」[11]であったとの評価もなされている。

（5）P. Avril, « De l'hyperprésidence à la présidence normal », *Le vote normal*, p.288.

（6）P. Jan, « La Ve République et les partis », *Pouvoirs*, n[o]103, 2017, p.6.「大統領化」をめぐっては，吉田徹「『大統領化』の中のフランス憲法改正」駒村圭吾＝待鳥聡史編『「憲法改正」の比較政治学』（弘文堂，2016年）184頁以下をも参照。

（7）B. Dolez et A. Laurent, « La logique implacable des élections séquentielles », *Revue politique et parlementaire*, n[o]1083-1084, 2017, pp.128-129.

（8）L. Rouban, « De la présidentielle aux législatives », P. Perrineau, *Le vote normal*, p.257.

（9）B. Dolez et A. Laurent, *supra* note 7, p.136.

（10）J. Fourquet et S. Manternach, « La droite face à la vague En marche ! », *Revue politique et parlementaire*, n[o]1083-1084, 2017, p.178.

（11）B. Dolez et A. Laurent, *supra* note 7, p.136.

2 兼職制限の影響

今回の国民議会選挙をめぐっては，新たに導入された兼職制限の影響も注目された。フランスでは，地方の公選職との兼職という独特の慣行が伝統的に認められてきた。地方の公選職——とくに市長や県議会議長などの地方執行府の長——を兼任する国会議員は強い地盤を築いてきた。1985年には，国会議員と兼職可能な地方公選職を原則1つに制限するなどの措置がとられ，その後も制限が強化されているが，2012年1月の時点でも，国民議会議員の58％が地方執行職を兼ねていた。とくに市長職を兼職する国民議会議員はなお41％にのぼっていた[12]。

オランド政権のもと，2014年2月14日の組織法律・通常法律により，国会議員職（及び欧州議会議員）と地方執行職との兼職が禁じられることとなった[13]。この措置が初めて適用された今回の国民議会選挙では，左派を中心に，577人の現役議員のうち，240人もが立候補を見送っている[14]。もちろんそのすべてが地方公選職との兼職者というわけではない。社会党政権の不人気や大統領選挙での社会党候補の大敗から，当選が見込めないことも立候補見送りの大きな理由であった。しかし，主要政党（社会党，共和党，UDI）の兼職議員のうち，少なからぬものが地方の執行職を選択し，立候補を見送った[15]。兼職制限の影響は無視できないものであったと思われる。

当選者についてみると，地方公選職（執行職に限らない）をまったく保持しない議員の比率は42％であり，当選者の過半数は兼職者である。そのうち148名が市長職，14名が県議会または州議会議長職を有していた。とくに共和党のような「古典的政党」では，そうした傾向が強い。とはいえ，地方公選職を保持しない議員の比率は，2007年の当選者では7％，2012年の当選者については12％にすぎなかった[16]。新興勢力である共和国前進の躍進も相俟って，大きな変化が生じていることは間違いないように思われる。

---

(12) *Etude d'impact de projet de loi organique interdisant le cumul de fonctions exécutives locales avec le mandat de député ou sénateur, 2 avril 2013*, pp.7-8.

(13) 徳永貴志「国会議員および欧州議会議員の兼職規制強化」日仏法学28号（2015年）135頁。

(14) P. Martin, *supra* note 3, p.526.

(15) J. Fourquet et S. Manternach, *supra* note 10, p.175.

(16) D. Andolfatto, « La nouvelle sociologie de l'Assemblée nationale », *Revue politique et parlementaire*, n°1083-1084, 2017, pp.214-216.

［憲法研究 第2号（2018.5）］

3 2回投票制のメカニズムと棄権

第1回目の投票での共和国前進とMoDemの得票は，32％ほどにすぎないが，結果的に60％もの議席を獲得した。一方，政権与党社会党（左翼急進党を含む）は，30議席ほどにとどまり，歴史的大敗を喫した。大統領選挙での候補者アモン（Benoist Hamon）の大敗（得票率6.4％）を引き継いだ結果である。野党第1党であった共和党（UDIを含む）は，大統領選挙での候補者フィヨン（François Fillon）の得票（20％）とほぼ同水準の得票をし，野党第1党の座は維持したものの，前回選挙（2012年）に比べ4割以上も議席を減らしている。統治政党だけでなく，大統領選挙で大きく躍進した極左（不服従のフランス）・極右（国民戦線）も，国民議会選挙では得票率を落としている。不服従のフランスのメランション（Jean-Luc Meranchon）は大統領選挙の第1回目の投票で19.6％の得票をし，また国民戦線のマリーヌ・ルペンは21.3％の得票で2位となり決選投票に進出した。しかし国民議会選挙（第1回目）の両党の得票は，それぞれ11％，13.2％にとどまっている。すでにみた追認の効果だけでなく，小選挙区2回投票制特有のメカニズム，そして国政選挙では前例のない低投票率もまた，こうした選挙結果に影響を及ぼしている。

フランスの現行第5共和制下では，1986年（比例代表制）を除き，国民議会選挙はいずれも小選挙区2回投票制で行われてきた。第1回目の投票で当選するには，有効投票の過半数かつ選挙区の登録有権者数の4分の1以上の得票が必要である。当選者がない場合には，選挙区の登録有権者数の12.5％以上の得票（投票率が60％程度なら有効投票の20％強に相当する）をした候補者間で，第2回目の投票が行われる。この条件を満たす候補者が1名のみの場合には，次点候補者が第2回目の投票に進む。条件を満たす候補者がない場合には，第1回目の上位2名の候補者が2回目に進む（選挙法典L162条）。

第1回目の投票では各党派が候補者を擁立することから，過半数をとる候補は少なく，多くの選挙区では第2回目の投票が行われる。第2回目の投票は，第1回目でそれぞれ上位につけた左右両派の有力候補の一騎打ちとなるのが，通例であった。近時では国民戦線が得票を伸ばしており，右派・左派・国民戦線が対峙する鼎立型となるケースも生じてきた。

しかし2017年の国民議会選挙・第2回投票の構図は，これらとは大きく異なるものであった。第1回目の投票では，共和党，社会党という統治政党の得票が低水準にとどまる一方，共和国前進が躍進し，また極右・極左も10％を超える得票をした。こうした多党化傾向もあって，第1回目で当選者が決まった選挙区は4

つのみであった。さらに，2017年国民議会選挙第1回投票の投票率は過半数を切る48.7％にとどまった。第2回目の投票の得票率はさらに低下して42.6％であった。共和国前進以外の候補者が登録有権者数の12.5％というハードルを越えることができないケースも生じ，少なからぬ選挙区で次点候補者の繰上により，第2回目の投票が行われた。

低投票率の結果，鼎立型の選挙区は2012年の28から1に減少した[17]。また，2名の候補の一騎打ちとなった536選挙区のうち，左右の統治政党が対峙したのは10のみであった（2012年は417）。一方，共和国前進・MoDem が右派と対峙した選挙区は263，左派と対峙した選挙区は128にのぼっている（いずれもフランス本土）[18]。中心となったのは共和国前進であった。前者のタイプの選挙区では，共和国前進は，第1回目ですでに落選した社会党の支持者の票を期待することができる。後者では逆に，共和党・UDI の支持者の票を集めることが期待できる。共和国前進は，第2回目の投票において，左右双方の統治政党の支持者からの票の移譲を受けやすい有利な地位にあった。

異例の棄権率も選挙結果を左右したが，その影響は，党派によってかなり異なっている。大統領選挙第1回投票と国民議会選挙第1回投票の絶対得票率（対登録有権者比）を比較すると，後者の記録的棄権率もあり，いずれの政党も低下している。とはいえ，共和国前進は比較的落ち込みが小さい（国民議会選挙の絶対得票率は大統領選の84％）のに対し，国民戦線，不服従のフランスは，ともに絶対得票率を大きく低下させている（それぞれ39％，35％）[19]。小選挙区制のもとでは当選が見込めないこともあり，大統領選挙でマリーヌ・ルペン，メランションに投票した有権者の多くが，大統領選挙では棄権にまわったことがうかがわれる[20]。

このように，小選挙区2回投票制のメカニズムと棄権の効果のいずれもが，共和国前進に有利に働く状況にあった。しかし第2回目の投票の結果（350議席）は，共和国前進の「圧勝」とはいえ，事前の予測（440〜470議席）をかなり下回るも

---

(17) D. Boy et J. Chiche, « Victoire d'une nouvelle force politique face à une gauche dispersée », *Revue politique et parlementaire*, n°1083-1084, 2017, p.167.

(18) C. Marcé et J. Chiche, « Les législatives, une dynamique présidentielle confortée? », *Le vote disruptif*, p.304.

(19) B. Dolez et A. Laurent, *supra* note 7, pp.134-135.

(20) 調査によると，大統領選挙第1回投票でマリーヌ・ルペン，メランションに投票した有権者のうち，国民議会選挙第1回投票では過半数が，また第2回投票では6割以上が棄権している（P. Brechon, « Une abstention sans précèdent à des législatives plus que jamais de confirmation », *Revue politique et parlementaire*, n°1083-1084, 2017, p.149）。

のであった。上記の共和国前進との一騎打ち型となった選挙区で，右派・左派は
善戦している[21]。この点で興味深いのは，共和国前進と右派あるいは左派の一
騎打ち型となった選挙区における第1回投票から第2回投票にかけての票の移動
の分析である。

　第2回投票で共和国前進と右派または左派の候補が対峙した選挙区では，前者
では左派，後者では右派の支持者が，それぞれいわば「次善の策」として，共和
国前進に投票することも予想された。しかし，選挙後の調査結果はこれとは異な
る傾向を示している。ドレズ（Bernard Dolez）らは，いずれのケースでも，右派・
左派から共和国前進への票の移動は25％程度にとどまっており，第1回目に右
派・左派に投票した有権者の6割ほどが，棄権したり白票を投じたことを指摘し
ている[22]。ここでも，棄権が大きく作用している。

　こうした分析から浮かび上がるのは，異例ともいえる棄権率の背後にある，「自
らの政治的立場と最も隔たりの少ない候補者を支持することを不可能とする亀裂
（clivage）の先鋭化」[23]である。次に，有権者あるいはフランス社会の構造をめぐ
るこうした変化について，選挙結果の調査にもとづく分析から，考えてみたい。

4　新たな亀裂と選挙秩序の変動

　1970年代以降のフランス大統領選挙・国民議会選挙は，右派（ドゴール派・中
道勢力）と左派（社会党，共産党，エコロジストなど）が対峙する政治勢力の二極
化によって特徴づけられてきた。2012年に至るまで，保守・中道連合と，社会党
を中心に，大統領選挙が争われ，国民議会多数派が形成されてきた。一方，1984
年の欧州議会選挙を契機として，極右・国民戦線が得票を伸ばすようになった。
機軸となる右派・左派の二極と極右・国民戦線という構図が継続してきたのであ
る。

　2017年国民議会選挙は，こうしたフランスの政党システムに大きな変化をもた
らした。右派の共和党は大きく議席を減らし，選挙後には，中道寄りの勢力と保
守色の強い勢力の間の対立も顕在化している[24]。左派の社会党は，得票率で不
服従のフランスを下回り，統治政党としての地位が大きく揺らいでいる。従来の
統治政党にとってかわったのが，中道の共和国前進である。従来の右派は，経済

---

(21) C. Marcé et J. Chiche, *supra* note 18, 305.

(22) *Ibid.*, pp.140-141.

(23) L. Rouban, « De la présidentielle aux législatives, les mirages du renouvellement »,
　　 Le vote disruptif, p.288. P. Brechon, *supra* note 17, p.155も参照。

(24) P. Perrineau, « L'avenir compliqué de la droite », *Le vote disruptif*, p.321.

的自由主義（リベラリズム）を，左派は文化的リベラリズム（たとえば移民問題についての寛容な態度など）を特徴としてきたと言われるが，左右のイデオロギーを統合し，ふたつの位相を異にする「リベラリズム」を共に体現したのが，共和国前進であったとみることもできる[25]。

一方，大統領選挙に比べれば得票を半減させたものの，極左（不服従のフランス），極右（国民戦線）は，なお大きなプレゼンスを保っている。3でみた選挙結果が示すように，中道によるイデオロギー的統合を容易に許さない，新たな社会的亀裂の顕在化も指摘される。グランベール（Gérard Grunberg）は，うえの2つのリベラリズム，さらには欧州統合をめぐる相違を機軸として，いわば「閉ざされた」フランスと「開かれた」フランスとでもいうべき新たな社会的亀裂が顕在化しつつあり，これまで有権者の投票行動を強く規定してきた右派対左派という政治イデオロギーの二極構造と並存することで，政党システムを不安定なものとしていると指摘している[26]。

こうした変化は，もちろん，今回2017年の選挙によって初めて顕在化したわけではない。選挙秩序 ── 断絶・再編期・安定のサイクル ── という視角から政党システムの変動を分析してきたマルタン（Pierre Martin）によれば，2007年の大統領選挙・国民議会選挙で，従来の安定したシステムに大きな変動（断絶）が生じた。国民戦線が大統領選挙・国民議会選挙で大きく後退する一方，ド・ゴール派から独立した中道勢力が形成されるなど，従来の秩序が新たな再編期に入ったというのである[27]。さらにマルタンは，2008年の通貨危機以降，経済のグローバル化への賛否をめぐる新たな亀裂が顕在化したことをも指摘する。2017年の選挙を経て，自由主義経済・グローバル化に親和的な中道勢力（共和国前進，MoDem），それに批判的な左派勢力（不服従のフランス，エコロジスト，社会党左派），ナショナリスト的傾向をもつ右派勢力という新たな構図が生まれつつあると，マルタンはみている[28]。

---

(25) D. Boy et J. Chiche, *supra* note 17, p.165.

(26) G. Grunberg, « Le sombre avenir de la gauche », *Le vote disruptif*, pp.315-318.

(27) P. Martin, « Législatives de 2007. Un nouveau « moment de rupture » ? », *Commentaire*, nᵒ119, 2007, pp.739-742.

(28) P. Martin, *supra* note 3, pp.533-534.

［憲法研究 第2号(2018.5)］

Ⅲ　憲法改正論と選挙制度

1　議員定数の削減と比例代表の加味——「実効性」と「代表性」の強化

　マクロンは，2017年7月3日，ベルサイユに招集された両院合同会議での教書演説[29]の中で，実効性（efficacité），代表性（représentativité），責任（responsabilité）の3つの原則を提示し，憲法と選挙制度に関わる制度改正に言及した。論点は多岐にわたるが，国民議会選挙のあり方に直接影響を及すのが，議員定数の削減，そして比例代表の「加味」（une dose de proportionnelle）の2点である。

　教書では，議員定数を3分の1削減するという提案は，実効性の原則との関係で言及されている。実効性をめぐっては，立法の増殖によるその質の低下，議会活動の圧迫・遅延などの問題が指摘され，さらに議員数の削減が取り上げられている。教書は，削減によって，議員活動の手段が強化され，「議会活動全般の質についての好ましい効果」[30]がもたらされるとする。第5共和制憲法は，両院議員定数の上限（国民議会577，元老院議員348）を定めるが（24条3項・4項，2008年憲法改正による），定数の決定自体は組織法律に委ねられている（25条1項）。フランスでは大統領が替わるたびに，憲法改正を含む制度改正の提案がなされるのが半ば慣例化しているが，定数削減をめぐっては，世論受けのしやすいテーマが憲法改正という形で提示されたという印象も拭えない。結局，定数削減をめぐっては，組織法律の改正が検討されている。

　現在の第5共和制の発足時，両院議員数は合計で756名であったが，その後増員が続けられ925名となっている。議員数は増加してきたが，同時に人口も増加している。両院を合わせた議員1人あたりの人口は，1962年が6万2167人であったのに対し，2008年は6万9524人である[31]。仮に議員数を3分の1削減するとなると，国民議会議員数は385，元老院議員数は232となる（実際には，国民議会400程度，元老院240程度の定数が検討されている）。現在，フランスの議員1人あたりの人口は7万2000人ほどであり，ヨーロッパ諸国では中位にある。削減により，

---

(29) *Discours du Président de la République devant le Parlement réuni en congrè*, http://www.elysee.fr/declarations/article/discours-du-president-de-la-republique-devant-le-parlement-reuni-en-congres/（以下，*Discours* と略称。最終閲覧2018年3月30日）.

(30) *Discours*, p.8. 議員数削減の提案は，国民議会，元老院のみならず，諮問機関である経済社会環境評議会にも及ぶ。

(31) Groupe de travail de Sénat sur la révision constitutionnelle, *40 propositions pour une révision de la Constitution utile à la France*, le 24 janvier 2018, p.32（以下，*40 propositions* と略称）.

これが10万8000人ほどとなる。ヨーロッパの主要国では最も多い部類である。一般に人口が多い国ほど議員1人あたりの人口が多いことに加え，議会の選挙制度や地位・権限の相違，さらには議院内閣制・大統領制や単一国家・連邦国家の別など，考慮すべき要素は多く，単純な比較は難しい[32]が，人口比で見る限り，フランスの議員数が過剰であるとの結論を下すのは難しいように思われる。そうなると問われるのは，「議会活動全般の質についての好ましい効果」の有無ということになろう。

代表性の原則との関係で，議員削減と並ぶ改革の目玉である議員職の時間的兼任制限（cumul des mandats dans le temps，日本風にいえば議員の多選制限），経済社会環境評議会の改革，請願権などと並び言及されているのが，国民議会選挙制度への比例代表の「加味」である。「あらゆる傾向（sensibilité）が公正に代表される」[33]ことがその目的とされる。選挙制度改正は，通常法律によることになる。

選挙制度改正の問題は，「選挙キャンペーンの埋草」[34]ともいわれる。2017年の大統領選挙の際には，フィヨンを除く候補者いずれもが，比例代表の導入，あるいは「加味」に言及している。もっとも，主要政党とそれ以外の諸勢力との間には，大きな温度差がある[35]。小選挙区2回投票制のもとでは，右派・左派の中小党派が議席を獲得するためには，共和党あるいは社会党との選挙協力が不可欠である。そうした協定から排除される国民戦線の場合は，そもそも議席獲得が困難である。こうした党派にとっては，比例代表制の導入は切実なテーマである。一方，比例代表制の導入は多党化を促すだけでなく，国民戦線に相当な議席をもたらしうる。そうなると，第5共和制の政治体制に安定をもたらしてきた多数派事象あるいは大統領多数派の存立に大きな影響が及びかねない。主要政党の間では，そうした基本構造についてのコンセンサスが存在してきた。そこで現実的な方策として繰り返し主張されてきたのが，比例代表制の部分的導入（比例代表の「加

---

(32) ル・モンドによる試算・分析を参照した（http://www.lemonde.fr/les-decodeurs/article/2018/02/22/oui-les-deputes-francais-pourraient-bientot-etre-les-moins-nombreux-d-europe_5261006_4355770.html#iLdVxTlWV0hslzRr.99 最終閲覧2018年3月30日）。なお，ル・モンドの試算では，ドイツの議員1人あたりの人口がフランスを上回るとされているが，連邦議会の現在の議員数（709）が法定議員数（598）を大幅に上回っていることを考慮すると，議員1人あたりの人口はフランス（3分の1〔3分の1削減の場合〕）の方が多くなる。

(33) *Discours*, p.9.

(34) B. Dolez et A. Laurent, « Modes de scrutin et système de partis », *Pouvoirs*, n°163, 2017, p.55.

(35) 各党派の主張につき，D. Andolfatto, « Les partis politiques et la représentation proportionnelle », *Revue politique et parlementaire*, n°1076, 2015, p.37.

[憲法研究 第2号（2018.5）]

味」）であった。共和党や社会党も，中小党派の選挙協力を得る必要があり，そうした主張に一定の配慮をおこなってきた。今回の選挙で国民議会の多数を占めた共和国前進は，かねてより比例代表の加味を主張してきた中道のMoDemと緊密な協力関係を有している。それだけに，通常法律の改正だけで可能な「加味」は，従来以上に，現実性のある提案となっている。

比例代表制の導入が「加味」にとどまるとしても，共和党・社会党を中心とした二極的政党システムが流動化しているだけに，多数派事象あるいは大統領多数派の形成への影響は皆無ではないであろう。しかし他方，流動化の背景には，先にみたように，新たな社会的亀裂の顕在化という要因がある。選挙後の調査からは，フランスの社会経済調査の分類で「上層」に位置づけられ階層出身の議員数が増加していることも指摘される。そうした傾向──「管理職化」──は，とくに共和国前進の議員に顕著である[36]。代議上の「社会職業的背景の紛れもない減退」[37]は，新たな社会的亀裂の顕在化と相俟って，選挙された議会の代表性の問題を浮かび上がらせる。上述のような政治的思惑を超えて，「あらゆる傾向が公正に代表される」ことの必要性を，真剣に受け止めざるを得ない状況がある。

とはいえ，比例代表の加味は，定数削減と結びつくことで，やはり代表性と関わる別の難題をも，生み出している。各県を単位とした選挙区画定（国民議会選挙）あるいは県選挙区（元老院議員選挙）と人口比例原則との両立可能性である。

2　領域の代表

国民議会の選挙区画定は，一定の人口またはその端数につき各県（département）に1議席を配分し，さらに各県内では，県内の選挙区人口の平均からの乖離が上下20％の範囲に収まるよう区割りがなされる。また第5共和制下では，各県に最低2議席が配分されてきた。しかし2009年，憲法院は，議員定数の上限が憲法上設定される一方，フランスの総人口が増加していることから，各県に2議席を配分するという措置について，「国民議会は本質的な人口の基礎にもとづき選挙されねばならないという根本準則の射程を緩和しうる一般利益の要請によってはもはや正当化されない」と判示するに至った[38]。元老院議員選挙については，県それ自体が選挙区となっている。各県への元老議員数定数配分についても，間接

---

(36) L. Rouban, *supra* note 23, pp.294-296.

(37) *Ibid.*, p.294.

(38) Décisions n°2008-573 DC du 8 janvier 2009, cons.23. 拙稿「36国民議会選挙における投票価値の平等」辻村みよ子編『フランスの憲法判例II』（信山社，2013年）181頁をも参照。

選挙によるため国民議会ほど厳格ではないにせよ，やはり「本質的な人口の基礎」への配慮が求められる[39]。

国民議会選挙について，議員定数が3分1ほど削減され，さらに定数の一部が比例代表選挙に割かれることとなれば，「加味」の幅（15％ほどが検討されていると報じられている）にもよるが，「本質的な人口の基礎」を尊重する限り，定数が1となる県が相当数生じることは避け難い。半数改選による元老院議員選挙についても，事情は同様である。近時のフランスでは地方公共団体の広域化を進める動きもあるだけに，定数削減に伴う定数配分の全面的な改訂は，県を単位とした選挙区画定（国民議会）や県選挙区（元老院）自体の見直しにも波及しかねない[40]。この点にとくに強い危機感を抱いたのが，元老院であった。

大統領からの要請もあって，元老院では，ラルシェ議長（Gérard Larcher）が主宰する憲法改正についての作業グループが設けられた。憲法改正の発議には両院の合意が必要であり，共和国前進は元老院にほとんど基盤をもたないだけに，元老院の意向は無視し得ない。2018年1月，作業グループによる「フランスにとって有益な憲法改正に向けた40の提案」と題する報告書（以下「報告書」という）が公表された。

報告書は，フランスの議員数が人口比で必ずしも多くないことから，議員定数の削減に原則として反対の立場をとっている。そのうえで，削減をおこなうのであれば，前提条件として，両院の議員数の比率を変えないことなどとともに，「元老院議員と代議士の領域への定着と領域の公正な代表（juste représentation des territoires）への配慮」[41]が必要であると指摘している。報告書は，各県最低1名の代議士・元老院議員が確保されるのか定かではないとし，憲法に，各県最低1名の両院議員が選出されるよう規定することを提案している[42]。さらに報告書は，地方公共団体レベルの選挙についても，「均衡した領域の代表」に関する規定を置くことを提案している。憲法院は，選挙区の平均人口からの乖離を上下20％以内に収めるという準則を，地方公共団体の選挙にも拡大してきた。「均衡した領域の代表」に言及することで，許容される乖離を上下33％程度にまで緩和することが意図されている[43]。

---

(39) 大山礼子「37元老院議員選挙と『本質的人口の基礎』の要請」辻村・前掲注(38)185頁。

(40) 以上の事情につき，http://www.lemonde.fr/politique/article/2018/01/23/reduire-le-nombre-de-parlementaires-un-defi_5245699_823448.html（最終閲覧2018年3月30日）．

(41) *40 propositions*, p.33.

(42) *Ibid.*, p.34.

(43) *Ibid.*, p.35.

フランスにおける県は，革命期，旧来の複雑な諸区画を再編し人為的に創出された単位である。その後，時代を経る中で，国政選挙・地方選挙双方で，「普通選挙という政治システムの地理的母体」[44]として機能してきた。憲法上，「地方公共団体の代表を保証するする」（24条4項）役割を担った元老院議員が，そうした県に強いこだわりを持つことにも相応の理由がある。領域をめぐる強いアイデンティティの意識化を伴った領域の代表の主張には，歴史的にも憲法上も，一定の基盤がある。

とはいえ，県という領域も決して所与ではなく，まさにその出自がそうであったように，国家の制度によって創出されたものである。さらにまた，それ自体が一枚岩の存在というわけでもない。地方的アイデンティティといったものがありうるとしても，仔細にみれば，それ自体が「微細」なアイデンティティの「複合化」であるということもできよう[45]。さらに，社会が内包する亀裂の複雑化・流動化を考えれば，代表性を測る尺度は，決して一様ではない。

Ⅳ　む　す　び

2017年の2つの選挙によって生じた政党システムの大きな変動 —— 破壊（disruption）—— が，今後どの様な方向に向かい，どの様な秩序が生み出されることになるのか，予測することは難しい。また，選挙後に生じた憲法改正論議や比例代表の「加味」の帰趨も定かではない。多数派事象をもとにした第5共和制の政治体制の基盤それ自体は，選挙制度の効果などを通じ持続するであろうが，複雑な社会的分岐の顕在化を背景に，「政党システムの強度の不安定性と有権者の大きな変動性（volatilité）」[46]が当分の間持続することは，確かであるように思われる。そうした中，代表性 —— あらゆる傾向の公正な代表 —— という問題が顕在化するのは，自然なことともいえよう。フランスでは，民主主義の機能不全に対する処方箋として憲法を含む制度改正が論じられる。その有用性は一概に否定できないとしても，こうした問題状況に，制度の改正のみで対処することには限界があると思われる。それは，いうまでもなくフランスに限ったものではなく，ヨーロッパの主要民主主義が共通して直面している問題でもある。

---

(44) M. Roncayolo, « Le département », in P.Nora (dir.), *Les lieux de mémoire 2*, Gallimard, 1997 p.2965.

(45) X. Bioy, « Territoires et identité de la personne », *Revue du droit public*, n°4, 2017, p.894.

(46) G. Grunberg, *supra* note 26, p.317.

一方日本では，2012年の衆議院総選挙以来，「一強」とも称される政権党の優位，内閣・首相の優位が際立っている。しかし，絶対得票率の低下からもうかがわれるように，一見盤石ともみえるそうした優位は，野党の弱体化を主因とする相対的なものでもある[47]。代表性をめぐる問題は，十分に可視化していないものの，フランスと同様，日本にも存在する。

目下，日本では，領域（都道府県）の代表が問題となっている。合区が大きな議論を呼んでいる参議院の選挙区選挙だけでなく，衆議院の小選挙区をめぐっても，フランスと似通った問題がある。自由民主党は，参議院の合区解消だけでなく，行政区画・地域的な一体性・地勢等を総合的に勘案した選挙区画定原則をも憲法改正案に盛り込んでいる。改憲案は，フランス元老院の提案とも重なり合う。

しかしフランスとは異なり，日本では，国会議員の利害と直結しやすい選挙区の問題ばかりが強調されているとの感も強い。その一方で，議員定数の削減は，代表性の問題を意識することなく，無造作に論じられている。日本の国会議員数は，議員1人あたりの人口比で見れば，フランスをはじめとするヨーロッパ主要国と比べても随分少ない。そうした制約の下，人口の少ない地域を含めた均衡ある代表を確保することは至難である。政権交代の展望が遠のく中，衆議院の小選挙区選挙で，第1党が4分の3近い議席を占め続ける状況も問題とされることが少ない。多数＝人口の多い地域と，少数＝人口の少ない地域という対比がよく行われるが，少数を捉える尺度は，都道府県のみには収斂しない。今日の人民は「少数（minorité）の諸条件の膨大な語尾変化」として現れるという指摘[48]が，あらためて想起されよう。

---

(47) 中北浩爾『自民党 —— 「一強」の実像』（中公新書，2017年）288-291頁。

(48) P. Rosanvallon, *La légitimité démocratique. Impartialité, réflexivité, proximité*, Seuil, 2008, p.14.

5 ドイツの民主政の現状と課題
── 2017年連邦議会選挙を挟んで

植 松 健 一

はじめに
Ⅰ 　„Politische Klasse" und „Lex AfD"
Ⅱ 　統治構造改革の課題
Ⅲ 　多党化にゆれる議会運営
まとめにかえて

は じ め に

　2017年9月24日の第19回ドイツ連邦議会選挙（以下，17年選挙）の結果，各党の獲得議席は全709議席中，CDU200議席（26.8％），CSU46議席（6.2％），SPD153議席（20.5％），AfD94議席（12.6％），FDP80議席（10.7％），左翼党69議席（9.2％），同盟90/緑の党67議席（8.9％）となった（括弧内は第2票得票率）[1]。選挙直後にペトリ議員他1名がAfDを離党し，現在はAfD92議席，無所属2名となっているが，いずれにせよ，連邦議会は7党6会派が居並ぶ多党化状況である。本稿では，とくに17年選挙前後の憲法政治上のいくつかのトピックを素材として，ドイツの民主政が直面する問題に接近してみたい。

Ⅰ 　„Politische Klasse" und „Lex AfD"

1 　AfD の統治構造改革構想

17年選挙の結果，AfD が CDU/CSU の右ウイングに位置し，従来の政党分布

（1）Bundeswahlleiter, Bundestagswahl 2017: Endgültiges Ergebnis. 議席獲得を逃した諸派のうち国庫助成対象となる得票率0・5％を上回ったのは，「労働・法治国家・動物保護・エリート育成・草の根民主主義イニシアティブの党」（DIE PARTEI）（1.0％），自由有権者（FW）（1.0％），動物愛護党（0.8％）である。「リキッド・デモクラシー」の寵児的な存在だった海賊党，2017年1月17日の連邦憲法裁判所判決で解散をかろうじて回避したばかりの極右政党 NPD は，いずれも得票率0.4％にとどまった。

憲法研究 第2号（2018年5月）

［憲法研究　第 2 号（2018.5）］

図の塗り替わりが生じた。「ジャマイカ連立」（CDU/CSU・FDP・同盟90/ 緑）の頓挫で越年となった連立交渉も大連立（CDU/CSU・SPD）という元の鞘に収まり，その結果，AfD は筆頭野党として議会運営に強い影響力を持つことになった。ここでは，AfD の党基本綱領（2016年）の掲げる政治・統治機構の改革構想[2]に注目したい。そこには，「極右と思想的・人的につながる，国粋的でほとんどが人種差別主義者の党」（左翼党の17年選挙公約）[3]というイメージに隠れがちな，この党の具体的な統治構造観が示されており[4]，また，そこからドイツ政治が抱える諸課題も読み取れよう。綱領の前文には以下のよう一節がある。

　　市民には，真正の政治的代替案を求める権利が，「この道しかない（alternativlos）」といえば我らに押しつけうると政治階級（politische Klasse）が思い込んでいるものに対する代替案を求める権利があるのだという固い信念を持って，我らは集うのだ[5]。

　ここでの「政治階級」[6]とは，もっぱら「自己の利益，自己の権力，自己の地位，自己の物質的な成功」に関心を払う職業政治家集団のことである。その中でもとくに「諸政党出身の少数者からなる全能の政治指導集団」は，「EU に移譲した部分を別にして，国権の変速レバー（Schalthebel）を，政治教育全体を，そして国民の配慮の大部分を，政治的情報提供によって手中に収めている政治的カルテル」を形成して「影の主権者」として振舞っているというのである。この現状打破のために AfD が提示する処方箋は，以下に整理できる。

　（1）有権者による直接選択の重視：これは，①スイス型の国民投票制度や②連邦議会大統領公選制の導入論に表れている。③議会選挙における非拘束名簿式や複数票制（可能性としては累積・分割投票制や候補者拒否制）の導入論も，比例代表制の枠組み内で有権者による候補者選択の要素を拡大する点では，この系譜

（2）Alternative für Deutschland, Programm für Deutschland, 2016, S. 10-27.
（3）Die Linke, Sozial. Gericht. Frieden. Für alle, Bundestagswahlprogramm 2017, S. 108.
（4）政治的過激主義研究の代表者 E. イエッセは，綱領や党指導者の個性などの分析から，AfD はポピュリズムだが過激主義ではないと結論づける（Eckhard Jesse/Isabelle-Christine Panreck, Populismus und Extremismus, ZfP 2017, S. 59 ff.）。
（5）Alternative für Deutschland, a. a. O（Anm. 2）, S. 10.
（6）後述のフォン・アルニムも多用するこの語は G. モスカのエリート分析に由来するが，モスカ自身はエリート支配を否定的に捉えてはいない。Vgl. auch Klaus von Beyme, Die politische Klasse im Parteienstaat, Frankfurt a. M. 1993.

に位置づけることができよう。ただ，AfD は「議員の『自由委任』の強化」も主張しており，これらの改革案との整合性が問われるところである。

（2）新自由主義的国家観：AfD は「スリムな国家だけが良い国家」とする新自由主義的な国家観に立つ。国家任務の「イデオロギー装置的な」肥大を脱し，治安維持・安全保障，司法，外交，財政の4領域への集中が必要だとされる。④連邦議会定数の471議席以下への削減や，⑤税金の無駄遣い（Steuerverschwendung）の責任者の処罰は，こうした観点に基づく提案といえる。

（3）古典的権力分立観：ポピュリズムは権力の抑制・均衡に敵対的だとされるが[7]，AfD は古典的ともいえる権力分立観を重視する。この観点から，⑥執行部門を統制すべき連邦議会議員が大臣となり，元政治家が統制すべき裁判官に就く状況の改善，⑦政官の人的分離の徹底（首相・大臣・州首相の議員兼職禁止，政務次官の廃止，政治官吏［Politische Beamte］[8]の廃止）などが提案されている。

（4）政党・既得権益・利益誘導型政治への反感：AfD にとって，政党は国家を「搾取」し民主政を脅かす存在である。「政治への倦怠」の原因も「社会を損ねる政治的コレクトネスとあらゆる公けの議論における言論封殺（Meinungsdiktat）」も，諸悪の根源はみな政党にあるかの論調だが，所属政党や利益集団から議員を解放し，市民の議員（Bürgerabgeordnete）としての機能を取り戻すのだという。これに対応する提案として，⑧政党国庫助成の制限，⑨議員の5選以上の禁止，⑩ロビー活動や議員の兼業の制限による議員活動の質向上，⑪議員年金改革がある。

2　フォン・アルニムと AfD

AfD 党綱領のドイツ政治に対する現状認識と改革案は多国のポピュリズム政党の主張と多くの共通項を持つものだが，ここで注目したいのは，それが，「80年代以降の政党批判論を代表する論者」[9]と評される公法学者 H．H．フォン・アルニムの年来の主張に驚くほど近いという点である。アルニムは，政党国庫助成，議員歳費，阻止条項などの諸制度を，民主的競争を阻害する政治階級＝既存政党カルテルの支配装置だと批判してきた[10]。これら「自己の事に関する決定」

（7）ヤン＝ヴェルナー・ミュラー（板橋拓己訳）『ポピュリズムとは何か』（岩波書店，2017年）76－78頁参照。

（8）その概要は，毛利透『統治構造の憲法論』（岩波書店，2014年）120-122頁参照。

（9）林知更「政治過程の統合と自由（5・完）」国家学会雑誌117巻5・6号（2004年）491頁。同491-498頁は，アルニムの民主政観を検討する。

（10）最近の論稿として，Hans Herbert von Arnim, Politische Parteien: Populismus von oben?, DVBl 2017, S. 1057 ff.

に対して厳格な違憲審査を求める彼の主張は，連邦憲法裁判決にも一定の影響を
及ぼしている(11)。『権力のレバー（Hebel）とそれを操作する者たち』という前記
引用の AfD 党綱領を想起させる書名を持つ一般向けの近著では，AfD の統治構
造改革論と自説との重なりを認めている(12)。統治構造改革に関する限り，アル
ニムの眼に映る AfD は「既存の政党システムに批判的に対峙し，ゲームのルー
ル変更を求める」政党にすぎない(13)。別の論者が，AfD の説く議員定数削減論
や直接制導入論を，ポピュリズムの常套句のエリート批判と反議会主義と断じ，
「議会選挙がもっとも障壁の低い政治参画形態であるという点を見落としている」
(14)と批判するのとは対称的である。アルニムからすれば，むしろ批判されるべ
きは，AfD の参入阻止に手段を選ばぬ既成政党の態度の方である。例えば，
2016年3月の選挙で AfD が第3会派になったラインラント＝ファルツ州議会は
翌17年7月の議院規則改定で委員会の定数を13名から12名に削減した結果，AfD
会派の委員は2名から1名に減った。委員の配分は，全会派1名を基数として保
障した上で議席に応じてドント式で決定するため，定数12名だと，14議席の
AfD も FDP（7議席）と緑の党（6議席）と同じく基数のみしか割当てがないの
である。この件に対してアルニムは，自分は AfD 支持者ではないと断った上で，
これは典型的な „Lex AfD“ であって明らかに違憲だと，AfD 擁護の論陣を張っ
ている(15)。

　„Lex AfD“ とは，事実上 AfD に不利益を課す議会法制の変更の俗称であり，
その合憲性がいくつかの州憲法裁で争われている(16)。連邦議会での „Lex AfD“ と

---

(11) この点，植松健一「ドイツの民主政における阻止条項の現在（1）・（2）」立命館法学
　　359号（2015年）40-43頁，同365号（2016年）97-100頁参照。

(12) Hans Herbert von Arnim, Die Hebel der Macht und wer sie bedient, München
　　2017, S. 315. アルニムも AfD の政策全体を支持するわけではなく，例えば相続税廃止
　　や公道速度制限廃止などの政策は既得権益への屈服だと批判する（ebenda, S. 316）。

(13) Ebenda, S. 316 f. AfD は O. キルヒハイマーのいう「原理的反対政党」（Opposition
　　aus Prinzip）に近いが，民主的・法治国家的な基本秩序から逸脱するものではないとア
　　ルニムは解する。

(14) Heiko Holste, Wahlrecht-Die Reformvorschläge der Parteien vor der
　　Bundestagswahl, RuP 2017, S. 289 f.

(15) Vgl. Rheinzeitung.de v. 4.7.2017（https://www.rhein-zeitung.de/politik-rheinland-
　　pfalz_artikel,-afd-verklagt-landtag-verfassungsrechtler-unterstuetzt-_arid,1672157.
　　html. ［zugriff：14.2.2018］）. AfD 会派は，州憲法が保障する会派平等原則や反対党の権
　　利を侵害するとしてアルニムを代理人として州憲法裁へ提訴したが，2018年1月23日の
　　判決は議院自律権を重視し請求を棄却した（VGH O 17/17）。

(16) ブランデンブルク州憲法裁2016年2月9日判決は，州議会の統制委員会からの AfD の
　　排除について，州憲法擁護庁の統制という同委員会の任務の特殊性などを理由に合憲と
　　判断した（VfGBbg 57/15）。

いえるのは，長老議長職（議会招集後，正副議長選出までの間，議事を執り行なう職）の就任要件を最年長の議員から，議員在職年の最長者に改めた2017年7月の議院規則改定である。これは，来たる9月の選挙でAfDが議席を獲得すると最年長議員が同会派所属議員になる公算が大きいことから，これを阻止する意図があったと一般に解されている。当時のガブリエル外相（SPD）が「1945年以来はじめて国政の議会に真正のナチスが再来する」と露骨な嫌悪を示したように[17]，既存政党からすればAfDは議会主義の脅威だった。対するAfDは第19連邦議会第1回本会議に筆頭幹事のバウマン議員を登壇させ，150年続く議会慣行を破るのは，KPDのツェトキンを長老議長から排除した1933年のゲーリングの以来の暴挙だと，この規則改定に激しく抗議した（Plenarprotokoll 19/1, S. 6）。政敵攻撃に「ナチスのやり口」を持ち出すのは常套手段ともいえるが，少なくとも „Lex AfD" の導入が――C. シュミットが「合法的権力獲得のプレミア」の例として描写したヴァイマル末期の議会運用のごとき[18]――恣意的なルール変更であることは否定できず，導入者側に正当化事由の提示が求められる[19]。

II　統治構造改革の課題

1　選挙公約にみる各党の統治構造改革――「代表制の復権」か「直接制の強化」か

17年選挙の公約を見る限り，既成政党もAfDやアルニムが非難するほど統治構造改革にも後向きではない。CDU/CSUを除く各党は様々な改革案を持っている（次頁の表参照）[20]。

各党の改革案から確認できるドイツの民主政の課題の1つに，「魅力ある選挙」による「代表制の復権」がある。「政治への倦怠」が話題になってから久しいが，とくに13年選挙の投票率が71.5%にとどまったことは――それでも日本に比べれ

---

(17) Interview: Sigmar Gabriel warnt vor AfD, T-Online v. 11.9.2017（http://www.t-online.de/nachrichten/deutschland/bundestagswahl/id_82127344/sigmar-gabriel-im-interview-wir-muessen-endlich-umsteuern-.html〔zugriff: 14.2.2018〕）。

(18) Carl Schmitt, Legalität und Legitimität, in: ders., Verfassungsrechtliche Aufsätze, Berlin 1958, S. 292 f. 植松健一「ヴァイマル期の対議会信任原則（3）」法政論集192号（2006年）121頁以下も参照。脱稿後に接したものとして，Vgl. Christoph Schönberger/Sophie Schönberger, Die AfD im Bundestag, JZ 2018. S. 105 ff.

(19) 近時みられる自治体議会での少数政治勢力の排除につき，Vgl. Andreas Heusch, Demokratischer Wettbewerb auf kommunaler Ebene, NVwZ 2017, S. 1325 ff.

(20) ここでの整理は，Heiko Holste, Wahlrecht-Die Reformvorschläge der Parteien vor der Bundestagswahl, RuP 2017, S. 286 ff. を参考にした。

（表）2017年連邦議会選挙公約における各党の統治構造改革案

SPD	16歳選挙権，自治体選挙の外国人選挙権，被世話人選挙権，投票の簡易化
FDP	連邦議会の立法期の5年化，選挙日程の統一
同盟90/緑	16歳選挙権，自治体選挙の外国人選挙権，被世話人選挙権，議員男女同数を目指す法制の検討，請願権の実効性強化，政党助成金の引下げ，ロビー活動の透明化
左翼党	16歳選挙権，被世話人選挙権，パリテ，5％阻止条項撤廃，連邦レベルでの国民投票制，州・自治体の大規模公共事業計画での民主的手続の強化，請願権の再構築，ロビー活動の抑制・透明化，議会内反対政党の強化，議会委員会の原則公開
AfD	議員定数削減，非拘束名簿式と複数票制，議員の多選制限，大統領公選制，国民投票制，政党助成制度の縮小，大臣等の議員兼職禁止，政官分離の徹底

ば高いが —— ドイツ社会に衝撃を与えた（17年選挙では76.2％に回復）。投票率の低下傾向と反比例するように，選挙とは異なる方法（州レベルでの住民投票の活性化，„Stuttugart 21"からペギーダ運動に至るまでの直接行動）を通じて国民の不満が表出される傾向が強まっている[21]。この現状を前に，「代表民主政を再び魅力的なものにし，情熱をもってこれを右翼の反民主主義者の手から護る」決意を語るのが SPD の公約である[22]。SPD の提案は，選挙権者の拡大や投票の物理的ハードルを下げる試みである（連邦議会選挙・EU 議会選挙での選挙年齢の16歳への引下げ[23]，抱括的被世話人［Voll-Betreute］の選挙権回復[24]，自治体選挙での外国人参政権を EU 域内国籍者以外の長期居住者にも拡大[25]，郵便投票の改善，在外投票制度の簡易化，投票所の開設時間の延長，移動投票所設置）。

　他方，AfD を国粋主義と差別主義と位置付け，大連立がこうした差別と排除のイデオロギーを増長させたのだと非難する左翼党は，しかし利益誘導政治批判

---

(21) この点を扱う拙稿として，植松健一「ドイツにおける民主主義のゆらぎと憲法論」本秀紀編『グローバル化時代における民主主義の変容と憲法学』（日本評論社，2016年）365頁以下，とくに378-385頁。

(22) SPD, Es ist Zeit für mehr Gerechtigkeit, 2017, S. 78 f.

(23) 16歳選挙権は同盟90/緑や左翼党も主張する。選挙年齢や「子ども選挙権」（代理投票制）の議論について，植松健一「ドイツ公法における年齢」山口直也編著『子どもの法定年齢の比較法研究』（成文堂，2017年）所収165-173頁参照。

(24) 連邦選挙法13条2号は自己の事務の全部を世話人が処理する者を選挙の欠格者としており，約8万1千人が（有権者の0.14％）がこれに該当する。Vgl. dazu Heinrich Lang, Inklusives Wahlrecht, ZRP 2018, S. 19 ff.

(25) 同盟90/緑も同様の提案をする。他方，左翼党は，5年間継続でドイツに居住する外国人に連邦議会の選挙権付与まで提案する。

や市民の政治参加の拡大という点に限っていえば AfD と共通性を持つ[26]。ただし，政治参加の内容が AfD は大統領公選制などの制度論中心なのに対して，左翼党はより実質的な市民の参画（フランスのパリテに準拠した候補者男女同数の義務化）を視野に入れているといえる（左派政党らしく社会・経済の民主化も同時に追求する）。

「魅力ある選挙」の方向とは一線を画し，むしろ有権者と代表との一定の距離の確保により代表制の復権を目指すのが FDP である。FDP は，連邦議会が安定して立法活動や政府統制ができるように，議員任期を現行の 4 年から州議会と同じ 5 年にすることを提案する。その結果，連邦議会選挙と州議会選挙との同日化も容易になり，有権者の「選挙疲れ」も緩和できるというのである[27]。

2　選挙制度の課題－超過議席と阻止条項

ドイツの選挙制度は，憲法裁判決によりたびたび是正を強いられつつも，「個人選出の要素を加味した比例代表制」という 2 票制の基本枠組みを維持してきた。しかし，現行選挙制度の不具合は選挙のたびに問題化してきた[28]。ここでは，超過議席と阻止条項の問題を取り上げよう。

（1）巨大議会の出現

17年選挙では，過去最大の49議席の超過議席（Überhangmandat）の発生し，その影響を補正するための調整議席（Ausgleichsmandat）（連邦選挙法 6 条 5 項 1 文）の数が62議席も必要になった。その結果，議員数は，法定の598議席を実に111名も上回る709名にも及んだ。調整議席方式は，過大な超過議席の発生を違憲とした連邦憲法裁判決（BVerfGE 131,316）への議会の対応として2013年に導入された。CDU/CSU と SPD という二大政党の比例票の得票率が低下する一方，選挙区では死票を嫌う有権者が相対的に支持する二大政党のいずれかに「分割投票」を行う傾向が，超過議席・調整議席を増加させている。第18議会も630議席にまで増加したが，17年選挙ではさらなる議員増が予想される中，ラーメルト議長は議会定数の上限設定を提案したが，各会派の支持を得られず挫折している[29]。中国

---

(26)　Die Linke, a. a. O(Anm. 3), S. 108-112.

(27)　FDP, Denken wir neu, 2017, S. 90.

(28)　概略は，植松健一「ドイツにおける民主政の現在」憲法問題26号（2015年）82頁以下参照。17年選挙を受けて，z. B. Jörn Ipsen, Erneute Wahlrechtsreform geboten?, RuP 2017, S. 393 ff.; Michael Lysander Fremuth, Die Verfassung kennt sie nicht und die Demokratie bedarf ihrer nicht, JZ 2018, S. 13 ff.

［憲法研究　第2号(2018.5)］

全人代に次ぐ巨大議会といわれる709議席の出現は，費用面などから批判も強い[30]。このため AfD の議員定数削減論は，既成政党批判を背景に，世論への訴求力を有しているのである。

（2）阻止条項の再問[31]

政党構造の多党化につれて，5％阻止条項（連邦選挙法6条3項）が平等選挙原則や政党の機会均等原則を侵害する程度は顕著なものになっている。従来の通説・判例は，こうした侵害を許容する「やむを得ない事由」として「選挙の国民意思の統合過程としての性格と議会の機能能力の維持」を挙げ，阻止条項を正当化してきた（Vgl. BVerfGE 95,408 [417 f.]）。しかし，2013年選挙では FDP（4.8％）と AfD（4.7％）が5％に僅差で及ばず議席を獲得できず，阻止条項によって発生した死票は総計で15.3％にも達したため，あらためて阻止条項への批判が強まることになった。また，阻止条項が政権の不安定化の原因になっているという新たな観点からの批判も登場している。両党で9.5％を獲得した FDP と AfD の退場の結果，「右派中道」（CDU, CSU, FDP, AfD, FW）と「左派陣営」（SPD, 同盟90/緑，左翼党，海賊党）に区分するなら，前者は52％，後者は45％の得票率だったにもかかわらず，議席占有率では「左派陣営」が優位するという歪みが生じた。しかも，保守政党の CDU/CSU とも穏健左派政党の SPD とも連立経験のある FDP の不存在は選挙後の連立枠組みの選択の幅を狭めてしまった。政権安定のための「5％という高さの阻止条項が，組閣を容易にするどころか，むしろこれを困難にし，もって阻止条項の意義を損ねた」[32]というのは皮肉的である。

近時の連邦憲法裁は，従来の判断を変更し，自治体議会選挙と EU 議会の5％阻止条項を違憲とし（BVerfGE 120,82; BVerfGE 129,300），さらに違憲判決を受けて3％へ引下げた EU 議会の阻止条項についても2014年に再び違憲判断を下してきた（BVerfGE 135,259）。これらの判断は州議会・連邦議会の阻止条項とは事案を異にすると解されているが，連邦議会の最低得票率引下げ論は根強く存在する。

---

(29) Vgl. Eckhard Jesse, Die Anregungen Norbert Lammerts zum Wahlrecht und zum Amt des Alterspräsidenten: geschitert und erfolgreich, RuP 2017, S. 294 ff.

(30) もっとも人口比でみれば，人口約8200万人のドイツで議員709名（1議員/11万6千人）は，欧州では突出した数ではない。英国下院は6500万人に650議席（1議員/10万人），フランス国民議会は住民7000万人に577名（1議員/12万1千人），イタリア下院は6000万人に630名（1議員/9万人）である。Vgl. Ipsen, a. a. O.(Anm. 28), S. 398.

(31) 阻止条項については，植松・前掲注(11)および同稿（3・完）立命館法学366号（2016年）36頁以下の考察が詳しい。

(32) von Arnim, a. a. O.(Anm. 12), S. 166.

また，阻止条項の補正策として支持を得ているのが，予備票（Eventualstimme［副票（Nebenstimme）ともいう］）の導入である。投票の際に有権者に第1次候補者名を記す本票（Hauptstimme）とは別に予備票として第2次候補者名を記入させ，阻止条項に引っかかった政党に投じられた票の予備票を集計に加える方式を採れば，投票価値の不平等が緩和されるというのである。他方，M. L. フレムートのように，予備票はあくまで二次的な代償にすぎないとして，一立法期の時限法（サンセット形式）で阻止条項を廃止して，反対派が想定する害悪が実際に発生するかを検証するべきと主張する論者もいる[33]。

　しかしながら，すでに17年選挙の公示期間に入っていた9月19日，連邦憲法裁は阻止条項の違憲性等を理由とする13年選挙に対する異議を却けた（Beschl. v. 19.9.2017 -2 BvC 46/14-）。この訴訟で原告側（代理人はここでもフォン・アルニム）は，阻止条項批判に対する従来の違憲論に加えて，上述のような新たな視点（①「右派中道」と「左派陣営」の政治バランスが歪められ，連立の選択肢が狭められた，②最低得票率の引下げや予備票制導入というより侵害強度の低い手段で立法目的が達成できる）も主張に加えた（Rn. 11-17）。しかし同決定は，従来の判例の判断枠組みを踏襲しながら5％阻止条項を正当化しつつ，主張①が指摘する問題点は選挙の瑕疵とは関係なく，主張②が指摘する予備票制の採用も立法裁量の範囲だと簡単に斥けた（Rn. 67-80）。その上で同決定は，傍論的に予備票の制度的欠点の指摘に一定の行数を割いている。確かに，予備票制は阻止条項の死票を減らすが，しかし投票方法が複雑なため棄権や無効票の増加の可能性もある。しかも，この制度は平等選挙・直接選挙の原則に抵触しかねない。なぜなら，本票と予備票を投じたいずれの政党も阻止条項で排除される場合には，結果価値平等の侵害は現行と変わらない。他方，予備票で議席配分に影響を及ぼす有権者は，阻止条項で死票となった本票も政党助成の際の基準とされるため，2つの政党に影響を及ぼす。これは，本票が阻止条項をクリアーした有権者よりも高い投票価値を持ち，結果価値平等を害しかねない。自分がどの候補に投票したのかが他人の投票結果に左右される点で，直接選挙の原則との関係でも疑義がある（Rn. 81 f.）。

　かように連邦議会の阻止条項については，連邦憲法裁も合憲の姿勢を崩していない。加えて，2008年の連邦憲法裁判決で決着したはずの自治体議会についても議論が再燃している。同判決が5％阻止条項を違憲としたことで，いったん全州で撤廃されたが，その結果生じた無所属や会派要件を充たさない議員団の増加を懸念して，州憲法の改定により3％または2.5％の阻止条項を復活させる州が出

---

[33] Fremuth, a. a. O.(Anm. 28), S. 20 f.

［憲法研究 第 2 号（2018.5）］

てきており（ベルリン，ハンブルク，ノルトライン＝ヴェストファーレン［NRW］），その合憲性が州憲法裁を舞台に争われている[34]。ベルリンやハンブルグの州憲法裁は 3 ％阻止条項を合憲と判断した（BelVerfGH 155/11; HVerfG 2/11）。他方，NRW 州憲法裁2017年11月21日判決は，区議会・市町村議会の2.5％条項を内容とする州憲法改定が州憲法69条 1 項 2 文（基本法の共和的・民主的・社会国家的法治国原則に反する州憲法改正の禁止）違反だと解した（NRWVerfGH 21/16, u. a.）[35]。ベルリンとハンブルクが都市州である点を鑑みると，NRW 州憲法裁の判断は他の一般州に対する影響の点で注目される。

Ⅲ 多党化にゆれる議会運営

1 「加重された大連立」と「細分化した反対諸党」

今回成立した大連立が2021年まで続くとすれば，2005年から2021年までの16年間のうち12年間は大連立政権となる。キージンガー内閣（1966～69年）の大連立は基本法の大改定という課題を背負った議会政の例外事例だったはずが，現在は，その例外が常態化しているともいえる。このことが，議会運営のあり方のみならず，その背後にある憲法規範論としての「反対党」（Opposition）概念をも動揺させている[36]。とくに，野党の多党化は，憲法が保障する「議会内少数派」と，その実際の担い手たる「反対会派」との不一致ないし緊張関係を可視化させている。

問題は，すでに第18連邦議会（2013年～17年）において顕在化していた。そこでは第 3 次メルケル政権を支える与党が議会のほぼ 8 割（630議席中502議席）を占める「加重された大連立」（qualifizierte Große Koalition）[37]の状態となり，議会法制上の議会内少数派権（その多くが総議員の 4 分の 1 ［以下，4 分の 1 ルール］である）の現実的な行使可能性がなくなってしまったのである。今次の第19連邦

---

(34) NRW 州 の 2.5 ％ 条 項 の 合 憲 説 は，Wolfgang Roth, Verfassungsmäßigkeit der Einführung einer 3% Sperrklausel bei Kommunalwahlen durch Verfassungsänderung, insbesondere für das Land Nordrhein-Westfalen, Berlin 2015, S. 81-113. 違憲説は，Urs Karmer, Kommunale Sperrklauseln auf Verfassungsebene, DÖV 2017, S. 353 ff.

(35) ただし，大都市特別区の区会（Bezirksvertretung）とルール地域組合（Regionalverband Ruhr）の集会は，基本法28条 1 項の保障が及ぶ「州，区，市町村」の住民代表に該当しないとして，その選挙制度における州の自律権を重視し，その違憲性を否定している（VerfGH 21/16, Rn. 129 ff.）。

(36) 浩瀚なモノグラフィーとして，Albert Ingold, Das Recht der Oppositionen, Tübingen 2015. 日本での先駆的かつ詳細な研究として，吉田栄司『憲法的責任追及制論』（関西大学出版部，2010年）。なお，本稿では，„Opposition" を文脈により「反対党」「反対派」「野党」と使い分ける。

84

議会での与党の議席占有率は56.2％であるから，野党全体では４分の１を確保している。しかし，他方，野党の側が政治的方向性の異なる４つの「細分化した反対諸党」（fragmentierte Oppositionen）のため，少数派権が機能するのかは不透明である[38]。

第18議会においては，発言時間での野党側への配慮（審議時間の約３割を野党２会派に割当）により，与党は「数の横暴」批判の解消に努めた[39]。さらに，これも与党側のイニシアティブにより，2014年４月３日，第18議会の時限規定として，現行法上の少数派権の議員数要件[40]を緩和する議院規則126a条が定められた（BT-Drs. 18/481）。その内容は以下のとおりである。

①４分の１ルールの120名ルール（議員120名）への変更：調査委員会設置の要求（同条１号第１文），調査会（Enquete-Kommission）設置の要求（同11号），連邦議会議長への申入れ（同３号），EU法に関して連邦議会が欧州裁判所に対して提訴をなす要求（同４号）などに適用される。

②調査委員会委員割当で委員の４分１を野党会派に保障（同１号第２文）。

③委員会における「全野党会派」ルール：「政府を支えない全ての会派」の要求で，委員会での公聴会開催（同９号），委員会での公開採決に代わる本会議審議（同10号），ESM資金供与法に基づく予算委員会への報告（同７号）防衛委員会の調査会としての活動（同２号）などを可能にする。

ところが，このような野党に配慮した議院規則改正による期限付き特例に対して，当の野党側が不十分であると反対した。すでに左翼党と同盟90/緑は，第18議会の時限法として，議院規則126a条が120名ルールの対象とする事項（①）を「政府を支えない２つ以上の会派」で可能にし，とくに安定メカニズム法４条５項２文が定める予算委員会での公聴会請求については委員１名によって可能とする法

---

(37) Vgl. Pascale Cancik, Wirkungsmöglichkeiten parlamentarischer Opposition im Falle einer qualifizierten Großen Koalition, NVwZ 2014, S. 18 ff. クリスチャン・ヴァルトホフ（赤坂幸一訳）「近年のドイツにおける議会法の展開」法政研究82巻４号（2016年）33頁以下も参照。過去の大連立の議席占有率をみると，キージンガー内閣（1966年〜69年）は90.5％という圧倒的状況であった一方，第１次メルケル内閣（2005年〜2009年）は４分の１ルールの適用可能な72.5％にとどまっている。

(38) Vgl. Pascal Cancik, „Effektive Opposition" im Parlament, ZParl 2017, S. 516 ff. 本稿では立ち入らないが，連邦憲法裁裁判官選出委員会における選出のあり方も問題になりうる。

(39) Vgl. Paulina Starski, Die „Große Koalition" als Problem des Verfassungsrechts, DÖV 2016, S. 751.

(40) 詳細は，Vgl. Bettina Giesecke, Rechte der parlamentarischen Minderheiten im Bundestag, WD 3 -3010- 196/13.

［憲法研究 第 2 号（2018.5）］

律案を提出し（BT-Drucks. 18/380）[41]，否決されている。さらに左翼党単独で，基本法の 3 分の 1 または 4 分の 1 ルールを「政府を支えない全ての会派」に変更する基本法改正法案を提出し（BT-Drucks. 18/838），やはり否決されている。かくして左翼党は，議院規則による処理や憲法改正案否決の違憲確認を求めて連邦憲法裁に提訴する。この訴えを斥けたのが，2016 年 5 月 3 日の反対党判決（BVerfGE 142,25［Oppositionsurteil］）である。

2 「実効的な反対党」？──連邦憲法裁反対党判決

ここでは反対党判決を手掛かりに，「加重された大連立」と「細分化した反対諸党」の下で議会政が直面する課題を明らかにする。まず，判決要旨を整理しておこう（Rn. 84-118）。

①「基本法は，実効的な反対党（effektive Opposition）という連邦憲法裁の判決により具体化された一般的の憲法上の原則を含んでいる」。
②「しかしながら，基本法は明示的な特別の反対党（および反対会派）の諸権利を規定しておらず，かかる諸権利の付与の要請も基本法からは導きえない」。「議会内反対党の諸権利の具体化は，基本法の秩序内においては議会内少数派の諸権利を経由して行われる」。
③「排他的に反対会派だけが行使できる──議院規則126a 条…のような──権利は，基本法38条 1 項第 2 文に基づく議員とその集団の平等という原則の正当化できない侵犯となる」。「確かに，議会活動の具体的な事例における反対者（Opponieren）の権能が構造上政府を支える議員により行使されることは，政治的実践上の連立会派内の拘束があるので，比較的に稀である（…）。しかしながら，このような可能性の存在が，常に政府をして自らの政治的立場を支持させる努力を『自陣に対して』もなさしめるのであり，それは政治過程の開放性にとって有益にほかならない。したがって，構造上政府を支える議員の事実上の統制の自制は，特定の少数派権の行使からの当該議員の排除を正当化しえない」。
④基本法が定める議会少数派権行使のための連邦議会議員の 3 分の 1（39条 3 項第 3 文［議会招集の請求］）もしくは 4 分の 1（23条 1 a 項第 2 文［EU の立法行

---

(41) ESM 関連法に付随する議会手続上の問題については，村西良太「財政・金融のグローバル化と議会留保」浅野有紀ほか編著『グローバル化と公法・私法関係の再編』（弘文堂，2015年）149頁以下も参照。

86

為に関する連邦議会による欧州裁判所への提訴の請求］, 44条1項第1文［調査委員会設置の請求］, 45a条2項第2文［防衛委員会の調査委員会としての活動の請求］, 93条1項2号［連邦憲法裁への法令審査提訴権］）という比率の引下げは, 憲法制定者の自覚的な比率の決定に反する。

　反対党判決は, 議会内少数派に関する連邦憲法裁の判例枠組みを踏襲しつつ[42], 「実効的な反対党という憲法の一般原則」という新機軸のテーゼの下, 議会内少数派権と「反対党（反対党会派）の権利」との関係を整理し, さらに, 基本法が定める少数派権行使の議員数要件の下位法令による緩和を原則認めない立場を明らかにしたことで ── 議事規則126a条の合憲性は本件での争点から外れるので直接に判断していないが, 違憲と述べているに等しい ── 今後の事案や議会運営にも少なくない影響を持つと思われる。野党に配慮した議院規則改定を否定し, 法律案や憲法改正案の議会の否決の違憲性を問う原告の論理は筋が良いとはいえず, 結論自体は妥当といえよう。一般的な憲法解釈の際に, 「加重された大連立」という特殊事情を考慮する必要もない[43]。
　しかしながら, 判決の論理や言説を批判する学説も少なくない。例えばP. シュタルスキーは, 原告は「排他的に」少数会派の権利を求めたのではなく, 現行法上の少数派議員の権利と並行して少数会派の権利を求めたのであって, 判決のいうように後者の権利を「排他的に」求めたわけではないと判決の誤解を指摘する[44]。また, U. フォルクマンは「実行的な反対政党の原則」という「野党に親和的な」レトリックにもかかわらず, 実効的反対政党とはどのようなもので, どういう条件下でそれが実現するのかを判決が示せていない点を問題視する。その結果, 機能としての議会内反対党の保障すら結局のところ無意味なほどに液状化させている点で, 「同判決は決定的な一歩を踏み出している」というのである[45]。フォルクマンのいう「決定的な一歩」とは何か。それは「反対党の議員個人化」(Individualisierung von Opposition), すなわち「組織された対抗力としての反対党に代わり, 全ての議員が潜在的な反対政治家」と解される方向である。
　フォルクマンの問題提起は会派規律の実態との相関関係の中で論じられるべき

---

(42) 連邦憲法裁判例の展開は, Vgl. Andrea Diehl, Parlamentarische Minderheiten- und Oppositionsrechte, in: Scheffczyk/Wolter (Hrsg.), Linien der Rechtsprechung des Bundesverfassungsgerichts, Bd. 4., Berlin/Boston 2017, S. 491 ff.
(43) Matthias Rossi, Anmerkung, JZ 2016, S. 1169 f.
(44) Starski, a. a. O.(Anm. 39), S. 755 f.
(45) Uwe Volkmann, Hat das Verfassungsrecht eine Theorie der Opposition-und braucht es eine?, ZParl 2017, S. 481 f.

であり，「国民代表としての議員」の規範的意義の強調が有用な場面のあること
は確かであろう[46]。とはいえ，本判決における「実効的な反対党」の担い手と
しての「議員個人」の強調は，従来の判例に比しても際立っている。この点を P.
カンキクは以下のように批判する。「連邦憲法裁は，議院内閣制の統制不足を手
札の機会均等なる武器で補うヒロイックな議員たちのイメージで我々を慰撫せん
とする。このどこかで聞いた響きは崇高な19世紀の自由主義像を想起させる。だ
が，そんな像は憲法の現実や議会運用とは無関係だったし，これからも関係ない」
[47]。しかし他方では，このような議員個人への重心移動に肯定的な見方もあり[48]，
本判決が示した「反対党」観が議論を誘発した感がある。また，本判決は基本法
が定める少数派権行使要件の下位法令による緩和を違憲と解したが，基本法改正
でこれを行う途を排除したわけではなく[49]，憲法政策論上の議論も続くであろ
う。いずれにせよ，「反対党」に関する今後の解釈論・政策論には，多様な方向
を志向する諸政党という実態を組み込まざるをえないのではなかろうか[50]。

---

(46) 例えば，憲法擁護機関による議員監視を違憲とした連邦憲法裁判決での自由委任の原
理の重視（BverfGE 134,141, Rn. 91-128）が想起しうる。与党陣笠議員による政府の責
任追及への期待は，樋口陽一「責任・均衡・二大政党制・多数派デモクラシー」ジュリ
スト884号（1987年）129頁が紹介する英国での議論も参照。隣国フランスについては，
曽我部真裕「議会内における野党会派の位置づけについて」法学論叢164巻1-6号（2009
年）552頁以下参照。

(47) Pascal Cancik, Der Grundsatz (in)effektiver Opposition, verfassungsblog v. 9.5.2016
（https://verfassungsblog.de/der-grundsatz-ineffektiver-opposition-zum-urteil-des-
bundesverfassungsgerichts-in-sachen-oppositionsfraktionsrechte/［zugriff:
14.02.2018］）. Auch Volkmann, a. a. O.(Anm. 45), S. 483. フォルクマンによれば，この
ような議員個人化は，C. シュミットや C. ムフのいう「政治的なもの」の消去を意味す
る（ebenda, S. 482）。

(48) Ingold, a. a. O.(Anm. 36), S. 620-629.

(49) クリスチャン・ヴォルトホフ（赤坂幸一訳）「近年のドイツにおける議会法の展開」法
政研究82巻4号（2016年）38-41頁も参照。なお，州憲法の多くは「反対党」や「反対会
派」の権利を定めている。I2で紹介したラインラント＝ファルツでの州議会議院規則
をめぐる機関争訟の際に AfD が援用した州憲法85b 条によれば，「議会内反対党は議会
制民主主義の基盤」（1項）であり，「州政府を支えない州議会の会派および議員は，議
会または公開の場においてその地位に相応しい活動可能性を求める権利を有する」（2項
1文）。

(50) フォルクマンは，既存の政治秩序を拒否する右翼ポピュリズムが台頭し，EU 諸国で
も権威主義体制が増える現在，コンセンサス型の反対党論の通用性には懐疑的である
（Volkmann, a. a. O.［Anm. 45］, S. 489 f.）。90年代末の日本でドイツの反体党論に依拠し
た議論が展開されたとき，「複数ありうる『反対政党（Opositionsparteien）』を……ひと
くくりにした『図式』が成立するのか」と疑問を呈した森英樹の視点（森英樹「『憲法と
政党』再論」法律時報70巻9号（1998年）88頁）が，ドイツでアクチャリティーを有し
ているのは興味深い。

まとめにかえて

　与えられた紙幅を越えているので2点の指摘にとどめる。

　「ジャマイカ連立」の失敗の後，メルケルは基本法63条に基づく再度の議会解散を模索していた。野党回帰を決めていた SPD を連立交渉のテーブルに着かせる上では，シュタインマイヤー大統領の政治的仲裁権力としての役割が際立った。これらの憲政上の経験も，憲法学に新たな考察の素材を提供するものとなろう[51]。

　Ⅲでみたように，ドイツの伝統的な反対党論は今日の状況変化で動揺しており，様々な課題も抱えている。それでもなお，野党に規範的な地位と実効性のある権限行使の可能性を保障し，それを前提にした議会運営に努めている点については，「一強他弱」の日本の国会運営が参考にすべきところがある。

　＊本稿には科研費（C）（課題番号:17K03372）の研究成果が反映されている。

---

(51) すでに，Günter Krings, Die Minderheitsregierung, ZRP 2018, S. 2 ff.

6 ソロンのディカステリア
―― アメリカの大統領制とポピュリズム

大 林 啓 吾

序
Ⅰ ポピュリズムとは何か
Ⅱ ポピュリズムが憲法に突きつけるもの
Ⅲ 人民立憲主義と人民主権論
Ⅳ 憲法秩序内の人民立憲主義
後 序

「ディカステリアの判断は終局である……」

(Morris B. Hoffman, *Booker, Pragmatism and the Moral Jury*, 13 GEO. MASON L. REV. 455, 464 (2005))

序

　2016年のアメリカ大統領選挙においてトランプ (Donald Trump) が当選した。過激な発言で物議をかもすことの多いトランプであるが，大方の予想に反して当選することができたのはそれだけ従来の政治に不満を持っていた人が多かったともいえる。エリート集団による既存政治の打破を掲げることで大衆の支持を取り付ける手法をポピュリズムというとすれば[1]，トランプの戦略はまさにポピュリズムの体現のように思える[2]。そして「トランプはまさに典型だが，ポピュリストは，自分たちだけが『真の国民』や『声なき多数派』の代弁者だと主張する」[3]ので，ポピュリストはまるで多数派の支持を得ているかのような演出を行う。ましてや実際当選したとなればますますそうした印象が強くなるだろう。

（1） 毎日新聞2017年1月22日31頁「トランプ米大統領 ―― ポピュリズム　急進的改革に危うさ」。
（2） 朝日新聞2016年12月5日37頁「（トランプの文脈 ―― 上）ポピュリズム　知性による支配へ反発」。
（3） 朝日新聞2016年12月4日グローブ5頁「多元主義を拒む危うさ　ヤン・ベルナー・ミューラー（政治学者）」。

しかし，実際のところ，トランプ政権は選挙時に過半数の得票を得ていたわけではなく，支持率も発足当初から半分を切っていた。アメリカでは，過半数の支持を得ていなくても大統領に当選できる選挙制度になっているからである。

興味深いことに，そうした制度はデマゴーグ(4)をおそれていた共和制の理念に由来するものである。熟議により公共善の実現を目指す共和制を理念として制定された合衆国憲法はデマゴーグを防ぐために大統領選挙において選挙人団（Electoral College）を設けた(5)。そして，多くの州が勝者総取りシステムを採用した結果，トランプは得票率でヒラリー（Hillary Clinton）に負けていたものの，選挙人団獲得数で勝利した。ゆえに，ポピュリズム的旋風で勝利したトランプの登場は皮肉にもポピュリズムを警戒していたはずの共和制が生み出したという側面があるのである。

ともあれ，過半数の支持を得られていないにもかかわらず，ポピュリズム的手法で当選することをどのように受け止めればいいのだろうか。過半数を獲得していないことだけに批判的眼差しを向けるとすれば，それは民主的正当性の欠如が問題となる。実際，アメリカでは過半数を獲得していない機関に対する批判が根強く残っている。たとえば，人口比例に基づかない上院はしばしば批判にさらされてきた(6)。憲法が予定しているとはいえ，数的意味の民主的正当性を軽視すべきではないというのである。また，上院以上に攻撃にさらされているのが司法である。民主的正当性の薄弱な司法が多数派の決定を覆すことができるのかという反多数主義の難点(7)が大きな理論的課題となっている。

ただし，トランプ大統領の民主的正当性の問題は選挙制度がもたらしたものであることから，その批判は制度に向けられるべきであって，ここでの問題はポピュリズム的手法で当選し，しかもそれが過半数の支持を得ていないことである。

それは2つの問題点をはらむ。1つは手法の問題である。ポピュリズムは煽情的に一部の人々の支持を獲得し，それが大多数の支持を得ているかのように擬制する。それによって過半数の支持を得られた場合も問題であるが，今回のように過半数を得られていないにもかかわらず当選してしまうとそのまま擬制がまかり

（4）デマゴーグはポピュリズムと同義で用いられることが多いものの，ポピュリズムと比べてネガティブな文脈で使われることが多い。そのため，本稿でもデマゴーグをネガティブな文脈で扱うことにする。

（5）選挙人制度については合衆国憲法2条1節2項以下で規定されている。

（6）代表的なものとして，ロバート・A・ダール（杉田敦訳）『アメリカ憲法は民主的か』（岩波書店，2003年）。

（7）*See, e.g.*, ALEXANDER BICKEL, THE LEAST DANGEROUS BRANCH: SUPREME COURT AT THE BAR OF POLITICS (1962).

通ってしまうことになる。もう1つは結果の問題である。ミュラー（Jan-Werner Müller）によれば，ポピュリズムの実体はリベラルな多元主義の否定であるという[8]。その結果，過半数を得ていないポピュリズムがリベラルな立憲政体を破壊してしまうおそれがでてくる[9]。このように，過半数を得ていないポピュリズムは立憲主義との関係で大きな問題を抱えることになる。

　かかる問題状況を踏まえて，本稿ではポピュリズムと立憲主義の関係を検討する。ポピュリズムとは一体何なのか。本来，多数主義とは関係ないはずのポピュリズムであるが，トランプ大統領のようにポピュリズム的手法を用いて勝利したものの過半数の支持を得ていない場合は民主主義との関係で問題となり，さらには共和制のパラドックスをも顕現させる。他方で，数にとらわれないポピュリズムは人民と立憲主義を近接させる可能性をはらむ。実際，人民立憲主義（popular constitutionalism）はポピュリズムと立憲主義の融合をはかろうと試みている。しかし，人民立憲主義は従来の民主主義論と同様に司法を攻撃対象としている。反多数主義の難点を棚上げにしたまま司法審査を排除することは民主主義論からの攻撃よりもタチが悪いといえるかもしれない。はたして，人民立憲主義は民主主義論を超えるだけの正当化論拠をもって司法を攻撃しているのだろうか。本稿は，ポピュリズムが惹起する様々な立憲主義的課題を提示しつつ，それを憲法の内側で飼い慣らす統治構造を考えることにしたい。

I　ポピュリズムとは何か

1　ポピュリズムの起源

　アメリカでは，19世紀末頃からポピュリズムという言葉が使われ始めたといわれる[10]。ミラー（Kenneth P. Miller）によれば，当初ポピュリズムは「政治に不満を持った農業者を筆頭に，労働者や牧場主，負債者など様々な種類の政治的アウトサイダーらが引き起こした抗議運動」[11]として始まったという。この運動がポピュリズムと呼ばれたのは，政府が人民の利益のために私益を追求する私企業に対抗しなければならないにもかかわらずその任務を果たせていない場合，人

（8）JAN-WERNER MÜLLER, WHAT IS POPULISM? 3-4 (2017).

（9）Carlos de la Torre, *Will Democracy Survive Trump's Populism? Latin America May Tell Us*, N.Y. TIMES, Dec. 16, 2016, A10.

（10）Kenneth P. Miller, *Constraining Populism: The Real Challenge of Initiative Reform*, 41 SANTA CLARA L. REV. 1037, 1039 (2001).

（11）*Id.* at 1039-1040.

民が政府をコントロールすべきである，という発想に基づいていたからであった。つまり，ポピュリズムはその出自からして，反エリート的立場から既得権益を保護する政府の打倒を目指すものであり，当時の進歩派の思想と相性がよかった。ポピュリズムが進歩派的とみなされる所以である。

しかし，ポピュリズムと進歩派との間には径庭がある[12]。両者の狙いはともに人民のための政治を取り戻すことにあるが，進歩派は政府がそのように機能しているかどうかをチェックすることに主眼があった。ゆえに，代表民主制の枠の中で公益追求をはかるものであったといえる。他方で，ポピュリズムはイニシアティブなどの直接民主制を実践することで政府に代わり自ら政策実現を試みようとするものであった。あるいは，間接選挙の方法を採用しながらも，その実質が直接選挙に近い大統領選挙はポピュリズムの実践に近いものといえる。ポピュリズムは代表民主制の枠組にとらわれないので，その内容の実現は必ずしも現行の統治システム枠の中で対応しなければならないわけではなく，公益を実現できるのであればその障害となっている機関や制度を改変することは厭わない[13]。ゆえに，ポピュリストには抜本的制度改革を唱える者が多い。

2　ポピュリズムのラディカル性

このように，ポピュリズムはラディカルな側面を持っているが，その煽情的な運動の盛り上げ方がより一層ラディカルな印象を与える。というのも，ポピュリズムは現政権を人民の敵とみなし，それを打倒する必要があると煽りたてるからである。たとえば，現状の政治が一部のエリートによって行われていると断定し，政治から置き去りにされている（かもしれない）と感じている人たちにアピールし，世間にはこうした人々が多数存在しているという雰囲気を醸成し，政治を市民の手に取り戻そうと主張する，というポピュリズムの典型的パターンがある。このような手法は政治に少しでも不満がある者の心にストレートに響きやすいため，状況把握や論理構成の問題を捨象してでも，この運動の輪の中に加わる者が出てくる。すなわち，ポピュリズムは敵を打倒するという単純明快な論理を市民の刹那的感情に訴える点において煽情的なのである。

ポピュリズムはあわよくば人民全員を巻き込もうと試みるものの，現政権支持者はもちろんのこと，変化を望まない者や煽情的手法を嫌う者の心には響かない。

---

(12)　*Id.* at 1040-1045.

(13)　遠藤乾ほか『ポピュリズムは民主主義を破壊するのか』98頁（中央公論新社，2017年）〔水島治郎発言〕。（ポピュリズムが）「単独で政権を担うと，人民の名のもとに無制限の権力行使に走る危険性がある。三権分立や立憲主義にも否定的」と指摘される。

しかも，ポピュリズムの手法が煽情的であるがゆえに，それが響かない相手の心を逆なでする。そのため，ポピュリズムは敵を作りやすい。その結果，「ポピュリズムは"人民"の代表を主張するにもかかわらず，ポピュリストのレトリックは人民全体を巻き込むことにはならない」[14]。勿論，ナチズムのように状況次第では多数の支持を取り付けることもあるが，たいてい，その支持は限定的である。そのため，一見すると多くの支持を得ていそうな場合でも，ふたをあけてみると過半数に届いていないこともある。過半数に届かずにポピュリストが落選するのであれば，民主政に歪みをもたらすとはいえない。

過半数の支持を得て当選した場合，サイレントマジョリティを代表しているかのような擬制が功を奏し，現実にも過半数を得ることにつなげた可能性がある。この事態を重く受け止めるのであれば健全な民主政のプロセスを歪めていると評することになるが，他面において，それは単なる選挙戦略にすぎないと割り切って考えることもできよう。

しかし，過半数に届いていないにもかかわらず，ポピュリストが当選してしまったらどうだろうか。その場合，選挙の前後を問わず，サイレントマジョリティを代表しているかのような擬制が継続することになる。このとき，ポピュリズムと民主主義との間には埋めがたい溝が生まれることになる。トランプの当選はまさにこうした問題を惹起することとなったのである。

II　ポピュリズムが憲法に突きつけるもの

1　共和制のパラドックス

このような事態は憲法にいくつかの課題を突きつけた。その1つが，共和制のパラドックスである。合衆国憲法は共和制を理念としている。すなわち，人民の感情に動かされて政治を行うのではなく，代表を選んだ上で，理性ある政治を行うべきであるとしたのである。憲法起草時において，反フェデラリストらは真の民主主義ではないと代表的民主制を批判したが，フェデラリストらは理性ある政治の重要性を強調した。フェデラリスト第1編でハミルトン（Alexander Hamilton）は公共善を求める政治の必要性を説き[15]，第10編や第39編でマディソン（James Madison）は共和制の理念を説いた[16]。その結果，合衆国憲法は共和

---

(14) J. Eric Oliver and Wendy M. Rahn, *Rise of the Trumpenvolk: Populism in the 2016 Election*, 667 ANNALS 189 (2016).

(15) FEDERALIST PAPERS, No. 1 (Hamilton).

(16) FEDERALIST PAPERS, No. 10, 39 (Madison).

制を企図した内容となり，その統治システムも代表民主制が選ばれた。共和制を念頭に置いたシステムの１つが選挙人団に基づく大統領選挙である。人民が直接大統領を選ぶのではなく，選挙人団を間に挟むことでデマゴーグを防ごうとしたわけである。しかしながら，選挙人団が人民の投票結果と異なる行動をとれるかどうかについては議論があり，実際にはほとんどの選挙人団が選挙結果に従って行動している。さらに多くの州が勝者総取りシステムを採用した結果，過半数の得票を得ていない大統領が選ばれる制度になった。その結果，トランプ大統領のように，過半数の支持を獲得していないポピュリストの当選を許すことになったのである。つまり，デマゴーグを防ぐはずの選挙人団制度が過半数の支持を得ていないポピュリスト大統領を登場させる結果になったのである。

　憲法起草者らがかかる逆説的状況を予想しえなかったとすれば，共和制の理念を実践すべく選挙人団の行動を改めさせるという選択もありうる。実際，ハミルトンはフェデラリスト第68編において卑劣な陰謀を企てたり人民の支持を得ていなかったりする立候補者を選ばないようにするために選挙人団が必要であると述べている[17]。しかし他方で，憲法起草者は，人民が大統領を選出できないような事態が生じた場合など例外的場面を除き，選挙人団に選択の裁量を与えようと意図していたわけではないとの見解も有力であり[18]，現実の憲法構築[19]をみても，これまでほとんどの選挙人団は投票結果に従って行動してきた。そうなると，残された方法は選挙制度改革ということになるが，これまでの憲法構築を放棄して共和制の理念を実現するだけの意思があるかどうかが人民自身に問われる。

2　統治機構への影響

　また，ポピュリストは立憲主義や民主主義を破壊するといわれることから，立憲主義や既存の統治制度を壊してしまうのではないかという懸念がある。トランプ大統領は既に民主主義にも影響をもたらしているといわれる。レビンソン＆バルキン（Sanford Levinson and Jack M. Balkin）によれば，トランプ大統領のポピュ

---

(17) FEDERALIST PAPERS, No. 68 (Hamilton).

(18) Keith E. Whittington, *Originalism, Constitutional Construction, and the Problem of Faithless Electors*, 59 ARIZ. L. REV. 904 (2017).

(19) 大林啓吾「憲法解釈と憲法構築」Law and practice 9号41頁（2015年）。憲法構築とは，簡潔にいえば憲法実践のことである。ここでいう憲法実践は，特に憲法条文の意味が明らかでない場合に，憲法の法理を示したり慣行を形成したりすることで憲法の実践内容を明らかにすることをいう。憲法構築と憲法解釈はしばしば混在することもあるが，憲法解釈が憲法条文の意味を明らかにする作用であるのに対し，憲法構築は憲法の法的効果を明らかにする作用である。

リズムは偏向的であるがゆえに民主主義を機能不全にするという[20]。かれらは，トランプ大統領が一部の意見にしか聞く耳を持たず，人民全体の意見を聞かないので，民主的政治が行われていないというのである。また，自己保身に走り公共善を追求しないがゆえに腐敗し，共和制にも打撃を与えるとする。しかし，こうなるともはや共和制が抱える問題というよりも，ポピュリズム自体に問題があるか，そもそもトランプ大統領はポピュリストではなかったのではないかという問題になってくる。すなわち，人民の利益を求めていたはずのポピュリズムであるが，ラディカルな主張を提示していたがゆえに，政権を担ってからも他の意見を聞かないというループに陥ってしまうという内在的問題か，そのような問題がないとしても，そもそもトランプ大統領が公益を求め続ける真のポピュリズム足りえていなかったかということである。

　こうした状況は次の選挙で是正される余地があるが，それ以上に問題なのは統治機構の破壊の問題である。トランプ大統領は破壊に至らないまでも既存の統治制度や憲法構築に縛られずに行動することがある。その典型例が核オプションと呼ばれる連邦最高裁裁判官人事に関する上院規則の変更である[21]。トランプ大統領はスカリア（Antonin Scalia）裁判官の後任にゴーサッチ（Neil Gorsuch）を指名したが，民主党の反対のため，上院では採決ができずに止められていた。連邦最高裁裁判官の承認については議事妨害を終わらせるために60票が必要であったが，共和党は52議席しか確保できていなかったからである。これについては上院の規則改正（過半数で改正可能）によって変更することができるが，長年にわたりその最終兵器には手が付けられてこなかった。しかし，共和党は最終兵器を使用し，規則改正を行ってゴーサッチの承認を行ったのである。

　実際に憲法構築を変えたのは上院の共和党であったが，トランプ大統領の連邦最高裁裁判官人事を実現するために行ったことであり，実質的にトランプ大統領の意向に沿ったものであったといえる。このように，トランプ大統領は既存の憲法秩序に拘束されずに行動することがある。

　この事例は上院内の問題であるようにみえるが，この結果が影響するのは司法動向であり，実質的には司法に対する介入であったといえる。すなわち，このことはポピュリズムが立憲主義および司法に対して影響を及ぼしていることを意味

---

(20) Sanford Levinson and Jack M. Balkin, *Democracy and Dysfunction: An Exchange*, 50 IND. L. REV. 281, 289-290 (2016).

(21) Matt Flegenheimer, *Senate Republicans Deploy 'Nuclear Option' to Clear Path for Gorsuch*, N.Y. TIMES, April 7, 2017, A1.

するのである[22]。

Ⅲ　人民立憲主義と人民主権論

1　人民主権論としての人民立憲主義

　もっとも，ポピュリズムによる司法への攻撃はトランプ政権の前から始まっていた。人民立憲主義の台頭である。人民立憲主義はその名が示すように人民（popular）と立憲主義（constitutionalism）との融合をはかろうとするものであるが，それにもかかわらず司法審査の排除をも唱える。かかる企てはいかにして可能なのだろうか。

　当初，人民立憲主義は保守的傾向が続く連邦最高裁[23]へのアンチテーゼとして登場したといえる。実際，人民立憲主義の多くがリベラル派であり，そうした側面があることは否定できないであろう[24]。しかし，人民立憲主義は単なるイデオロギー的主張にとどまるわけではない。そもそも政治部門が保守派によって占められていれば意味がなくなるし，時を重ねれば連邦最高裁のイデオロギー構成にも変化が生じるかもしれないので，常にリベラル派にとって有利な議論というわけではない。また，理論的に考えてみても，単に司法を多数派に服従させるだけでは多数派の憲法判断が誤っている場合に対処できず，立憲主義は維持できなくなる。

　もちろん，クレーマー（Larry D. Kramer）やタシュネット（Mark Tushnet）など名うての論客がそうした短絡的考察を行っているわけではない。人民立憲主義の根本にあるのは民主主義を軸とした憲法秩序の実現である。クレーマーは人民立憲主義を民主的憲法秩序と融合させながら人民による憲法実施や憲法解釈を推進し[25]，タシュネットは民主主義へのコミットメントに立脚したポピュリスト的憲法を提示しており[26]，かれらの人民立憲主義は憲法秩序において人民主権を前面に押し出すものといえる。人民立憲主義を提唱する際，かれらは人民主権

---

(22) David E. Pozen, *Judicial Elections as Popular Constitutionalism*, 110 COLUM. L. REV. 2047, 2072 (2010). 大統領が連邦最高裁の裁判官の指名を通して政策実現をはかろうとすることは人民立憲主義にとって好ましいことであると指摘される。

(23) 20世紀中盤をすぎた頃から連邦最高裁は，バーガーコート，レーンキストコート，ロバーツコートと保守的コートが続いていると理解されている。

(24) Christopher W. Schmidt, *Popular Constitutionalism on the Right: Lessons from the Tea Party*, 88 DENV. U. L. REV. 523, 525 (2011).

(25) Larry D. Kramer, *Popular Constitutionalism, Circa 2004*, 92 CALIF. L. REV. 959 (2004).

(26) MARK TUSHNET, TAKING THE CONSTITUTION AWAY FROM THE COURTS 177-194 (1999).

の歴史を概観しながら（記述的正当化），人民主権に基づき人民が中心となって憲法解釈や憲法実現をはかるべき（規範的正当化）としている。たとえば，クレーマーは憲法制定前までさかのぼりながら歴史を紐解き，これまで人民が憲法を制定，実施，解釈してきたとし，人民の憲法解釈は最終的権威を有するという。しかも，人民の決定は，司法の憲法解釈はもとより憲法条文ですら乗り越えることができる，とクレーマーは考えているといわれる[27]。したがって，人民立憲主義は人民の憲法実践および憲法解釈を重視するとともに，司法が憲法解釈の最終的権威であると考える司法優越主義を批判する[28]。だからこそ，タシュネットは司法審査が人民立憲主義を妨げるとしてその排除を提唱しているのである。

とはいえ，人民立憲主義は，司法が憲法解釈の最終的権威であるかのように振る舞ったり人民の意思を妨げたりするような場合には司法審査の排除も厭わないというだけであって，司法審査の排除を目的としているわけではない[29]。たしかにタシュネットは司法審査がなくてもリベラルな社会や権利保障を実現することは可能であり，そうすることであらゆる憲法判断が人民に帰属する結果になるとしており，司法審査不要論を説いている[30]。しかし，それは司法の憲法解釈が人民立憲主義の妨げになっているからこそ司法審査不要論を説くのであって，もし人民立憲主義が実現できるのであれば，必ずしも司法審査が不要になるわけではない。

人民立憲主義は人民に根差した立憲主義の姿を表出させようとする狙いがあるのであって，そのような人民立憲主義を司法が阻む場合には政治部門の判断を尊重させた方がいいのではないかというにすぎない。ともすると，人民立憲主義は司法審査の排除というラディカルな側面ばかりが取り上げられがちであるが，人民立憲主義はあくまで人民そのものに着目し，その意思をどのように反映させるかという点に主眼がある。その論理を貫徹するならば場合によっては政治部門ですら人民の敵になりうるのであって，司法への攻撃を目的とするわけではないのである。

それでは，人民立憲主義はいかなる統治を企てようとしているのか。クレーマーやタシュネットの議論は人民を切り口として主権論を展開するものである。ゆえ

---

(27) Larry Alexander and Lawrence B. Solum, *Popular? Constitutionalism?*, 118 HARV. L. REV. 1594, 1616 (2005) (book review).

(28) Saikrishna Prakash and John Yoo, *Against Interpretive Supremacy*, 103 MICH. L. REV. 1539 (2005).

(29) Helen J. Knowles, *Remember It Is the Supreme Court That Is Expounding: The Least Dangerous Branch and Popular Constitutionalism*, 41 DAYTON L. REV. 33, 34-35 (2016).

(30) TUSHNET, *supra* note 26, at 154-176.

にそこでは，いかに人民が憲法にコミットメントしていくか，どのようにその邪魔を排除していくかに焦点が絞られ，各機関が果たしていく役割やそれぞれの憲法解釈には光が当てられていない。

さらにいえば，かれらの議論は人民主権論であるがゆえに，ポピュリズムのそれとは一線を画するように思われる。ポピュリズムは反エリートを掲げて既得権益を保護する政府の打破を目指す運動であり，ある意味，草の根的な性格を持つものである。これに対し，かれらの議論は人民が憲法を創り上げてきたというストーリーを描き出しながら，これからも憲法を創り上げていくべきとするグランドセオリーであり，眼前にある運動とは距離をおき，やや高尚な雰囲気を醸し出している。端的にいえば，ポピュリズムが反エリート的なのに対し，人民主権論はむしろ高台から人民を描写するエリート的議論 —— 高見のポピュリズム —— ではないかということである。

この点につき，グラバー（Mark A. Graber）は，タシュネットの議論が反エリート的要素に欠けており，ポピュリストではないのではないかとタシュネットに問いかけている[31]。タシュネットは自身がポピュリストであると回答した上で，自らが考えるポピュリズムとは人民の立場から公益を実現することであると述べた[32]。たしかに人民の公益実現は重要なポピュリズム的要素であり，ポピュリズムが反エリート主義を掲げるのも人民の公益を実現するためである。しかしながら，人民の公益実現はポピュリズムに限らず多くの民主主義論に見られる道標であることから，共通の目標を有しているからといって同じ議論であるとはいえない。また，人民主権論は憲法にコミットメントする人民を想定している点においてある種のエリート的人民か抽象的人民を念頭に置いているが，ポピュリズムにとっての人民は社会運動を推進している者たちである。そのため，対象となる人民にも差があり，反エリート主義のポピュリズムとは溝があると考えられる。

2　ポピュリズムとしての人民立憲主義

人民立憲主義の議論は人民の動向，とりわけ社会運動に言及する議論が多い[33]。なぜなら，人民の意思を実現するためには人民のために政府を機能させる

---

(31) Mark A. Graber, *The Law Professor as Populist*, 34 U. RICH. L. REV. 373, 380-395 (2000).

(32) Mark Tushnet, *Politics, National Identity, and the Thin Constitution*, 34 U. RICH. L. REV. 545, 553 (2000).

(33) *See, e.g.,* Robert Post and Reva Siegel, *Popular Constitutionalism, Departmentalism, and Judicial Supremacy*, 92 CALIF. L. REV. 1027 (2004).

ことが必要であり，政治部門が人民のために機能していないときは社会運動によってその意思が明らかにされることがあるからである。

したがって，人民立憲主義にとって好ましくない存在となるのは司法だけに限らず，政治部門も対象になるのである。人民立憲主義は，司法と政治部門との間の問題ではなく，あくまで人民に光を当てた議論なのである。そのため，政府機関以外における人民の意思，すなわち社会運動が重要な役割を担うことになる。とりわけ，一部の階層の利益のために働くエリート層によって政治部門や司法が占められているとき，人民の利益の実現はまさにポピュリズムにかかってくるのである。

ただし，ポピュリズムを提唱・擁護するだけでは立憲主義と接合しない。人民のための政治といえば聞こえはいいが，それによって権力チェックなどの立憲主義的原理が破壊されてしまってはむしろ立憲主義と衝突することになる。そのため，人民の利益と立憲主義が共存する統治構想を考えなければならない。

Ⅳ 憲法秩序内の人民立憲主義

1 ソロンのディカステリア

そのヒントが古代アテネ（アテナイ）にある。アテナイの共和制こそが人民立憲主義の嚆矢とされるからである[34]。紀元前7世紀頃，アテナイではソロン（Solon）がディカステリア（dikasteria）を考案したとされる[35]。「古代アテネの法制度の核心は人民の裁判所，すなわちディカステリアであった……」[36]と指摘されるように，ディカステリアはきわめて重要な機関であった。というのも，人民が裁判を行うことは単に裁判権の行使のみならず主権の行使につながるものだったからである。そのため，「人民が自らの政治力を強化するように裁判権を行使できるようにしたのであり，ソロンは意図的に普通の一般人を法の世界に取り込んだと考えられている」[37]。

ディカステリアは毎年市民の中から6000人が選び出され，さらにその中から個々の事件に当たる者が選び出されて審理に当たるという仕組みになっていた

---

(34) Keith Werhan, *Popular Constitutionalism, Ancient and Modern*, 46 U.C. DAVIS L. REV. 65（2012）.

(35) Morris B. Hoffman, *The Case for Jury Sentencing*, 52 DUKE L.J. 951, 957（2003）.

(36) Mark J. Sundahl, *The Living Constitution of Ancient Athens: A Comparative Perspective on the Originalism Debate*, 42 J. MARSHALL L. REV. 463, 480（2009）.

(37) ARISTOTLE OF THE CONSTITUTION OF ATHENS, 15-16（Translated by E. Poste, M.A., 2d. ed., 1993）.

(38)。つまり，専門職裁判官が裁判を行うのではなく，一般市民が裁判を行う仕組みになっていたのである。管轄する事件は主として刑事裁判的要素を帯びるものが多く，たとえばデーモス（demos）が被告人を糾弾した場合や500ドラクマ（当時の通貨単位）以上の罰金となる事件はディカステリアで審理することになっていた(39)。

こうした制度は陪審制度に類似しているが，陪審制度と異なり，ディカステリアは一般市民が事実認定から量刑，そして判決までの裁判職務を行った(40)。また，審理に参加する人数も陪審制度と異なっており，500人で審理を行うこともあった。評決は多数決で決めることになっており，議論を行わずに各自の意思で判断し，先例に拘束されない点も陪審制度と異なる点である。このように，民主的機関としての性格を持ちながらも，立法機関とは異なる特徴を有するディカステリアは人民の裁判所（popular court）と位置づけられていた。

また，アテナイでは一般市民が民会の違法行為に対して公訴（graphe paranomon）することができ，ディカステリアはこの種の事件を審理していたことも見逃せない(41)。公訴は民会が人民に対して違法な立法行為を行っている場合などに提起されるため，ディカステリアは公益の観点から立法の違法性を判断する役割，すなわち事実上の司法審査を行っていたのである(42)。

司法が公益の観点から立法の違法性を判断することができたのは，ディカステリアが民主的機関であったことが大きい。非公選の裁判官による司法審査は権力分立の要請や民主主義の要請により公益の是非については政治部門の判断に敬譲するのが一般的である。しかし，ディカステリアは民主的機関であり，かつ人民が直接判断していることから生の公益を直に判断することができるのである。

ディカステリアによる公益の判断はポピュリズムにも関連する。ディカステリアは民会が実施する公益が人民全体の利益になっていないと考える場合に違法判断を下すことから，その機能は人民全体の利益のための政治が行われていないことを糾弾するポピュリズムに近い。このように司法がポピュリズムの実践に寄与

---

(38) 清宮敏「古典期アテナイの裁判制度と共和政期ローマの裁判制度」東北福祉大学研究紀要26巻243頁（2001年）。

(39) Raphael Sealey, *Ephialtes, Eisangelia, and the Council, in* ATHENIAN DEMOCRACY 321 (edited by P.J. Rhodes, 2004).

(40) Werhan, *supra* note 34, at 77-78.

(41) *Id.* at 96-108.

(42) *Id.* at 96. ワーハン（Keith Werhan）によれば，アリストテレス（Aristoteles）が「人民が裁判所で評決を行う権利を有しているのであればそれは人民が憲法をコントロールしていることに他ならない」と述べていたことも司法審査に近いものであったことを物語っているという。

するシステムはまさに人民立憲主義的構想であるといえる。

ワーハンはディカステリアが人民立憲主義のモデルであるとした上で，現代の立憲主義においても準用することができると考える[43]。ワーハンによれば，権力抑制を軸とする立憲主義にとって司法審査は不可欠なものであることから，それを維持しながら，司法が市民の利益を踏まえたり，あるいは様々な公衆の意見に耳を貸したりして判断することによって人民立憲主義が可能になるという。

もちろん，非公選の裁判所はディカステリアと異なり民主的正当性を有しているわけではないので，反多数主義の難点の問題を解消できるわけではない。しかし，少なくともポピュリズムとは整合する可能性があり，人民立憲主義の構想としては魅力的なものとなってこよう。

2 司法と人民立憲主義

もっとも，人民主権論からすると，こうした構想は人民立憲主義として認められない。タシュネットは司法が人民の意思を掬い上げようとする構想は司法に重要な役割を与えている時点で人民立憲主義ではないとする[44]。人民主権論からすれば，人民が直接憲法にコミットメントし，さらに人民が最終的な憲法解釈の権威になってこそ人権立憲主義が成り立つわけであり，司法が人民の意思を代替してそれを最終的な権威とすることは受け入れがたいのである。それ以前に，そもそも司法が人民の意思を掬い上げることができるか否かという問題もあり，かかる構想は人民主権論と相当の距離がある。

しかしながら，人民主権論者が，人民主権が実施されてきたという歴史的事実を1つの正当化論拠にする以上，司法もその歴史の中に存在し続けたわけであり，人民の敵として司法審査を排除することはやや論理の飛躍があるといわざるをえない。たとえば，クレーマーによる記述的描写は，司法がそれを妨げているとする場面も散見されるものの[45]，これまでに人民立憲主義が実践されてきたことを示すものである。とりわけ，司法優越主義的傾向は人民主権論と相いれないであろうが，それでも司法審査を排除するという選択はこれまでの統治機構に大きなメスを入れるものであり，権力統制を主眼とする立憲主義に大きな綻びができてしまうおそれがある[46]。

---

(43) *Id.* at 128-130.

(44) Mark Tushnet, *Popular Constitutionalism as Political Law*, 81 CHI.-KENT L. REV. 991, 996 (2006).

(45) たとえば，クレーマーは Bush v. Gore, 531 U.S. 98 (2000) を挙げている。

(46) Robert Justin Lipkin, *The New Majoritarianism*, 69 U. CIN. L. REV. 107, 148 (2000).

［憲法研究　第 2 号（2018.5）］

人民立憲主義が立憲主義の名を冠する以上，それと親和的でなければならず，そのためには司法審査を排除するのではなく，それをポピュリズムと接合しうるような統治構想を提示すべきである。

ディカステリアを参照しながら人民立憲主義的要素を考慮に入れた司法のあり方を提示するワーハンの見解はまさにこの方向性を示している。近時，人民の動向を踏まえた司法審査の重要性を指摘する議論があるが，これも同じベクトルにあるといえよう。たとえば，ポスト＆シーゲル（Robert Post & Reva Siegel）によれば，憲法価値の実現に際し政府が果たす役割と人民の動向が重要であるとした上で，司法は人民が提示する価値や理念に基づいて判断することで司法審査の正当性を確保することができるという(47)。実際，これまでにも連邦最高裁は社会運動に影響を受けており(48)，社会運動は政府の政治に対して民主的に反対意見を提示するという点においても重要な役割を果たす(49)。「連邦最高裁は憲法アクターとして決定的に重要であり，社会運動との相互作用が法にとって欠かせないのである」(50)。

ゆえに司法は社会運動によって表出された人民の意思を掬い上げる必要があるわけであるが，問題はその方法である。通常，社会運動は政権の支持率や次の選挙に影響を及ぼすので，その対応を迫られるのは主として政治部門であるが，司法もこれをいかす方法があるだろうか。

当然ながら，司法がそれに関わることができるのは裁判を通してであるため，そのコミットメントは限定的にならざるをえない。しかし，社会運動はしばしば権利の獲得に関連していること(51)を踏まえると司法がその意思を掬い上げることができるかもしれない。

ボーモント（Elizabeth Beaumont）によれば，憲法には権利が列挙されていることから，憲法上の権利に関する判断は社会運動が求める憲法変化を判断する際

---

(47) Robert Post & Reva Siegel, *Roe Rage: Democratic Constitutionalism and Backlash*, 42 HARV. C.R.-C.L. L. REV. 373, 379 (2007). なお，かれらは司法審査を排除するアプローチを人民立憲主義と措定した上で，それと区別した民主的立憲主義（democratic constitutionalism）を提唱している。

(48) Reva Siegel, *Constitutional Culture, Social Movement Conflict and Constitutional Change: The Case of the De Facto ERA*, 94 CAL. L. REV. 1323 (2006).

(49) Lani Guinier, *The Supreme Court, 2007 Term: Foreword: Demosprudence Through Dissent*, 122 HARV. L. REV. 4, 56-63 (2008).

(50) ELIZABETH BEAUMONT, THE CIVIC CONSTITUTION: CIVIC VISIONS AND STRUGGLES IN THE PATH TOWARD CONSTITUTIONAL DEMOCRACY 14 (2014).

(51) Post and Siegel, *supra* note 33, at 1036-1037. ポスト＆シーゲルによれば，人民立憲主義は憲法上の権利の実現にコミットメントしてきたという。

の指標にもなりうると指摘している[52]。換言すれば，司法が憲法解釈において社会運動が推進する憲法上の権利を考慮することで，ポピュリズムと立憲主義との緊張関係を緩和し，人民立憲主義を推進することができる[53]。このように，人民立憲主義は司法の役割を肯定することで，立憲主義との関係を維持しながらポピュリズムを実践できる可能性があるのである。

後　　序

　本稿では，トランプ大統領とポピュリズムとの関係が惹起する問題を契機に，ポピュリズムが立憲主義や民主主義に投げかける問いを考えながら，立憲主義の内側でポピュリズムを活用しうる統治構造を模索してみた。人民主権論の観点からポピュリズムを捉えると，人民の憲法コミットメントが前面に押し出され，統治機関の憲法解釈が後景に押しやられてしまう結果となる。それは機能不全に陥った統治構造に対する1つの治療法ではあるものの，そうした荒療治は逆にこれまで築いてきた憲法秩序を揺るがし，場合によっては立憲構造自体を壊してしまうおそれがある。それよりも，憲法構造を維持したまま，ポピュリズムが部分的に反映されるような憲法秩序を構想しようと試み，そこでは司法も一定の役割が担えるのではないかというのが現時点での結論である。

　それでは，かかる構想は現況をどのように考えることになるだろうか。バルキン（Jack M. Balkin）は，憲法が危機に陥る状況を憲法的危機と憲法的衰退の2種類に分け，前者はいかなる立憲政体においても起こりうるが，後者は共和制に固有のものであるとする[54]。そしてトランプ大統領がまさに健全な共和制を破壊し，憲法的衰退になっているというのである。バルキンによれば，憲法的衰退は，政府が人民の声を聞かず公共善を追求しなくなり，代わりに一定の集団の利益だけを追求することで生じる腐敗のプロセスであるという。

　一定のイデオロギーを実現するというポピュリズムの特徴を踏まえると，こうした状況はポピュリズムによってもたらされている可能性もあり，ポピュリズムと立憲主義の相性は良くないように思える。しかもこのような状況下では，司法が人民立憲主義に親和的な憲法判断を行ったとしてもその治療にはならないだろう。

---

(52)　BEAUMONT, *supra* note 50, at 1-25.

(53)　Corey Brettschneider, *Popular Constitutionalism Contra Populism*, 30 CONST. COMMENTARY 81, 84 (2015).

(54)　Jack M. Balkin, *Constitutional Crisis and Constitutional Rot*, 77 MD. L. REV. 147 (2017).

しかし，司法は常にポピュリズムの主張に耳を傾ける必要があるというわけではなく，政府が人民の意思を聞かずに公益の実現をはかっていない場合に，社会運動が求める権利の実現を考慮する必要があるということである。このような人民立憲主義の構想は，現実の政治がポピュリズムの観点から不断に吟味されることをほのめかすものでもある。

7 朴槿恵大統領弾劾と韓国の民主主義

國 分 典 子

はじめに
Ⅰ　弾劾事件の論点と判断
Ⅱ　弾劾決定にみられる立憲主義と民主主義の関係
Ⅲ　大統領罷免決定後の議論
おわりに

は じ め に

　2017年は，朝鮮半島が注目される年となった。日本において最大のニュースとなったのは，北朝鮮の核開発の問題であったが，韓国においてより大きなニュースであったのは，朴槿恵大統領の弾劾審判であったといってよいであろう。いわゆる「崔順実ゲート」を巡る一連の不正事件は，韓国では「国政壟断」と呼ばれて民主主義を揺るがすものと捉えられ，民主化後の韓国の統治構造そのものを見直す契機ともなっている。

　本特集の課題は，世界の憲法状況を踏まえて，民主主義のあり方を考えることであるが，韓国において朴槿恵大統領の弾劾事件はまさにこの「民主主義のあり方」が直截に韓国の憲法論上に浮上した事件であった。

　以下では，この弾劾事件の中で何が問題とされたのかを振り返ることから，韓国における民主主義の方向性を考えることとしたい。

Ⅰ　弾劾事件の論点と判断

1　違憲性および違法性についての論点

　弾劾事件の発端は，朴槿恵大統領の友人崔順実に青瓦台（＝大統領官邸）が金銭的な便宜をはかり，また崔順実に青瓦台の主要文書が流出し，崔順実が国政に秘密裏に介入していたことが報道されたことであった[1]。大統領は大統領当選後の一時期，崔順実に相談したことなどを認める談話（第1談話[2]）を発表した

が，大統領に対する非難は高まった。キャンドル・デモが続く中で，国会では民間人による国政壟断についての国政調査[3]が行われ，特別検事が任命されるとともに，2016年12月3日に171名の議員による大統領弾劾訴追案が発議され，9日の本会議で在籍議員300名のうち234名の賛成で可決された[4]。こうして弾劾審判が開始することとなったのであった。

　弾劾訴追で挙げられた論点は多岐に亘り，5種類の違憲行為と4種類の違法行為が弾劾訴追理由として挙げられている[5]。その中で違憲行為の第1に挙げられたのが，大統領の行為が国民主権および法治主義に違反するという点であった。すなわち，崔順実に対して公務上の秘密を漏洩し，崔順実とその親族や彼女に近い人々が国家政策や高位の公職人事に関与するようにさせたこと，大統領権力を濫用して私企業に資金を出させ，崔順実らに特恵を与えることを強要する等，国家権力を私益の道具としたことが，国民主権主義および代議民主主義の本質を毀損し，大統領の憲法守護および憲法遵守義務に違反するとされたのであった。

　なお憲法裁判所は，準備期日に，本件の争点を崔順実の国政介入および大統領の権限濫用行為，言論の自由の侵害行為，生命権保護義務違反行為，賄賂授受等各種刑事法違反行為にまとめ，またさらに両当事者の同意を得て，訴追事由を①秘線組織[6]による人治主義に基づく国民主権主義および法治国家原則等に対する違背，②大統領の権限濫用，③言論の自由侵害，④生命権保護義務違反，⑤賄賂授受等の各種刑事法違反に整理している[7]。

　このうち，③については認定されず，④については弾劾審判対象とならないとされており，崔順実の国政介入と大統領の権限濫用が憲法にどのように違反するのかが判旨の主たる部分を占めることとなった。具体的には，大統領の公益実現

（1）韓国の保守系放送局JTBCのスクープがきっかけになった。弾劾審判に至る経緯について，法的観点から日本語で論じたものとして，李京柱「韓国における大統領疑惑と民主化運動のダイナミックス」法と民主主義515号（2017年）10-15頁。
（2）朴槿恵前大統領は，この事件に関して計3回の談話を発表し，釈明と謝罪を行っている。
（3）韓国憲法第61条第1項は，国会の国政調査権について規定している。
（4）韓国憲法第65条第2項によれば，大統領の弾劾訴追の場合の要件は通常の弾劾訴追より厳しく，在籍議員の過半数による発議と在籍議員の3分の2以上の賛成が必要とされている。
（5）これらの違憲行為および違法行為については，國分典子「韓国における大統領弾劾審判とその基準」戸波江二先生古稀記念『憲法学の創造的展開』（信山社，2017年）537-540頁で述べた。
（6）「秘線」とは「正式のラインではないこと」を指しており，「秘線組織」とは非公式ないし影の組織として実権を握っていた者たちのことを指している。
（7）2017年3月10日憲法裁判所決定，2016헌나1，공보245호（2017）7-8参照。

義務違反（憲法第7条第1項等違反），企業の自由および財産権侵害等（憲法第15条，第23条第1項違反），守秘義務違反を認定している。

公益実現義務について，憲法第7条第1項は「公務員は，国民全体に対する奉仕者であり，国民に対して責任を負う」としているが，弾劾決定の中で憲法裁判所は，「大統領は行政府の首班として最も強力な権限を有している公務員であって誰よりも『国民全体』のために国政を運営しなければならない。憲法第69条は大統領が就任に際して『憲法を遵守』し，『国民の福利増進』に努力し，『大統領としての職責を誠実に遂行』することを宣誓するようにすることで，大統領の公益実現義務を再度強調している。大統領は『国民全体』に対する奉仕者として特定政党，自身が属する階級・宗教・地域・社会団体，自身と親交がある勢力の特殊な利益等から独立して国民全体のために公正かつ均衡をもって業務を遂行する義務がある」とした[8]。

企業の自由および財産権侵害については，私企業からの金品出捐や特恵の強要による企業の財産権侵害や私企業人事への介入による職業選択の自由の侵害が弾劾訴追事由として挙げられていたが，憲法裁判所は，「大統領の財産・経済分野についての広範囲な権限および影響力，非正常な財団設立過程と運営状況等を総合してみると，被請求人から出捐要求を受けた企業としては，これを受容せざるを得ない負担と圧迫を感じるのであって，これに応じない場合，企業運営や懸案解決と関連して不利益があるかどうかわからないという憂慮等で事実上被請求人の要求を拒否することが困難であったと考えられる」[9]として，侵害があったことを認めた。

さらに守秘義務違反についても，「大統領は高度の政策的決定を下す過程で重要な国家機密を多く知ることになるので，大統領の守秘義務が有する重要性は他のどのような公務員の場合よりも大きく重い」[10]とし，大統領の指示と黙認によって，崔順実に流出された文書には，大統領の日程・外交・人事・政策等に関連した内容が含まれており，「これらの情報は大統領の職務と関連するもので，一般に知られると行政目的を害する憂慮があり，実質的に秘密として保護する価値があるものであって，職務上，秘密に該当する」[11]として，国家公務員法第60条の秘密厳守義務違反を認めている。

（8） 前掲공보245호19.
（9） 前掲공보 245호20.
（10） 前掲공보 245호21.
（11） 前掲공보 245호21.

2 罷免決定の基準

ところで，弾劾審判において請求が認容されて罷免が決定されるには，単なる法違反ではなく「重大な法違反」のあることが必要とされている。この「法違反の重大性」に関連して，憲法裁判所は「法違反が重大か否か」あるいは「罷免が正当化されるか否か」は，「『法違反の重大性』と『罷免決定による効果』の間の法益衡量を通じて決定される」としている(12)。これは韓国憲法裁判所の弾劾審判の唯一の先例である2004年の盧武鉉大統領弾劾審判事件で示された要件であった。朴槿恵大統領についての2017年決定は，2004年決定の基準に準じて行われている。以下，2004年決定の示した大統領罷免基準の特徴をみておきたい。

2004年決定で，憲法裁判所は，弾劾を規定する憲法第65条について「行政府および司法府の高位公職者による憲法違反や法律違反について弾劾訴追の可能性を規定することによって，かれらによる憲法違反を警告し，事前に防止する機能を営み，国民により国家権力の委任を受けた国家機関がその権限を濫用し，憲法または法律に違反する場合には，再度その権限を剥奪する機能を有する。すなわち，公職者が職務遂行において憲法に違反する場合，かれに対する法的責任を追及することをもって憲法の規範力を確保しようとすることがまさに弾劾審判手続の目的および機能であるのである」(13)としている。ここで述べられているのは，法的責任の追及であって政治的責任の追及ではない。但し，憲法第65条が公職者の中でも大統領の弾劾訴追については特別多数を要求していることを踏まえ(14)，憲法裁判所は，殊に大統領の罷免決定は「国民が選挙を通じて大統領に付与した『民主的正当性』を任期中に再び剥奪する効果をもっており，職務遂行の断絶による国家的損失と国政の空白は無論のこと，国論の分裂現象，すなわち大統領を支持する国民とそうではない国民の間の分裂と反目による政治的混乱をもたらしうる。従って大統領の場合，国民の選挙により付与された『直接的民主的正当性』および『職務遂行の継続性に関する公益』の観点が罷免決定をすることにおいて，重要な要素として考慮されねばならず，大統領についての罷免効果がこのように重大であれば，罷免決定をする事由もこれに相応する重大性を有さなければならない」(15)としている。この文脈に従えば，先に述べた「『法違反の重大性』と『罷

---

(12) 2004年5月14日憲法裁判所決定，2004헌나1，판례집16권1집 (2004) 655.

(13) 前掲판례집16권1집 632.

(14) 注4参照。第65条第2項は大統領以外については，在籍議員の3分の1以上の発議と在籍議員の過半数の賛成としている。

(15) 前掲판례집16권1집655.

免決定による効果』の間の法益衡量」は憲法守護という弾劾審判の目的の観点と国家的ないし政治的損失（国民の信任の剥奪による職務遂行の断絶，国政の空白，国論の分裂＝政治的混乱）という効果の観点に対応していると考えられる。

この目的と効果の衡量に対応する形で，「大統領を罷免する程度に重大な法違反」について，2004年決定は「罷免決定を通じて憲法を守護し，傷つけられた憲法秩序を再び回復することが要請される程度に，大統領の法違反行為が憲法守護の観点から重大な意味を有する場合」であることと，「国民の信任を任期中にもう一度剥奪しなければならない程度に大統領が法違反行為を通じて国民の信任に背いた場合」であることという2つの基準を提示している(16)。このうち前者は，「自由民主的基本秩序を危うくする行為であって，法治国家原理および民主国家原理を構成する基本原則に対する積極的な違反行為」を意味するものであり，後者の「国民の信任に背反する行為」とは，「『憲法守護の観点から重大な法違反』に該当しないそれ以外の行為類型までもすべて包含するものであって，自由民主的基本秩序を危うくする行為以外にも，例えば賄賂の授受，不正腐敗，国家の利益を明白に害する行為がその典型的な例となるものである」(17)とされる。

ここで注意したいのは，憲法裁判所の示した2つの基準はどのような関係にあるのかという点である。2つの基準が2つの法益に対応しているとすれば，2つの基準は併存し，相対するものではないかと想定される。しかし，2004年決定の中の2つの基準の説明の最後の部分では，「結局，大統領の職を維持することがこれ以上憲法守護の観点から容認できなかったり，大統領が国民の信任を裏切り国政を担当する資格を喪失した場合に限り，大統領に対する罷免決定は正当化される」(18)と述べられており，罷免にはどちらか一方の基準を満たせばよいものと考えられている。さらに「国民の信任に背反する行為」が前述のように「『憲法守護の観点から重大な法違反』に該当しないそれ以外の行為類型までもすべて包含するもの」であるならば，後者の基準は前者を包含することになるのではないかと考えられるのである(19)。

3　朴槿恵大統領弾劾事件における国民の信任の問題

以上の2つの基準に照らして，2004年決定の盧武鉉事件における判旨は，「罷免決定を通じて憲法を守護し，傷ついた憲法秩序を再び回復することが要求され

---

(16) 前掲판례집16권1집656.
(17) 以上，前掲판례집16권1집656.
(18) 前掲판례집16권1집656-657.

る程度に，大統領の法違反行為が憲法守護の観点から重大な意味をもつとはみることができず，また大統領に附与した国民の信任を任期中に再び剥奪しなければならない程度に国民の信任に背いた場合に該当するともみることができ」ない[20]として，２つの基準のどちらにも当てはまらないことを明らかにした。一方，朴槿恵事件の2017年決定では，「本件憲法及び法律違反行為は国民の信任に背反する行為として憲法守護の観点から受け入れられない重大な法違背行為であると見なければならない」[21]として，後者の基準をもって前者の基準が充足されるという説明となっている。

　このような2004年決定と2017年決定の違いについては，基準が変化したと捉える見方もある[22]。しかし，2004年決定の中で既に前述のように後者が前者を内包するような説明がなされていることを考えるならば，２つの決定の違いは「基準の変化」というよりは事件の性質の違いに基づく説明の仕方の違いとみるべきものではないかと考えられる。

　２つの決定の違いをどのように捉えるにせよ，ここから帰結されるのは2017年決定が大統領弾劾において「国民の信任」の問題が決定的な意味をもつことを明らかにしたということであった。このことは大統領罷免決定の最終的な論点は民主主義の問題に帰着するということを示している。弾劾は本来，法的責任の追及と捉えられている。この点は2004年決定でも2017年決定でも変わりはない。しかし，こと大統領については，前述のように，国家元首（憲法第66条第１項），行政

---

(19) この点については，國分前掲「韓国における大統領弾劾審判とその基準」545-547頁でも言及した。なお，後者の基準から罷免に至るには，単に「国民の信任に背反する」のみでは足りず，「大統領の法律行為」が「国民の信任を任期中にもう一度剥奪しなければならない程度」のものであることが要求される。このような例として2004年決定では，「大統領が憲法上付与された権限と地位を濫用し，賄賂の授受，公金の横領等，不正腐敗行為を行う場合，公益実現の義務がある大統領として，明白に公益を害する活動を行う場合，大統領が権限を濫用し，国会等，他の憲法機関の権限を侵害する場合，国家組織を利用し，国民を弾圧する等，国民の基本権を侵害する場合，選挙の領域で国家組織を利用し，不正選挙運動を行ったり，選挙運動の操作をたくらむ場合には，大統領が自由民主的基本秩序を守護し，国政を誠実に遂行するだろうという信頼が失われたために，これ以上，国政を任せられない程度に至ったと見なければならない」（前掲판례집16권１집 656）としている。但し，ここでも「自由民主的基本秩序を守護する」ことについての「信頼性」が失われるだけで足り，自由民主的基本秩序の侵害までが要求されているわけではない。

(20) 前掲판례집16권1집658.

(21) 前掲공보245호24.

(22) 2004年と2017年の決定を比較する憲法裁判研究院のキム・ジンウク憲法研究官は両者の間で基準が変化したとみている（김진욱「탄핵요건으로서 헌법이나 법률 위반의 중대성 – 헌법 제65조제１항과 헌법재판소법 제53조 제１항의 해석을 중심으로 –」저스티스 161호（2017）37-38頁）。

府の首班（同第4項），選挙によって選ばれ，直接的な民主的正当性を有する「代意機関」という点（憲法第67条第1項）で，「他の弾劾対象公務員とは政治的機能と比重において本質的な差異があ」るものと捉えられており(23)，それが故に「直接的民主的正当性」および「職務遂行の継続性に関する公益」の観点が「重要な要素」とされるというのが憲法裁判所の見解であった。この2つの要素は共に政治的ないし政策的性格を有する。これらの要素は，盧武鉉大統領の事例のように，国民が大統領に同情的である場合には弾劾を阻む重要な要因となりうる。しかし，朴槿恵大統領の事例のように大統領への国民の批判が強い場合には，これらの要素は「国民の信任」の問題に吸収される格好となる。2017年決定が，大統領の行為を「国民の信任に背反する行為として憲法守護の観点から受け入れられない重大な法違背行為である」とした先に挙げた部分に続く箇所で，「そうであるならば，被請求人の法違背行為が憲法秩序に与えるようになった否定的な影響と波及効果は重大であって，国民から直接民主的正当性を付与された被請求人を罷免することで得る憲法守護の利益が大統領罷免に伴う国家的損失を圧倒する程度に大きいと認められる」と判示していることは，端的にこのことを示している。

　翻って朴槿恵大統領弾劾事件の第1の訴追事由をみると，「国民主権主義および代議民主主義の本質を毀損し，大統領の憲法守護および憲法遵守義務に違反する」という争点が挙げられていた。憲法裁判所は判旨の最後の部分でこれを認め，大統領が崔順実らの国政介入を許し，国民から委任を受けた権限を濫用して崔順実らの私益追求を助け，反面でこれらの事実を隠蔽したことは「代議民主制の原理と法治主義の精神を毀損する行為として大統領としての公益実現義務に重大に違反するものである」(24)と述べている。「自由民主的基本秩序の本質的内容」については，2004年決定が過去の判例(25)を引用して，法治国家原理の基本要素である『基本的人権の尊重，権力分立，司法権の独立』と民主主義原理の基本要素である『議会制度，複数政党制，選挙制度』等で構成されているとしており，2004年決定では，これらの基本原則に積極的に違反する行為を「自由民主的基本秩序を脅かす行為」と位置づけていた(26)。本件多数意見が朴槿恵大統領の行為

---

(23) 前掲판례집16권1집655.
(24) 前掲공보245호24.
(25) 憲法裁判所1990年4月2日決定，89헌가113，판례집2권(1990)64. なお国家保安法の違憲性が問われたこの決定では，「自由民主的基本秩序に危険を与える」ものについて，「より具体的に述べるならば，基本的人権の尊重，権力分立，議会制度，複数政党制度，選挙制度，私有財産と市場経済を根幹とする経済秩序，および司法権の独立等，われらの内部体制を破壊・変革させようとするものと解釈することができる」としている。
(26) 前掲판례집16권1집656.

［憲法研究　第2号（2018.5）］

を「代議民主制の原理と法治主義の精神を毀損する」と述べつつもそれを大統領
の公益実現義務違反の理由とするにとどめ，「自由民主的基本秩序を危うくする
行為であって，法治国家原理と民主国家原理を構成する基本原則に対する積極的
な違反行為」という第1基準違反としなかったことは先例に従って第1基準を厳
格に解するものである反面，第1基準についての限界事例を第2基準で掬い取っ
たとみることができるものでもある。

II　弾劾決定にみられる立憲主義と民主主義の関係

1　憲法裁判所と民主主義の関係

　以上のことは，憲法裁判所が大統領弾劾において民主主義の問題に非常に深く
コミットするという韓国の統治機構の特徴を示している。朴槿恵大統領弾劾事件
の史的位置づけを考察する学者の間では，87年体制[27]の下で崔順実ゲートの発
覚以降，キャンドル・デモを行った市民たちが問題解決のために採り得た唯一の
方策が国会に大統領の弾劾訴追を要求することであったという指摘がある[28]。
現行憲法上，大統領は5年の任期満了までは弾劾手続を通じて以外，辞めさせる
ことはできない。そして，法制度的には大統領を退陣に至らしめる唯一かつ最終
的な判断権が憲法裁判所に委ねられているのであった。
　韓国の憲法裁判所はドイツの影響を強く受けているといわれており，その権限
も，いわゆる具体的規範統制にあたる違憲法律審判，憲法訴願審判のほかに，権
限争議審判，政党解散審判，そして弾劾審判の5種類の権限となっている。この
うち，権限争議，政党解散，弾劾の審判はそもそも政治部門の権限についての審
査を憲法裁判所に委ねることを想定しているものであって，その意味では韓国憲
法は憲法裁判所が政治の領域にコミットすることを最初から予定しているものと
いうことはできよう。但し，それは政治的判断権を憲法裁判所に与えたというわ
けではない。憲法秩序を守護する機関として憲法裁判所に与えられた権限に基づ
き，政治部門の領域においても憲法解釈に基づく判断を求められるというに過ぎ
ない。政党解散については，憲法第8条第4項の明示する「民主的基本秩序に違
背する」か否かの解釈を行うに過ぎず，大統領弾劾についても「憲法又は法律に
違背する」か否かの解釈として上述のような判断基準が示されたに過ぎないとみ

---

(27)　民主化とともに行われた1987年の憲法改正の下での体制を指す。

(28)　이국운「87년체제를 극복한 새로운 정치의 모색 – 박근혜 탄핵 결정의 역사적 의미」
　　황해문화95호（2017）104頁参照。

114

ることができる。しかし，ここで必要とされる憲法解釈権行使の中には，「守護すべき憲法」の内容を明らかにするという権限が含まれている[29]。このため，憲法の保障する民主主義とは何かを明らかにし，それに違反するものをチェックする役割が憲法裁判所に与えられているということになる。法治主義，立憲主義を守る機関とされる憲法裁判所が韓国においてしばしば民主主義を守護する機関と捉えられているのはこうした理由に基づくものである[30]。

2　補充意見にみる憲法裁判所の役割

　ところで，裁判官全員一致[31]で行われた2017年決定には安昌浩裁判官の極めて長い補充意見が付けられている[32]。この補充意見の冒頭では，「いわゆる『帝王的大統領制（imperial presidency）』と批判されるわが憲法の権力構造がこのような憲法および法律に対する違反行為を可能にした必要条件であると考える。従ってこれを明らかにすることが本件審判の憲法的意味を分明にし，今後憲法改正の方向を模索するのに必要であると考え，以下のように補充意見を開陳する」と述べられており，その内容は，事件そのものに対する意見を超えて韓国の統治構造の問題を採り上げるという異例のものであった。そこでは，憲政史から説き起こして本件のような問題を生じる背景，権力構造の問題点が指摘されている。

　この補充意見でまず採り上げられているのは，大統領の権力について，「権力形成」の民主的正当性の面では過去と比較し高く評価できるものの，「権力行使」の民主的正当性の面では，過去の権威主義的方式から大きく変わっていないという点である。具体的には，法案提出権，予算編成・提出権，広汎な行政立法権が挙げられ，これらが大統領に集中しており，それに対する「効果的な憲政装置がない，あるいはきちんと作動していない」ことが問題とされている[33]。一方，韓国経済が急速に発展した結果，1987年の憲法改正当時から比べると国家経済規模は10余倍に拡張し，社会的葛藤も多層的かつ拡大しているため，大統領の業務

---

(29) 憲法第66条第2項で憲法守護義務を規定されている大統領も憲法守護機関ではあるが，この点が憲法裁判所との大きな違いであるとみることができよう。

(30) 緒方義広「憲法裁はなぜ『ろうそく民心』にしたがったのか―韓国の民主主義と憲法秩序―」世界895号（2017年）217頁は，「憲法裁が担うのは憲法秩序の維持であり，それはそもそも民意によって勝ち取られた民主主義体制そのものだ」とする。

(31) 但し，9名の裁判官中，裁判所長は本件審理中に定年退職したため，本件決定は8名の裁判官で行われている。

(32) 本件補充意見は2つあり，もう1つは2人の裁判官による，大統領の生命保護義務を巡る内容のものであった。安昌浩裁判官の補充意見は全36頁の本件決定中，5頁に亘る長さのものであった。

(33) 前掲공보245호31.

は量的のみならず質的に専門化，多様化，複雑化している。そのような状況で大統領に権力を集中させている現在の統治構造が崔順実らの国政介入を助長させ，権力行使の民主制と政治的透明性の確保に深刻な問題を生むことになったこと，またこの点に関連して「韓国の持病」ともいわれる「政経癒着」の問題(34)が財閥企業を中心に経済が牽引されてきた韓国では民主化後も解消されてこなかったことにも言及されている。

こうした社会状況を踏まえ，この補充意見は，「国民が選出した大統領に権限を集中させたわが憲法の歴史，国民の個別国家機関に対する信頼度，南北分断による安保の現実，政府形態についての国民の法感情等を考慮すると，二元執政府制，議院内閣制または責任総理制の実質化等が国民の選択により，現行憲法の大統領制に対する現実的な代案となりうる」(35)とするほか，地方自治の強化や比例代表制の拡大，直接民主制の方途の検討の必要性まで含む具体的提言をしている。

統治構造改革案にまで踏み込んだこの補充意見は，日本人からみれば，奇異に映る。しかし韓国では，憲法裁判所の裁判官の中でも最も保守的な立場と想定されていた(36)安昌浩裁判官が改革の積極的な意見を述べたことがむしろ好意的に受け止められているようである。

同裁判官自身は，「本件弾劾審判と関連して国民間の理念的葛藤についての憂慮があることは知っているが，本件弾劾審判は保守と進歩という理念の問題ではなく，憲法的価値を実現し憲法秩序を守護する問題なのである。そして本件弾劾審判は単純に過去の行為の違法および罷免か否かだけを判断するものではなく，未来の大韓民国が指向しなければならない憲法的価値および秩序の規範的標準を設定するものでもある」(37)としている。弾劾審判をこのようなものとして捉えるべきかどうかについては検討の必要があろう。しかし，この補充意見とそれに対する国民の受け止め方は，「未来にあるべき」韓国の「かたち」まで含めて憲法解釈機関としての憲法裁判所の裁判官たちが提示する必要性を裁判官自身も国民も感じていることを示している。

---

(34) 前掲공보245호32.

(35) 前掲공보245호33.

(36) 憲法裁判所の9人の裁判官は，国会，大法院長，大統領がそれぞれ3人ずつを指名することになっているが，このうち国会の指名については与党1名，野党1名，与野党合議で1名というのが慣例となっている。安昌浩裁判官は国会の与党（当時のセヌリ党）指名の裁判官であった。

(37) 前掲공보245호35.

Ⅲ 大統領罷免決定後の議論

　朴槿恵大統領事件の弾劾審判の決定内容については国民の多くがこれを支持した[38]。罷免当日の中央日報は，「今回の憲法裁の罷免決定の意味は非常に大きい。いくら大統領でも決して法の上に立つのではないという事実を明確にした。今後，どの権力者も反面教師とするべきだろう。また，今回の弾劾は憲政秩序と合法的手続きに基づいて進行したという点で，韓国の法治主義と民主主義をさらに成熟させた。この３カ月余り『ろうそく』陣営と『太極旗』陣営がそれぞれの旗を持って集会を開いたが，暴力事態は一度もなかった。生きた権力を握る大統領を国民が権限を付与した憲法裁を通じて民主的に退場させたのは世界でも類例が少ない」[39]と報じた。暴力的な闘争にならず，特に南北問題を抱える中で社会の安定が維持され，平和的に事態が収拾したことは多くの国民が誇らしく語るところである。

　一方，朴槿恵大統領罷免後の課題として，韓国の統治構造がどうあるべきかが改めて議論の対象となっており，従来から主張されている大統領任期の変更をはじめ，幅広い論点が憲法改正の争点として挙がってきている[40]。先の補充意見で述べられているように「帝王的大統領制」とされるような強い大統領権限を中心とする統治構造や，その他の87年憲法の弱点はこれまでにも指摘されてきていたが，これらが憲法改正の必要も視野に入れつつ論じられるようになってきている。

　87年憲法の統治構造は妥協の産物であったとされており[41]，大統領直選制が

---

(38) 中央日報2017年３月13日によれば，国民の86％が憲法裁判所の決定を評価している。この点に言及するものとして，緒方前掲「憲法裁はなぜ『ろうそく民心』にしたがったのか」218頁。

(39) 中央日報日本語版2017年３月11日「【社説】憲法裁の大統領罷免は国民の命令だ＝韓国」（http://japanese.joins.com/article/747/226747.html?servcode=100&sectcode=110）

(40) 2017年８月に国会憲法改正特別委員会が討論会を開催し（국회 헌법개정특별위원회『헌법개정 주요 의제［전자자료］：국회 헌법개정특별위원회・지방자치단체 공동 전국순회 국민대토론회』2017年８月（韓国国会図書館の電子資料として閲覧可能）），また2017年12月には『国会憲法改正特別委員会諮問委員会報告書』（http://www.n-opinion.kr/?mod=document&uid=1580&page_id=126より閲覧可能）が発表されている。また同報告書を踏まえて議論するものとして，바른사회시민회의『헌법개정，무엇을 담아야 하나［전자자료］：정책토론회』2018年２月13日（韓国国会図書館の電子資料として閲覧可能）がある。

(41) 이국운前掲「87년체제를 극복한 새로운 정치의 모색」96-97頁参照。

採られる一方で，国務総理について内閣責任制を採っている。この韓国独特の制度はある程度の大統領権限のコントロールとしては機能するものの，中途半端な性格を否めない。朴槿恵大統領罷免後，新たな大統領の選出は補欠選挙として，憲法第68条第2項に基づき，60日以内に行われることとなったが，その結果，選出された文在寅大統領は少数与党政権としての船出を余儀なくされた。国会の同意を必要とする事項は野党の協力なしには行えない。このような中で，少数与党問題を解消するとともに，「帝王的大統領制」の問題をも解消する方向での議院内閣制的な制度への転換も論じられている[42]。

そのほか，補充意見で展開された「政経癒着」に関連し，就職難，経済格差をどう解消し「経済の民主化」を達成するか[43]，またこうした経済問題解決も視野に入れた討議民主主義へ向けての選挙改革[44]や国民発案制度の導入[45]にどのように向き合うか，等も新たな政権の重要な懸案事項とされており，87年体制下の種々の問題点が根本的に問われているのが現在の状況である。

お わ り に

韓国の民主主義のあり方をどうみるべきなのか。キャンドル・デモが果たした役割については，市民が民主主義を勝ち取ったものとして高く評価する見方がある一方，ポピュリズム的民主主義ではないかという見方もある。憲法改正手続は韓国も日本同様に厳しく，改正による統治構造の変更に至る道は険しいと思われるが，崔順実ゲートの反省を踏まえた何らかの政治体制改革が模索されることは間違いない。今回のデモの歴史的評価のためには今後の韓国の動向とのつながりを見なければならないであろう。

ところで，弾劾訴追の引き金となった崔順実ゲート事件についていえば，実はこれは民主主義の問題というよりは法治主義の問題である。法治を無視して不正に秘密裏に行われた私人への便宜や秘密の漏洩が問題となったケースであった。

---

(42) 김배원「신정부의 출범과 헌법적 과제 - 정부의 구성및 책임에 관한 조항의 헌법해석 문제를 중심으로 -」公法学研究18巻3号（2017）52頁参照。

(43)「対談 李鍾元×安倍誠 韓国『三度目の進歩派政権』誕生の意味—政治改革・経済民主化の行方は」世界897号（2017年）73-77頁参照。

(44) 최태욱「개헌의 핵심은 선거제도 개혁과 권력구조의 개편이다！」김경협국회의원，한국노동조합총연맹주최『일하는 사람을 위한 헌법개정 [전자자료]：헌법개정，현장의 소리를 듣다』(세미나자료) 2018年2月13日（韓国国会図書館の電子資料として閲覧可能）6頁。

(45) 국회 헌법개정특별위원회前掲『헌법개정 주요 의제』7頁。

その意味では統治構造の非民主性云々というよりは刑事領域の問題であり，在任中は起訴されない大統領[46]に対する国民の不満が大統領を追い込む唯一の方途としての弾劾に向かったという性格のものであった。

キャンドル・デモの最中，参加した人々は，憲法第1条第1項「大韓民国は民主共和国である」を歌にして謳っていた。これは民主主義，国民主権の主張であったが，同時に憲法に立ち返れという意味も含まれていたと思われる。その点では，憲法改正云々以前に現行憲法の下で立憲民主主義を堅持しろというのが彼らの主張の原点であろう。

但し，その場合も，現行憲法が想定する民主主義とは何なのかという問題は出てくる。文在寅現大統領は就任以来，「国民統合」をスローガンとして強く掲げている。「国民統合」は前政権でも述べられていたが，弾劾を巡って生じた保守派との亀裂を修正し，従来からの地域間の葛藤，保守革新の対立を超えた国民の団結・統合を形成するのが現政権の目標である。では，それはどのようにして達成されるのか。

憲法裁判所は「自由民主的基本秩序」が民主主義の側面では議会制度，複数政党制，選挙制度等をその内容とするものであるとした。しかし，これらの制度をいかに民主的に運用するかは，国会での議論にかかっている。罷免に続く政権交代では，大統領候補者の予備選挙を「共に民主党」が党員以外にもオープンにするといった動きが起こった。これについては「参加民主主義，直接民主主義の結実」とする指摘がある[47]。また国会では，すでに2012年の国会法改正でフィリバスター制度や議長による法案の職権上程の制限等，少数派に配慮した改正が行われ，熟議民主主義の模索がみられる[48]。一方，弾劾審判に際しては，憲法学者から，そもそも弾劾制度に民意がより反映されやすくするべきであるという意見が出されていた[49]。今後，このような国民参加型の制度や討議民主主義を念頭においた制度構築の方向性は進む可能性がある。

その中で，憲法裁判所の位置づけについてはどのように考えるべきなのか。朴槿恵大統領の事件に関していえば，その法違反が深刻なものであったことから罷

---

(46) 憲法第84条によれば，大統領は「内乱または外患の罪を犯した場合を除いては」在任中は刑事訴追されない。

(47) 前掲「対談　李鍾元×安倍誠　韓国『三度目の進歩派政権』誕生の意味」72頁参照。

(48) 國分典子「韓国の大統領制における国会の機能」アジア法研究9号（2016）216-218頁参照。

(49) 李京柱前掲「韓国における大統領疑惑と民主化運動のダイナミックス」14頁。ここでは，「国会議員に対する罷免制度である召還制度も積極的に制度化されていくべきである」とも述べられている。

免を妥当とする意見が学者の間でも大部分である。憲法裁判所の判断が最終的に「国民の信任」の観点を重視することは憲法裁判所の政治性につながりうる論点として重要ではある。しかし一方で，その判断の基礎にあるのは，単に「国民の意思を代弁すること」ではなく「法違反」の検討であることにも注意しなければならないであろう。かなり政治的な意見表明の性格をもっていた先の安昌浩補充意見でも，根本にあるのは「憲法的価値の実現」，「憲法秩序の守護」の視点であった。憲法の規定する民主主義を明らかにすることが憲法裁判所の解釈権に含まれるとはいえ，それが憲法裁判所自身にとって諸刃の剣になることは過去の事例が示している[50]。憲法裁判所は政治的事件を採り上げるとき，憲法論と国民意思の間で微妙な舵取りを迫られつつも，憲法守護に足場をおくことに細心の注意を払おうとしていることは本稿でみた判旨からも窺える。

　ともあれ，憲法裁判所の判断は下され，民主主義のあり方の議論は政治の場に移された。朴槿恵大統領罷免決定以降，新たな裁判所長の下で刷新された現在の憲法裁判所ホームページの見出しは「根を下ろす憲法守護，花咲く民主主義」である[51]。憲法の守護が民主主義を開花させるというのがその趣旨だとすれば，今回の決定はどのような花を咲かせることにつながるのか。その詳細は今後の政治的議論に委ねられている。

---

(50) 例えば，統合進歩党の解散を命じた事例（憲法裁判所2014年12月19日決定，2013헌다1，판례집 26-2하，1-255）の判断に対する評価は二分している。

(51) https://www.ccourt.go.kr/cckhome/kor/main/index.do（2018年3月26日現在）。

8 ペルー社会の「憲法化」と憲法裁判の可能性
── 21世紀ラテンアメリカの憲法状況を見定めるための一つの傾向

川 畑 博 昭

Ⅰ　はじめに
Ⅱ　21世紀ペルー政治の変動と憲法裁判 ── ペルーなりの突破口
Ⅲ　憲法裁判が見せたペルーの過去，現在，未来 ── 先住民問題と開発
Ⅳ　おわりに ── 国家間権力格差構造の現実の前で

Ⅰ　はじめに

　かつてラテンアメリカの憲法学では，この地域の国家体質を大統領中心主義的（presidencialista）なものと見るのが共通理解であった。学界でもそれを反映するかのように，望ましい統治形態をめぐって「大統領中心主義か議会主義か」を問う議論が常に中心に据えられていた[1]。猛進する新自由主義社会経済改革への異議申し立てを，国家の多民族・多文化性を前面に掲げあからさまな「反米」を打ち出す政権（ベネズエラ，ボリビア，エクアドル）や，従来の政策への軌道修正を表明する「左派」政権（ブラジル，チリ，アルゼンチン）が，2000年代にかけて続けざまに誕生した事実は，「悪弊」とばかりはいえないこの地域の大統領制が秘める対外的なポテンシャルを暗示しているようでもあった。あれから10年。多くのラテンアメリカ諸国で控えている2018年の大統領選挙は，この地域の民主主義を測定するにあたり，一つの重要な年ではある。

　ところが上記の時期とほぼ軌を一にして，ラテンアメリカ地域の憲法論議には一つの変化が生じた。この点に関して，憲法学者でありペルー憲法裁判所の長官も務めたガルシア・トマ（GARCÍA TOMA, Víctor）氏が述べたことが思い起こされる ──「ペルーの憲法はアメリカ型の大統領制に議院内閣制的要素を加え，さらに憲法裁判所のほか，選挙に関する事案では司法裁判所の確定判決と同等の効

（1）この点については，川畑博昭『共和制憲法原理のなかの大統領中心主義 ── ペルーにおけるその限界と可能性』（日本評論社，2013年），特に序章を参照されたい。

力をもつ裁定を下す全国選挙評議会のほか，全国司法官評議会やオンブズマン庁などの機関も備え，もはや大統領制か議院内閣制の類型論にはとどまらない独自の混合型の統治機構をつくり上げている。これは憲法制定者たちの大きな懸念ゆえに，いくつもの権力制限装置を制度設計した結果であって，現在の学界の関心は統治機構ではなく，権利保障にある(2)」（強調は川畑）。

この議論状況における変化は2000年代に入って，とりわけペルーで顕著であった(3)。そこでは憲法裁判所による判決が，「国家の隅々（todos los rincones del Estado）(4)」にまで行き渡るほどの領域を網羅し，これに呼応して，学界では憲法訴訟論の隆盛が見られたからである(5)。その状況は，憲法裁判所の機能の活性化にいち早く着目した論者が，「今日，その（ペルー憲法裁判所の――川畑）判例を扱う研究は数多く存在し，実際のところ，だれ一人，すでに確立した判例法理（reglas jurisprudenciales existentes）を知らずしてペルーの憲法学（Derecho Constitucional peruano）を知っているとは言えない(6)」と述べるほどのものであった。1990年代末のペルーで，大統領の連続再選制をめぐって生起した憲法裁判所

（2）2013年9月14日に朝食をともにした際，「2000年以降の憲法学界における議論状況に，かつてのような統治機構論は見られないように感じる」との私の発言に対して，同氏が語ったものである。

（3）1990年代後半のスペインおよびポルトガルを含む両言語圏の中南米諸国をさすイベロアメリカ諸国では，すでに憲法裁判論への関心の高まりが見られた。SILVA, José Afonso da, GARCÍA BELAÚNDE, Domingo, FERNÁNDEZ SEGADO, Francisco (Coordinadores), *La jurisdicción constitucional en Iberoamérica*, Dykinson, Madrid, 1997は，浩瀚な代表的研究である。

（4）RUBIO CORREA, Marcial, *EL ESTADO PERUANO SEGÚN LA JURISPRUDEN-CIA DEL TRIBUNAL CONSTITUCIONAL*, Fondo Editorial de la Pontificia Universidad Católica del Perú, Lima, 2006, p.13.『憲法裁判所判例から描き出すペルー国家』と題するこの仕事は，「ペルーという国家があたかも外の眼からしか描けないかのように」，国内の憲法史研究をなおざりにして，外国理論の輸入に汲々としてきたペルーおよびラテンアメリカの憲法学界への批判の書でもある。憲法裁判所の活性化とともに蓄積されてきた研究はおびただしい数に上るが，私の見るところ，あらゆる領域に及ぶ憲法裁判所の判決に「体系的な再検討（revisión sistemática）」（11頁）をくわえてペルー固有の国家理論や権利保障の原理原則を導き出した仕事は，本書以外には見あたらない。

（5）代表的なものとして，総勢37名の執筆陣をそろえ，現行の1993年憲法の前の1978年憲法下で設置された憲法保障裁判所（Tribunal de Garantías Constitucionales）から数えて30年を記念して公刊された次の著作がある。ETO CRUZ, Gerardo (Coordinador), *TREINTA AÑOS DE JURISDICCIÓN CONSTITUCONAL EN EL PERÚ Tomo I y II*, TRIBUNAL CONSTITUCONAL - Centro de Estudios Constitucionales, Lima, 2014. 同書はWeb上でも，第Ⅰ巻（https://www.tc.gob.pe/tc/private/adjuntos/cec/publicaciones/.../libro_30_anos_tomo1.pdf），第Ⅱ巻（https://www.tc.gob.pe/tc/private/adjuntos/cec/publicaciones/.../libro_30_anos_tomo2.pdf）ともに公開されている［2018年2月24日確認］。

判事罷免事件をはじめとする当時の政治状況を知る者にとって[7]，この変化には隔世の感を禁じえない。

Ⅱ　21世紀ペルー政治の変動と憲法裁判──ペルーなりの突破口

1　憲法裁判の活性化を生み出した政治社会の環境変化

2000年11月に滞在先の日本で，フジモリ大統領（当時）が任期途中での辞意を表明したのをきっかけに，ペルー議会は大統領罷免手続きに従って，翌年の7月28日の独立記念日までの暫定大統領として，憲法学者出身のパニアグア（PANIAGUA CORAZAO, Valentín）大統領を選出した。暫定政権は直ちに，過去20年間のテロと軍の両者が引き起こした数々の人権侵害の実態調査を任務とする「ペルー真相解明和解委員会（Comisión de la Verdad y Reconciliación）」を立ち上げた。この委員会は膨大な量の聞き取り調査を実施するとともに聴聞会を開催し，2003年8月28日，全9巻付録4巻から成る最終報告書を発表した[8]。それは，1978年憲法の制定とともに始まった1980年の民政移管から，1992年に大統領自身が仕掛けた超憲法的措置（クーデタ）によって生まれた1993年憲法下の2000年までの，過去20年間にわたるペルー社会の人権状況を総点検するものであった。不動かに思われた長期政権の終焉によって，その間の人権侵害に対する批判的な総括がおこなわれるなかで，ペルーではいわゆる伝統的な三権とは異なる憲法裁判所が，人権保障主体として着目される社会的な雰囲気が醸成されつつあった。

2004年におこなわれた憲法裁判所および憲法裁判をめぐる旧憲法裁判所組織法（1994年12月23日付法律26425号）の改正は，こうした事実を背景に実現したものである。同法律は裁判所の組織と憲法裁判手続きを併せて定めるものであったが，後者を切り離し，2004年5月7日に憲法訴訟法（Código Procesal Constitucional：法律第28237号 ── ただし，発効は官報掲載による公布から半年後とされた［第8部暫定廃止規定2条］）として制定され，組織法部分は同年7月1日に改正され，新たな憲法裁判所組織法（法律28301号）として成立した。憲法訴訟法は最終規定や経過・廃止規定の補足部分を除く全121条から成り，総則と訴訟の種類に応じた各

（6）RUBIO CORREA, Marcial, "El lugar del Tribunal Constitucional en la Sociedad Política Peruana", en ETO CRUZ, Gerardo, *op. cit.*（*2014, Tomo II*），p.836.

（7）これについては，川畑，前掲書，134～154頁を参照。

（8）この委員会の長を務めたのは，当時ペルー・カトリカ大学学長であった哲学者のレルネール（LERNER FEBRES, Salomón）氏であった。この最終報告書はすべて，同大学のHP（https://sites.google.com/a/pucp.pe/informe-final-de-la-cvr--peru/）からダウンロードすることができる［2018年3月3日確認］。

［憲法研究 第2号（2018.5）］

論を規定する。ペルーの憲法裁判は司法裁判所と憲法裁判所が担う（IV条），いわゆる混合型の形態をとり⁽⁹⁾，既判力（autoridad de cosa juzgada）を有する憲法裁判所判決は先例拘束性の性格ももつ（同VII条）。憲法訴訟の目的は「憲法の優位性」と「憲法上の権利の実効性」を保障することにある（同II条，1条，75条）。この2つの目的に応じて，後者については，人身保護請求（hábeas corpus：25条～60条），個人情報保護請求（hábeas data：61条～65条），公権力への法令順守義務命令（Cumplimiento：66条～74条）に関する訴訟が規定され，前者には憲法や法律に違反する疑いのある規則，行政法規，一般的性格を有する決定などに対して提起される住民訴訟⁽¹⁰⁾（acción popular：76条）と，法律，委任立法令，緊急命令，議会の承認の有無にかかわらず条約に関する違憲確認訴訟（acción de inconstitucionalidad：77条）が含まれる。憲法上の機関の間で競合する管轄権についても，憲法裁判所において決定される（109条～116条）。

　新旧の憲法裁判所組織法を見比べると，第1条の憲法裁判所の性格を定義する条項の変化が注目される。かつては1993年の現行憲法の規定（201条1項）の文言を繰り返していた「合憲性の審査機関（el órgano de control de la Constitucionalidad）」とする規定には，改正組織法によって，「合憲性の解釈と審査を担う最高機関（el órgano supremo de interpretación y control de la constitucionalidad）」（強調は川畑）との，新たな定義が与えられた。憲法にも旧法にも存在しない「解釈」と「最高」の用語そのものに，比較法的な意味での特段の新しさはないが，1990年代のフジモリ長期政権下における憲法裁判所の不遇の時代を想起すれば，元凶となっていた政権の長期的性格の終焉を刻印する政治的意思が看取される。事実，議会による憲法裁判所判事の罷免を決定づけた1990年代後半のフジモリ大統領の三選問題に関して，「真正な憲法解釈法（Ley de Interpretación Auténtica）」と命名された法律によって，議会が憲法解釈における憲法裁判所の権威を纂奪する挙に出た際の根拠の一つは，憲法裁判所が合憲性審査機関としての「最高性」を有していない点に求められていた。そのほか，憲法

（9）序論部分のVI条は，憲法規範と下位の法規範の間に齟齬が生じている場合，司法裁判所判事は常に，憲法を優先して適用しなければならず，ただしそれは，そうすることが争訟解決のために際立ったものであり，憲法適合的解釈を得ることができないことが前提となる旨を，「付随的違憲審査権と憲法解釈（Control Difuso e Interpretación Constitucional）」として規定する。

（10）この訴訟は通常の司法裁判所が排他的に審理し（85条1項），訴訟の対象となっている法規が地域あるいは地方の性格を有する場合，当該法令を出す機関の所在地の裁判管轄区の高裁が（同1号），その他の場合にはリマ高等裁判所が（同2号），それぞれ管轄権を有する。

規定に従って（107条），同裁判所に固有の事案に関する法案提出権が追記され（4条），7名の判事から構成される同裁判所の開廷のための定足数が6名から5名に引き下げられたほか（5条），憲法裁判所の目的をより良く達成するための調査，学術，技術的な支援を提供する組織として，憲法研究所（Centro de Estudios Constitucionales）が附置された（22条）。2005年に創設された同研究所の活動は，憲法裁判所の知名度と存在感を高め強化する広報活動とともに，憲法裁判所判事や判事を補佐する弁護士有資格者の専門家（21条）が，学術的成果を発信する際の重要な媒体としての役割を果たしている[11]。

2　憲法裁判所による「市場介入」──「社会のための市場経済」の模索

1993年の現行憲法はクーデタの産物としての出自ゆえに，やむことのない批判の対象──統治に関しては大統領の2期連続の再選制が（112条），経済的側面では新自由主義経済に憲法上の根拠を与えたとする経済体制（Régimen Económico：58条〜87条のⅢ部）──とされてきた[12]。前者はフジモリ元大統領の辞意表明直前の2000年11月5日に改正され（法律27365号），従来の二期連続再選を禁止する規定に戻された。後者についてはフジモリ政権以後も，同政権期に導入された市場に基づく新自由主義的な経済社会政策は維持され，あるいはいっそう推し進められてきた。それゆえ経済活動や社会保障の分野における違憲確認訴訟が多数提起され，そのなかで憲法裁判所が示す判断の集積のなかから，憲法が経済体制として一般原理の筆頭に掲げる「社会的な市場経済（economía social de mercado）」（58条）の意味内容が，それを基礎づける「民間主導は自由である（la iniciativa privada es libre）」（同条）とする規定とともに明らかにされてきた。そうした判例法理を「経済的立憲主義（constitucionalismo económico）」として提唱する論者は[13]，具体的には，経済活動における平等性，国内外の投資への同等の待遇，企業の社会的責任などの企業活動の内容と，補完性（subsidiariedad）の

---

(11) 憲法研究所のHP（https://www.tc.gob.pe/tc/public/cec/inicio［2018年3月8日閲覧]）で，憲法や人権セミナーの開催や出版活動を確認することができる。なお，前掲注2で紹介したガルシア・トマ元憲法裁判所判事も，憲法裁判所が全国にわたって広報活動を展開し，同裁判所の認知度を上げる努力をしていることを強調していた。これらの現象はいずれも，1990年代のペルーにおいては見出し難いものであった。

(12) しかし，実は，1993年憲法が新自由主義経済に基づく政策を無批判に受け入れていたわけではなく，それを規制するための国家の介入が予定されており，これらの批判が完全に正鵠を射ていたわけではない点について，川畑博昭「ペルー共和制史にとっての『立憲主義』の位相──『統治』と『経済』からの抗い」京都民科歴史部会『新しい歴史学のために』No.285（2014年10月）52〜66頁を参照されたい。

原則や規制的介入（intervención reguladora）を中心とする二次的役割を担う規範的な国家像を指摘する。異なる次元において，これに対する財・サービスの供給者と需要を生み出す個人の双方の経済的権利と，経済的立憲主義が適用される具体的な領域として，税，労働，社会保障，環境，予算を論じる。総じて，人びとの生存や生活に関わる領域に対し，経済主体としての諸個人の権利保障に基づいた自由で自発的な経済活動のために，憲法裁判所が企業の活動や国家の役割を憲法的に統制していく判例法理として把握する。市場の野放図な展開の統制をねらう「社会的な経済（economía social）」を予定しようとも，自由な民間主導（58条）と補完性原則に基づく国家の企業活動（60条2項）を前提とした資本主義経済のなかでの憲法裁判所の役割は，憲法裁判所が判決を通じて市場に「介入」し，半ば強制的に経済の「社会性」を創出するという構図である。それは，資本の論理に対抗するための国家作用による社会性という点を別にしても，侵害を前提とした権利救済という事後的性格に加え，憲法規範が認める市場経済そのものを不問に付し続けなければならない限界を内在的に抱え続ける。こうして憲法裁判所は，長期政権後も放棄されることのなかったペルーの新自由主義経済政策の展開過程に沿いつつ，所与の条件の下で社会のあらゆる面に触手を伸ばし，権利保障の主体としての実績を積み重ねてきた。「経済的立憲主義」と並んでしばしば目にする「ペルー法の憲法化（constitucionalización del derecho peruano）[14]」や「ペルーの憲法化（El Perú se ha constitucionalizado）[15]」における「憲法化」の用語も，ペルーがかつて一度も知ることのなかった憲法裁判所の積極的な社会への関わりの側面を根拠とする。この現象は，「予見可能性（predictibilidad）」と「法的安定性（seguridad jurídica）」を生み出した最大の貢献者として[16]，一つのパラダイ

---

(13) MONTOYA CHÁVEZ, Víctorhugo, "La configuración jurisprudencial del constitucionalismo económico", en LANDA, César（coordinador），*CONSTITUCIÓN ECONÓMICA DEL PERÚ*（*Foro Económico Asia - Pacífico APEC*），PALESTRA Editores S.A.C., Lima, 2008, pp.71-113. 本書は，憲法学的に把握される市場概念について論じたドイツのペーター・ヘーベルレの1997年公刊の所説（"Incursus. La Perspectiva de la doctrina constitucional del mercado: siete tesis de trabajo"［市場に関する憲法学説の展望──労働に関する7つのテーゼ］，en *Pensamiento Constitucional*, Nº 4）を冒頭に再録し，憲法裁判所と経済的権利を外国資本と輸入材を素材に論じる憲法裁判所現役判事の論説，ペルー憲法上の税体系を扱う論考のほか，1821年のペルー独立当時の通商暫定規則（Reglamento Provisional de Comercio）などの史料を収めており，ペルー憲法体系における経済の位置づけを知るうえで興味深い。

(14) LANDA, César, "La constitucionalización del derecho peruano", en *DERECHO PUCP*, Nº 71, Lima, 2013, pp.13-36.

(15) RUBIO CORREA, Marcial, *op. cit.*（*2014, TomoII*），p.829.

ム転換として「新たな立憲主義（neoconstitucionalismo）」の概念にも連なるものである[17]。

III　憲法裁判が見せたペルーの過去，現在，未来──先住民問題と開発

1　低開発国と資本の自由化の末路

2000年代半ばにラテンアメリカ地域で相次いだ「反米」や「左派」の政権誕生は，新自由主義社会経済政策を核心とするグローバル化への対抗的意味という文脈では──対抗性の濃淡は伴いながらも──，共通していたといえる。しかしながら，こうした地域的な政治動向のなかにペルーの姿はなかった。それどころかペルーは，むしろ積極的に二国間（アメリカ）あるいは多国間（APECやTPP）を通して自由貿易を推し進め，外資導入がもたらす不可避の矛盾を露呈していた。この極相が，2006年にペルーとアメリカとの間で署名され，2009年2月1日に発効した「通商促進協定(Tratado de Promoción Comercial Perú - Estados Unidos)[18]」

---

(16)　この点はしばしば憲法裁判所の役割を肯定的に捉える立場が言及するところであるが，ルビオ（RUBIO CORREA, Marcial）・ペルー・カトリカ大学学長（憲法学）は2015年3月12日に意見交換をした際，憲法裁判所が他の国家権力に迅速に対抗することによって，人々の権利を保障してきた側面が強く，これは何十年も判決を待たなければならなかった従来の司法権に対する不信感を背景とした面も大いに関係していると述べた。他方で恣意的解釈に関する憲法裁判所の判断を，「統治する憲法裁判所？」と題して論じる次の論考も参照。CASTILLO CÓRDOVA, Luis, "Un Tribunal Costitucional que gobierna?", en *Pensamiento Constitucional*, N° 21 Lima, 2016, pp.41-60.

(17)　憲法裁判所の役割を肯定的に評価する議論は，ブラジルでも根強い。2015年11月24日，ジェトゥリオ・ヴァルガス財団サンパウロ法科大学学部長（憲法学）のヴィエイラ（VILHENA VIEIRA, Oscar）氏は私に対して，ブラジルの最高裁判所が担う憲法裁判がこれまで，マイノリティとされてきた人びとの権利救済に大きく貢献してきたことを述べた。ブラジルにおけるこの種の議論には，それが権力的作用であることに対してどの程度の自覚が存在するのか，との私の問いに対して，「完璧なものなど何もない（Nada é perfeito）」と回答した。この点は，例えば，RUBIO CORREA, Marcial, *op. cit.* (*2014, Tomo II*), p.840以下では明確に意識されており，「裁判の役割がもつ政治神学（teleología política）は社会を平和にすること（pacificar la sociedad）である」と述べる。

(18)　本協定関連文書一式は，ペルー貿易観光省のHP（http://www.acuerdoscomerciales. gob.pe/index.php?option=com_content&view=category&layout=blog&id=57&Item id=80［2018年3月9日確認］）からダウンロードできる。この二国間協定の前文には，貧困の削減や麻薬栽培に代替しうるより経済的に持続可能な機会の創出を目的とした一つの総体的な経済発展（un desarrollo económico integral）を促進し（傍点は原文大文字──以下，同じ），「取引や投資にとって予見可能な法的かつ貿易の一つの枠組み（un marco jurídico y comercial previsible para los negocios y las inversiones）」を保障するほか，ペルー憲法63条の「国内外の投資は同じ条件に服す」との規定を承認することなどが謳われ，対象領域は生産活動のほぼ全領域にわたるものであった。

［憲法研究 第2号（2018.5）］

が引き金となり，アマゾン地域における油田・天然ガスのための土地開発をめぐり，道路を封鎖して抵抗する先住民を政府が武力で鎮圧する「バグア事件（Baguazo）[19]」であった。これは，上記の協定に署名したアラン・ガルシア（GARCÍA PÉREZ, Alan）大統領が，2007年10月28日付のペルー主要紙エル・コメルシオ（El Comercio）に寄稿した「畑の番犬症候群（El síndrome del perro del hortelano）」と題する一文で，先住民が所有する先祖伝来の文化的意味をもつ土地が未使用のままであり，先住民共同体を指して「番犬」呼ばわりしたことに端を発していた。まるで投資の向かう先の道を地均しするかのごとき，外国資本と一体化したペルー国家の姿である。多数の死者を出したこの事件をきっかけに，先住民団体は国際労働機関第169号条約「独立国における原住民及び種族民に関する条約（Convention concerning Indigenous and Tribal Peoples in Independent Countries）」（1991年9月5日発効 —— 以下，ILO条約）に基づく「事前協議制度（consulta previa）[20]」を根拠として，2009年6月1日，政府の措置に法的根拠を与える諸法令の違憲性を争う訴訟を提起した。外国資本と結託する立法と行政を前に，憲法裁判所はいかにして「市場経済」を「社会的」なものにする機能を果たしうるのか。一端ではあれ，この裁判所の判決がその法理を示してくれるはずである。

2　ペルー先住民の土地における天然資源開発と憲法裁判所の法理

（1）事案の概要

2009年7月1日，トゥアナマ・トゥアナマ（TUANAMA TUANAMA, Gonzalo）は5,000名を超す市民を代表し[21]，地方の不動産の公的手続化と所有者登記（Formalización y Titulación de Predios Rurales）に関する特例暫定措置を定める委

---

(19) これについては，川畑，前掲論文（2014年），61〜63頁のほか，岡田勇「ペルーにおける天然資源開発と抗議運動 —— 2008年8月のアマゾン蜂起から」『ラテンアメリカ・レポート』Vol.26, No.1（2009），49〜57頁，同「抗議運動から制度的対話へ —— ペルーにおける『バグア事件』と先住民包摂の困難な過程」『ラテンアメリカ・レポート』Vol.27, No.2（2010），29〜37頁が詳しく論じる。

(20) 同条約6条1は「この条約の適用に当たり，政府は，（a）関係人民に直接影響するおそれのある法的又は行政的措置が検討されている場合には，常に，適切な手続き，特に，その代表的団体を通じて，これらの人民と協議する」と定める。

(21) 共和国大統領（憲法203条1号），検察庁長官（同2号），オンブズマン庁長官（同3号），法定数の24％の議員団（同4号），管轄事項に関わる州知事や地方公共団体の長（同6号），専門分野に関わる職能団体のほか（同7号），全国選挙評議会の認証を受けた5,000筆以上の署名を集めた市民も（条例を対象とする場合，当該行政区住民の1％の署名でよい —— 同5号），違憲確認訴訟の当事者適格を有する。

128

任立法令1089号の違憲性を申し立てた。原告は次のように主張した —— ペルー政府が締約国であるILO条約に定める先住民との事前協議も先住民への通知もなしに同法令を実施したのは，先住民の事前協議の権利および先祖伝来の土地への集団的権利（derecho colectivo）に含まれる先住民の基本的権利（6条，15条，17条）を侵害するものであり，「先住民族の権利に関する国際連合宣言（Declaration on the Rights of Indigenous Peoples，以下，DRIPSと略記）」（6条，15条，17条，30条，32条）も考慮されていない。また，ILO条約が定める先住民の土地への権利（13条～19条）や先住民共同体の自由な自決権（17条）にも違反する。さらに，本件委任立法令は，ペルー・アメリカ通商促進協定の実施とその最大限の効果（aprovechamiento）を引き出すための経済的競争力のための支援と関わる多様な問題についての立法権限を行政府に付与する法律29157号に依拠して制定されていると考えられることから，自由かつ事前の情報に基づく合意への権利を定めるILO条約6条1項a）および2項，DRIPS19条の規定に反する。

これに対して，ペルー政府は2009年10月19日に訴訟代理人を通じて，次のように応答した —— 本件委任立法令によって地方の土地所有権の正規登録を簡素化し適正化するための法的枠組みが得られ，農業従事者の不動産登記へのアクセスが容易になることで，土地所有に関する法的安定性が確保される。本委任立法令は授権法29157号が委任した枠組みを逸脱するものではなく，規制法の改善，民間投資の促進，農産品の競争力の向上を目指し，ペルー・アメリカ通商促進協定をうまく活用するための経済競争力を高める目的を有するものである。DRIPSについては，批准していないペルー国家に拘束力は及ばない。かつては先住民であった農民共同体は文明の発展とともに今や混血（mestizas）共同体へと変容し，海岸部と山岳部のアンデス山間の農村はこれに該当する。彼らがペルー社会では圧倒的多数の混血層（sector mestizo prevaleciente）を占めることは明白であり，彼らに先住民としての資格を付与することには議論の余地がある。彼らを先住民とするには，そのための要件，条件，特徴を定める立法が必要となるのであって，本件はILO条約の適用対象とはならない。

両者の主張の相違を大づかみに見れば，第1に先住民族の認定の可否にあり，したがって第2に，事前協議の要否もこの点に依存する。ただし「混血」社会を前面に押し出す政府の主張は，裏から見れば，彼らを先住民族として認定することは当該法令の違憲性を自ら認めることになると読むこともできる。

（2）憲法裁判所の判決とその法理[22]

憲法裁判所は2010年6月9日，本件委任立法令が先住民を対象とするものでは

［憲法研究 第2号（2018.5）］

ないとの解釈から，事前協議が問題となる余地はなかった旨を判示し［54～
58］，訴えを棄却した。同時に裁判所は，判決理由部分で先住民と法の問題につ
いての見解を詳細に展開してもいた。その法理を3つの側面から特徴的に描き出
してみたい。

① 文化歴史的側面

ペルーは「多文化・多民族国家（Estado pluricultural y pluriétnico）」であり，
人びとの特性を尊重せず，あるいは脅威にさらす，あらゆる同化圧力（toda
fuerza homogeneizadora）は，「多様性の基礎の上に一集合体（unidad）を築く」
ためにも撲滅されるべきものである。自由，平等，連帯の原理が発生する人間の
尊厳の承認を基礎とする憲法は，「現実において異なる思考や行動の形式を保障
する多元的観点から理解されなければならない」［3］。民族的文化的アイデンティ
ティの権利は独自の言語権や共同体における慣習法の適用と併せて承認されるべ
きであるが，それらは，憲法が定める基本権，憲法上の諸原則，高次の価値体系
（valores superiores）——つまり人間の尊厳（dignidad de la persona humana：憲法
1条），民主的統治形態（同43条），社会的な市場経済（58条）——の範囲内で具
体化される限りにおいて認められる［4］。

② 法の適用および制度的側面

宣言である DRIPS は批准の対象ではなく，拘束力はないものの，何らの法的
効果も生まないことを意味するわけではなく，国家に対する行動規範（código de
conducta）とはなる［6］。判例上，ILO 条約はペルー憲法と同等の国法秩序を成
し［9］，今日のペルー社会を混血社会と見る主張は先住民族の存在の承認と条
約の効力を混同する結果であり［10］，ILO 条約を具体化する国内法の不備は，
当該不作為をもたらす国家の責任である［11, 12］。ペルー国家成立以前から存在
する先住民は，歴史的な忘却（olvido histórico）の対象とされてきたからこそ，
彼らの開発や自発的にグローバル経済へ参入する道を絶つことなく，土地の規制，
アイデンティティの承認と尊重，より高次の教育・健康衛生・生活の質が模索さ
れるべきである［14］。ILO 条約6条は事前に与えられる情報によって協議する
先住民の権利（derecho de consulta previa e informada）［15］，そして同15条は先
住民の土地の天然資源の探査・採掘の個別の場合の協議を規定するが［16］，前
者は先住民の法的地位に対して国家が関与する全段階における異文化間の対話

(22) 以下の叙述は，2010年6月9日付憲法裁判所（違憲確認訴訟）判決 N°002-2009-PI/
 TC 号（http://www.tc.gob.pe/jurisprudencia/2010/00022-2009-AI.html［2018年3月10
 日確認］）に基づいている。該当箇所を通し番号で［ ］で示す。

（diálogo intercultural）を具体化するものである［17］。他方で，事前協議の権利は先住民が拒否権を有することまで意味するものではなく，ILO条約から導出されるのは異文化間の対話の制度化である［24］。つまるところ，先住民の保護は，「共通善（Bien Común）の範囲のなかで具体的に実現されるべき」ものである［25］。

③　経済社会的側面

先住民に対する立法措置の直接的被害を前提には，国家による先住民の土地や区域の確定がおこなわれていなければならず，市場の開放経済によって所有権を通じた法的保護と法的安定性が得られる。つまり，実質的には，社会的な市場経済の論理を尊重することを逸することはできず，そうすることで共通善を目指すのである。投資，正義，発展の均衡はそのようにして可能となる［43～44］。もとより，先住民にとって土地が有する本質的意味への配慮，彼らが土地や領域に対してもつ関係性の文化的価値の重要性の尊重，先住民の土地の使用の際の独立性と土地の自由な処分は保障されなければならない［42～43］。未使用状態にある先住民の土地に都市部と同様の土地区画の基準の適用や居住を条件とするのではなく，儀礼や生存のための伝統的な利用が考慮されなければならない［46］。以上の見解は米州人権裁判所の判例上も認められている［47～51］。先住民の土地が採掘の対象となる場合，彼らの生存そのものが脅かされる場合があり，法定額での補償や代替地の供与にとどまらず，先住民も土地採掘によって裨益し，自らの生活の質を向上させるものでなければならない。先住民の土地の採掘はそのようにしてのみ，正当なものと解される［52～53］。

Ⅳ　おわりに——国家間権力格差構造の現実の前で

世紀をまたいで生起した政治状況の激動によって，確かに，ペルー政治における憲法裁判所の存在感は大きく高まり，それゆえにペルー社会経済の日常が憲法規範に包み込まれるかのような「憲法化」の現象が生み出された。法典の整備だけでなく，それに基づき積み重ねられてきた憲法裁判所の判例が，専門家の期待と市井の人びとの信頼を得てきていることの証左でもあろう(23)。その意味で，先に「典型」として取り上げた違憲確認訴訟の判決において，「歴史的忘却（olvido histórico）」の対象としての先住民問題が，「合憲性の解釈と審査を担う最高機関」（2004年改正憲法裁判所組織法1条）によって真正面から論じられたことの現代的な意味は強調されてよい。先住民や混血の社会構成体を抱えるこの国の歴史学や社会学において，「ペルー的なるもの（Peruanidad）」の探求が止むことのないテーマであり続けてきた状況に照らせば，法的に合憲性を決する機関の積極的な関与

［憲法研究　第2号（2018.5）］

は評価にあたいする。それが新自由主義的改革の一つの象徴的事実 —— ペルー・アメリカ通商促進協定 —— を契機としなければならなかった点に，また土着と資本の氷炭相容れないこの事案の特徴が浮き出てもいる[24]。ただ憲法裁判所の法理は，それが憲法制定権力ではなく，あくまでも実定憲法から発する解釈行為であるがゆえに，超えがたい限界 ——「社会的」とはいえ「市場経済」—— を抱え続けることも確かである。憲法裁判所が判決によっていかに「介入」を試みても，資本の自由化と国内外の資本への平等的待遇が実定憲法上の基本原則とされる以上，資本の論理に依りかかる経済発展と伝統・土着性とを「止揚」するがごとき「共通善」の概念を打ち出しつつも，比較衡量の体裁となるのは必然でもある。

「社会的な市場経済」とは，畢竟，市場経済を「社会的（social）」なものへと嚮導する憲法的統制を施すことであり，ペルーの憲法裁判所の判決に現れる解釈にその機能を求めようとするのが，近年のペルーやラテンアメリカ諸国の憲法論の特徴であろう。論理的かつ現実的な前提となるはずの憲法裁判所と立法や行政との間の権力的対等性の観点からも，1990年代とは様相が異なり，肯定的に評価できる兆候が現われて久しい。そこでの憲法学者の多くが，「権力分立」を強調する所以でもある。

ここでは，しかし，終局的には資本の自由化を要諦とする市場経済を世界大の観点から定位し直す重要性が思い起こされなければならない。ラテンアメリカの社会経済史は，低開発の資源国にとって発展のための脱出口が，—— 20世紀半ばの国家介入型の輸入代替工業化の社会経済政策の苦い経験も大いに作用して —— 開発のための投資意欲を刺激し維持する以外にないとの感覚を生み出し続けてきた。憲法裁判所の活性化の代名詞のように繰り返される「予見可能性」と「法的

---

(23) RUBIO CORREA, *op.cit* (*2014, Tomo II*), pp.841-842. ここでルビオは，こうした「社会学的議論が今日（同書827頁の脚注によれば2009年の執筆時点 —— 川畑）のペルーでかなり有力となりつつあり，ペルーの法体系上，憲法裁判所を維持すべきとの理由となっている」と指摘する。この点と関わって，彼は前掲注16のインタビューでも，「憲法裁判所の（とりわけ違憲確認訴訟）判決を『人びとの日常の問題』という観点から分析していけば，非常に興味深い傾向が見出されるはずである。実際，憲法裁判所の審理に対して支援や抗議の街頭活動を展開するようになってきている」と助言してくれた。いまだ果たせぬ課題であるが，他日を期したい。

(24) この点において，世界的にも注目を集めたアメリカの Standing Rock Sioux Tribe による Dakota Access 社による石油パイプライン（DAPL）建設反対運動が興味深い比較の事例として想起される。オバマ政権末期の2016年12月4日，一度はアメリカ陸軍工兵部隊がパイプライン工事建設中止の決定したものの，トランプ政権下で一気にパイプラインの再稼働が決定された。これらの状況に関する邦語文献として，さしあたり，吉田邦彦「ダコタ・パイプライン再開が示す米国の闇の歴史 —— スー族の先住権と環境損害の交錯〈上〉」『現代の理論』2017年夏号（通巻37号）78〜84頁を参照。

安定性」の用語は，そのことを端的に示す。いかに「第三世界諸国の貧困とは，第一世界（先進国）があり余る果実を楽しむために支払われる代償[25]」であったとしても，貧困層も分け前に与れるほどの「利潤」を生み出す経済活動が屈することなく追求され続ける。「革命」を現実のものとしたキューバを引き合いに出すまでもなく，10年前に古色蒼然の観のある「民族主権」を掲げたベネズエラ，エクアドル，ボリビアも，現在のラテンアメリカ地域ではその存在感は稀薄になるばかりである。「国家間権力格差構造」の現実は厳然と存在し続けているし，新自由主義路線が維持されるのと比例して，いっそう構造化の度合いを強めるに違いない。事物の転換は容易ではない。何が求められているのか――「…通念を自然な人間のあり方を基底に据えて，まったく新しい地平の上に引き出し，そして問い直すことである[26]」。何が「通念」であり，どこに「自然な人間のありかた」と「新しい地平」はあるのだろう。「厳然と存在し続ける現実」の前に，期待と信頼を託された憲法裁判所の判決が先住民と資本の問題をめぐって見せた法理は，我々を思考の入り口に引き戻してくれるはずである。

---

(25) レオナルド・ボフ，クロドビス・ボフ（大倉一郎・高橋弘訳）『入門 解放の神学』（新教出版社，1999年）124頁。

(26) 内橋克人「総論 日本『構造改革』論の虚実――ラテン・アメリカを既視感として」内橋克人・佐野誠編『ラテン・アメリカは警告する――「構造改革」日本の未来』（新評論，2005年）38頁。

特集 2　日本の憲法状況と民主主義

9　審議回避の手段となった衆議院解散権
── 2017年解散総選挙と議会制民主主義 ──

大 山 礼 子

Ⅰ　異例ずくめの「国難突破」解散
Ⅱ　大義なき解散の常態化
Ⅲ　国会審議を回避する内閣
Ⅳ　リーダーシップ強化の果て

Ⅰ　異例ずくめの「国難突破」解散

　2017年 9 月28日の衆議院解散は異例ずくめのものだった。

　前回の解散・総選挙（2014年11月21日）から 2 年10か月での解散は，これまで
の解散の事例と比較すると驚くにはあたらない。新憲法下で国会が誕生して以来，
任期満了で総選挙が実施されたのはただ一度だけで，平均すると 3 年に満たない
期間で衆議院の解散・総選挙が繰り返されてきたので，今回の総選挙はごく標準
的な間隔で実施されたことになる。「前回の衆院選から 3 年近く経過しており，
この時期に国民に信を問うのは異例ではない」とした読売新聞社説（2017年 9 月
19日付け）の見解はそのとおりだろう。

　しかし，解散に至る経過は異例であった。2017年の通常国会は会期延長なしで
6 月18日に閉会したが，その直後の22日に，多数の野党議員（衆議院議員120名お
よび参議院議員72名）から臨時国会の召集要求が提出されていた。

　ところが，安倍内閣は臨時国会の召集を回避し続けた。ようやく 9 月15日になっ
て，28日に臨時国会を召集する方針を決定したが，追いかけるように早期の衆議
院解散の意向が伝えられ，18日の朝刊では各紙が一斉に，首相が臨時国会冒頭で
の解散を検討中との観測を報じた。野党側は当然ながら反発し，安倍首相の所信
表明演説や各党代表質問などを行うべきだと主張したが，内閣はこれに応じるこ
となく，召集日の解散に踏み切ったのである。

　これまで，国会の召集日に衆議院が解散された「冒頭解散」の事例は，1966年
の第 1 次佐藤内閣，86年の第 2 次中曽根内閣，96年の第 1 次橋本内閣の 3 例ある。
このうち，野党の要求にもとづいて召集された臨時国会冒頭での解散は1996年の

憲法研究　第 2 号（2018年 5 月）

［憲法研究　第2号（2018.5）］

みで，野党側も早期解散に同意していた点で今回とは状況が異なる。首相の独断による解散として批判されたのは衆参同日選挙をめざして行われた中曽根内閣の事例であるが，これは解散を実行するために内閣側が召集した臨時国会冒頭での出来事であった。4分の1以上の国会議員が審議を目的に臨時国会の召集を要求したにもかかわらず，まったく審議を行わずに解散したという例は過去にない。

　また，解散の理由，いわゆる「大義」についても，各方面から疑義が表明された。解散権の行使自体には理解を示した読売新聞の社説も「首相は具体的争点を明示せよ」との見出しを掲げ，「首相は，衆院選の意義を丁寧に説明することが求められる」と述べていた。しかし，25日に記者会見を開いた安倍首相は，「国難を突破するため国民の信を問う」という不明確な説明に終始した。これには，「総理が記者会見を開いて会見理由をくどくどと説明すること自体が，大義なき解散であることを雄弁に語っている[1]」との批判もなされた。

II　大義なき解散の常態化

1　解散の大義

　今回の解散・総選挙を機に，改めて解散権行使のあり方が論じられるようになった。

　憲法学の通説的見解によれば，衆議院の解散は憲法69条の場合に限定されず，内閣の裁量によって決定できるとされているが，あくまで内閣の権限であって，首相個人の権限ではないので，全会一致の閣議決定が必要である。ただし，閣僚のなかに解散に反対する者がいても，首相にはその閣僚を罷免するという手段が残されている。実際に，小泉首相は2005年の解散（郵政解散）に際して，解散に反対した島村農水相を罷免し，自ら農水相を兼務したうえで解散を閣議決定した。こうしたことから，一般に，解散は首相の「専権事項」であり，「伝家の宝刀」であるとみなされてきた。

　それでも，解散は国民に選ばれた衆議院議員全員のクビを切る重大な行為であるから，あえて解散に踏み切り，国民の信を問おうとするのであれば，それ相応の理由がなければならない。「解散の大義」論である。具体的に何をもって大義ありとみなすかについてはさまざまな議論があるが，①内閣と衆議院との対立（重要法案の否決等），②政界再編などによる内閣の性格の変化，③重大な政治課題の

（1）片山善博「臨時国会冒頭解散と「高度な政治性」への疑問」『世界』2017年11月号，37頁。

出現，④選挙法の大改正などがあった場合には，改めて国民の意思を確認することが正当と考えられるだろう[2]。

　しかし，安倍内閣の下で行われた2回の解散は，これまでに24回を数える日本国憲法下での衆議院解散のなかでも，解散の理由づけがきわめてあいまいなものであった。2014年11月に行われた1回目の解散については，首相自ら「アベノミクス解散」と名付け，「アベノミクスを前に進めるのか，それとも止めてしまうのか」を問う選挙だと述べつつ，具体的には消費税の10％への引き上げを18カ月先送りすることについて，国民の判断を仰ぐとしていた[3]。しかし，その後，2016年6月には，新たに民意を問う手続を経ることなしに，消費税引き上げを再度2019年10月まで延期する決定を行ったので，一体，何のための解散・総選挙であったのか，わからなくなった。そして，2回目が2017年の「国難解散」である。

　これには度重なる解散に慣らされてきた国民からも疑問の声があがり，解散権に何らかの制限を加えるべきだとの意見が多数を占めるようになった。朝日新聞が2017年9月26，27日に実施した全国緊急世論調査によると，首相による解散権を制限したほうがよいとした回答が64％に達し，「今のままでよい」とした回答の31％を大幅に上回った（ただし，自民党支持層では，「制限したほうがよい」44％，「今のままでよい」46％と拮抗している）。（朝日新聞2017年9月28日付け）

　解散権の濫用を抑制するための法制度改革の検討も始まっている。

　立憲民主党は，2017年12月7日に「憲法改正に関する当面の考え方」と題する文書を発表し，「内閣が恣意的に総選挙のタイミングを選べるような運用は是正されるべきであり，この点についての憲法論議を進める」とした。こうした動きを受けて，自民党内でも，解散権の制約を憲法改正の検討項目に加える案が浮上しているという報道もある（毎日新聞2017年12月10日付け）。

2　「伝家の宝刀」の実態

　選挙の公平性が疑われるような状況では，選挙に勝利しても民主的正当性を獲得したとはいえない。解散権の濫用が批判されるのは，それが与党に有利な時期を狙って投票日を恣意的に操作するものであり，不公平な選挙結果をもたらすと考えられるからであろう。実際に，安倍内閣の下での2回の解散・総選挙では，連立与党が3分の2以上の議席の確保に成功している。

（2）これまでの学説等については，大石眞「衆議院解散権の根拠と習律上の制約」ジュリスト1311号（2006年）で概要を知ることができる。
（3）この解散の問題点については，高見勝利「不意打ち解散で政権のリセット，高まる「憲法破壊」の跫音」法律時報87巻2号（2015年）を参照。

しかし，過去の解散をみると，すでに安定した与党の支持を得ている首相が政権基盤の維持・強化を狙って早期の解散を選択したとみられる事例，いわば党利党略型かつ独断専行型の解散は意外に少ない。解散後の総選挙で与党が勝利するとも限らず，解散の実態は首相が「伝家の宝刀」を抜いて野党を切り伏せるというイメージとはかけ離れている。

日本国憲法下の24回の衆議院解散のうち，4回は内閣不信任決議の可決を受けたものであり，そのほかに野党側から不信任決議案が提出されたのち，採決の前に解散が行われた例が5回ある。また，不信任決議案は提出されなくても，野党が早期解散を主張するなどして，与野党の間で協議が行われ，いわゆる「解散の機運」，「解散ムード」が高まって解散に至る場合も多かった。55年体制成立後，1970年代までの7回の解散は，それぞれに事情は異なるが，すべて与野党の協議の結果，解散への基本的な合意がなされたうえでのものだった[4]。

首相による解散権の濫用として批判されたのは，1986年の中曽根内閣による解散（「死んだふり解散」）である。表向き，定数是正を受けて，衆議院の違憲状態を解消するための解散と説明されていたものの，首相が自らの政権基盤の強化を目的に唐突な解散を行ったことは明白だった。当時のメディアが「解散・同日選そのものが目的という奇妙な選挙」（日本経済新聞1986年6月3日付け）などと，一斉に批判したのは，この解散がそれまでの話し合い解散の慣行を破る特異な事例だったことを物語っている。しかし，中曽根首相の与党内での基盤は盤石なものではなく，解散・総選挙には与党対策としての意味があったことに留意すべきである。

その後の解散の事例をみても，強力な政権基盤をもつ首相が，一方的に解散を主導した事例は皆無といってよい。2005年の小泉内閣による解散は，与党内の反対にもかかわらず解散を断行したものであり，与党の大勝につながったため強いリーダーによる党利党略型解散だったように思われがちだが，そのきっかけは与党議員の造反による内閣法案の敗北であった。当時の新聞論調でも自民党の苦戦を予想するものが多く，政権の維持・強化を狙うというより，起死回生の賭けというべきものだった。

小泉内閣以降の2回の解散，すなわち，2009年の麻生内閣による解散（「追い込まれ解散」）と2012年の野田内閣による解散（「近いうち解散」）は，どちらも参議院で野党が多数を占める「ねじれ」下で，与党の敗北の可能性が高いことを承

（4）解散の分類については，五十嵐一郎「日本国憲法下における解散とその背景 —— 先例集の分類に沿って」議会政治研究88号（2010年）を参照。

知しながら解散権を行使せざるを得なくなったものである。解散権が首相の専権
事項のようにみなされているため，かえって，首相は解散の時期を決定しなけれ
ばならないはめに陥るわけで，「むしろ，首相自身が解散権を封じることで有利
になることもあるのではないか⁽⁵⁾」との見方さえあった。

3　解散リスクの減少

　安定した政権基盤を有する首相が自由に解散権を行使できるのであれば，当然，
首相はなるべく与党に有利な時期を選び，自らの権力を維持・強化しようとする
だろう。逆にいえば，与党敗北のリスクが大きければ，党利党略型の解散・総選
挙は成り立たない。

　諸外国では，憲法や法律によって，首相（あるいは大統領）の解散権行使に何
らかの制約を加えているところが多いが，とくに解散権行使の要件が規定されて
いない国でも，日本のように頻繁に解散が行われるわけではない。OECD 加盟
国のうち，日本と同程度かそれ以上の頻度で総選挙が実施されているのは，カナ
ダ，デンマーク，ギリシャくらいのものだが，カナダの場合は少数内閣による解
散を除けば，任期満了が近づいた時期での解散が多い⁽⁶⁾。

　フランスの場合，公選の大統領が下院の解散権を握り，その行使にはほとんど
制約条件がないが，実際に解散権が行使されるのはまれである。現行の第5共和
制憲法（1958年制定）下で行われた5回の解散のうち，議会下院多数派の安定し
た支持を得ていた大統領が解散に踏み切った例は1997年のシラク大統領によるも
ののみである。しかし，このときは与党が予想外の大敗を喫し，その後5年にお
よぶコアビタシオン（保革共存政権）につながった。解散のリスクが大きいこと
がわかれば，大統領にとって解散は「抜けない宝刀」にならざるを得ない⁽⁷⁾。

　安倍政権下で恣意的ともみられる解散が行われるようになった背景には，野党
の弱体化によって解散のリスクが減少したことがある。政権交代の可能性が現実
味を帯びる状況では，軽々に解散を選択することはできない。また，1990年代以
降の一連の改革によって，首相の権限が制度的に拡大・強化されたこと，とくに
派閥の衰退により与党内での首相＝総裁の権力が増大していること⁽⁸⁾の影響も

（5）川人貞史『議院内閣制』88頁（東京大学出版会，2015年）。
（6）イギリスとイタリアも解散が比較的頻繁に行われてきた国といえるが，任期満了日近
　　くの解散が多かった（高澤美有紀『主要国議会の解散制度』（調査と情報923号）国立国
　　会図書館，2016年）。
（7）第3共和制期の大統領にも下院の解散権が与えられていたが，解散後の総選挙で大統
　　領支持派が敗北し，大統領の影響力低下のきっかけとなった事件（1877年5月16日の事件）
　　がいわばトラウマとなって，歴代大統領は解散権行使を封印してきた。

見逃せない。解散は議員のクビを切る行為であるから，与党議員に対する締め付けとしても効果を発揮するが，党内基盤のぜい弱な首相が解散を強行すれば，かえって与党議員の離反を招きかねないからである。

最近は，世論調査の精度が上がり，選挙結果をかなり正確に予想できるようになってきたため，与党に有利な時期を狙った解散が容易になっている。しかし，解散から総選挙までの期間が長引けば，世論の動向を見極めるのはむずかしくなる。

2017年にはイギリスでも解散・総選挙が実施された。イギリスは諸外国のなかで比較的自由に解散を行ってきたが，2011年の議会任期固定法によって首相の裁量による解散を否定した。そのため，このときの解散は下院の定数の3分の2以上の議員の賛成による自主解散という体裁をとっていた。とはいえ，EU離脱交渉が本格化する前に総選挙を実施し，政権基盤を安定させたいメイ首相の意向に沿った解散であったことは周知の事実であり，解散が決定された時点では与党・保守党が有利に選挙戦を進めるものとみられていた。ところが，解散から投票日までの49日間に労働党が新たな政策を打ち出し，有権者の支持を獲得することに成功したため，当初の予想に反して与党・保守党が議席を減らし，過半数を割る結果になったのである。

イギリスの例と比較すると，安倍政権下の2回の解散・総選挙は，解散から投票日までの期間の短さが際立っている。2014年には解散からわずか23日目，2017年は24日目に選挙が実施された。日本では憲法上，解散の日から40日以内に総選挙を実施しなければならない（54条1項）とされているので，イギリスのような長い選挙期間をとることはできないが，これまでの例では1カ月程度の間隔を設けることが多かった。23日という記録は，日本国憲法下における最短記録（20日）だった1983年の解散に次ぐものである。公示日直前に右往左往した野党の動きからも，投票までの期間の短さが政権側のリスク軽減に役立ったことは疑いない。

4　解散権の制約は可能か？

党利党略型の大義なき解散が常態化するおそれさえある現在，どうすれば首相の専断的な解散権の行使を制限できるかを具体的に検討すべきであろう。解散のリスクの減少が党利党略型解散を可能にしたのであれば，解散権の濫用を防ぐに

（8）近年の変化については多くの論考が存在するが，概略をまとめた最近の文献として，竹中治堅「「安倍一強」の制度的基盤──「首相支配」の発展と国政への責任」（『中央公論』2017年11月号）がある。

9 審議回避の手段となった衆議院解散権〔大山礼子〕

は解散に伴うリスクを大きくすればよいことになる。

解散権制約の方向として、①解散権行使の条件を憲法で明文化することと、②解散の手続を法定化し、解散方針の決定から総選挙施行期日までの間隔を置くことが考えられている[9]。ここでは解散のリスクという観点から、この二つの方策を検討してみたい。

まず、解散権行使の条件の明文化についてである。

最も徹底した方法は、解散権の行使を憲法69条に規定する内閣不信任決議案の可決（あるいは信任決議案の否決）の場合に限定することだろう。実際に、諸外国ではそのような規定を置いているところが少なくない。ドイツの首相は、自身への信任決議が否決された場合に限って、大統領に連邦議会の解散を求めることができる。ただし、解散が決定されるまでの間に連邦議会が過半数の賛成によって新たな首相を選出すると、解散権は消滅し、連邦議会はそのまま存続するという限定条件がついている（基本法68条）。

しかし、これまでの憲法学の議論をみても、解散権の行使を内閣不信任の場合に限定すべきだとする論者は少数派にとどまる。重大な政策課題が浮上した際に国民の信を問うことは不自然ではないし、不信任決議の可決には至らなくとも、内閣と衆議院の対立によって国政が混乱する事態はありうるので、行き詰まりを打開する手段としての解散権行使も認めるべきだと考えられるからだろう。ここで詳述する余裕はないが、とりわけ日本では首相・内閣に国会審議をコントロールする権限がほとんど与えられていない[10]（内閣が重要法案に自らの信任をかけることもできない）ので、解散権が内閣の権限不足を補っているという評価もある[11]。

また、かりに解散権行使を内閣不信任の場合に限定しても、首相の意向を受けた与党が形式的に不信任決議を可決（または信任決議を否決）して解散に持ち込む行為を阻止することはできない。ドイツにも実例があり、日本でもGHQの指導によって解散権の行使が69条の場合に限られていた時代に、与野党が合意して不信任決議案を可決した「馴れ合い解散」（1948年）の例がある。

そこで、より現実的な改正案は、これまでの議論を踏まえて、首相・内閣の解散権を憲法に明記したうえで、解散権を行使しうる場合を限定列挙することにな

---

(9) 2017年3月23日の衆議院憲法審査会における木村草太参考人の発言など。

(10) 国会に対する内閣の権限が諸外国と比較して弱いことについては、大山礼子「忘れられた改革 —— 国会改革の現状と課題」駒澤法学16巻3号（2017年）をご参照いただきたい。

(11) Köster-Riemann, Silke, "Japan: Decades of partisan advantages impeding cabinet's agenda setting power" in Bjørn Erik Rasch and George Tsebelis (eds.) *The Role of Governments in Legislative Agenda Setting*, Routledge, 2011, pp.255-256.

ろうか。もちろんどのように規定しても恣意的な解釈の余地は残る。たとえば，「前回の総選挙時に想定されていなかった重大な政策変更の必要性」などと規定しても，具体的に何がそれにあたるのかを判断するのは首相の側であり，恣意的な解散権の行使を完全に封じることは不可能である。

それでも，解散権の行使の条件を明確化することの意義は大きいと考えられる。

党利党略型の解散権の濫用を阻止するための最も効果的な方法は，根拠薄弱な解散を行った政権に対して国民の批判が高まり，総選挙で与党に鉄槌を下すことである。メディアが解散権を「首相の専権事項」や「伝家の宝刀」として怪しまない現状では，恣意的な解散を行った側が一方的に有利になりがちだが，憲法に解散権行使の条件を明記することによって，何が恣意的な解散なのかを判断する基準が生まれ，メディアと国民の意識を変える契機となることが期待できよう。

2番目の解散決定から投票日までの間隔については，長期になればなるほど選挙予測が困難になるので，与党と野党のどちらに有利になるかはさておき，解散のリスクが増大することは確実である。もちろん，内閣が恣意的に総選挙の時期を遅らせるなどして，国会の空白期を生じることがあってはならないので，憲法は衆議院の解散後，40日以内に総選挙を行わなければならないとの規定を設けている。しかし，憲法の規定は40日以内であればいくら短い期間でもかまわないという趣旨ではないだろうから，各政党や候補者の主張を有権者に伝えるためにも，少なくとも1カ月程度の期間は置くべきであろう。

解散手続を法定化し，内閣に公式の解散理由を記した文書の作成や衆議院での討論などを義務付けるのも一案であるが，選挙運動期間の設定を見直すことも重要である。日本の選挙運動規制は諸外国と比較して厳しく，選挙期日の公示から投票日までの期間以外に選挙運動を行うことは禁止されている。しかも，公示から投票日までの期間はきわめて短い。1950年の制定当初の公職選挙法では，「総選挙の期日は，少なくとも30日前に公示しなければならない」（31条4項）としていたが，次第に短縮され，1996年以降は12日前に公示すればよいことになってしまった。

選挙運動期間の短縮は，一般的に現職を有利にするが，予定外の時期に総選挙が実施される解散の場合には，とくにその傾向が強くなる。首相に党利党略型解散へのインセンティヴを与えるものということができ，改革が必要であろう。

Ⅲ　国会審議を回避する内閣

1　臨時国会の召集義務

　日本の議会制民主主義にとっての2017年を振り返ったとき，解散権の濫用もさることながら，より深刻な問題は内閣による国会審議の回避だったのではないだろうか。臨時国会の召集を引き延ばしたあげくの冒頭解散は，臨時国会を開かなかったに等しく，国会議員から審議の機会を奪うものであった。

　安倍内閣は，2015年にも野党議員の要求を無視して臨時国会を召集しなかったことがある。2015年の通常国会（第189回国会）は95日間延長され，9月27日に閉幕したが，10月21日に野党5党からの臨時国会の召集要求がなされた。しかし，内閣側は，首相の外交日程を優先するとして要求に応じず，国会は翌年の通常国会まで開会されなかった。このとき，菅官房長官は過去にも臨時国会を召集しなかった先例があると説明していた。しかし，そこで引き合いに出されている小泉内閣の例（2003年）では，召集要求が行われたのは11月27日のことであり，正月休み明けの1月19日に通常国会が召集されたので，同列には論じられない。

　いうまでもなく，日本国憲法は「いずれかの議院の総議員の4分の1以上の要求」があれば，内閣は臨時国会を召集しなければならないとしている（53条）。召集期限は定められていないものの，内閣には「召集のために必要な合理的な期間を超えない期間内[12]」に臨時国会を召集し，審議に応じる義務がある。

　合理的な期間とは具体的にどれほどの期間を指すのかは明確でないが，2006年に改正された地方自治法の規定が参考になる。地方自治法改正は第28次地方制度調査会の答申（2005年12月）にもとづいて行われたもので，議会側が必要と認めるときに臨時会が必ず開かれるようにするために，議長または4分の1以上の議員から請求があったときは，長は「請求のあった日から20日以内に臨時会を招集しなければならない」（101条4項）との規定が設けられた。自民党が2012年4月に決定した「日本国憲法改正草案」でも，同様に「要求があった日から20日以内」（53条）とされているが，これは地方自治法と平仄を合わせたものかもしれない。

　常識的に考えても，合理的期間は20日か，せいぜい1カ月程度であろう。現行の憲法規定は常識的な期間内に召集がなされることを想定していたと考えられる

---

(12)　秋山收内閣法制局長官の答弁（『参議院外交防衛委員会（第158回国会閉会後）会議録』第1号，24頁）。この答弁は小泉内閣が臨時国会を召集しなかったことが憲法違反にあたるのではないかとした野党議員の質問に答えたものであり，11月末の召集要求に対して1月中旬の常会召集はかろうじて合理的期間内という趣旨と解すべきだろう。

が，その常識が覆されることになれば，憲法の明文で召集までの期間を限定する必要が生じる。地方自治法改正後も，法律違反であることを承知のうえで長が臨時会の招集を拒否し続けた例（鹿児島県阿久根市）があるので，たとえ憲法に期限を明記しても将来の内閣がそれを順守する保証はない。それでも明確な基準を示すことの意義は小さくないだろう。

2017年の解散・総選挙後に召集された特別国会の会期についても，内閣の審議回避傾向が顕著であった。内閣は当初，会期を8日間とする方針であったという。野党からの批判を受けて，最終的に会期は39日間となり，安倍晋三首相の所信表明演説や与野党の代表質問なども実施されたが，2017年の年間会期日数は190日間にとどまった。これは通常国会の召集時期が12月から1月に改められた1992年以降では，1996年の180日間に次いで短い。かりに，内閣の当初の方針どおり会期が8日間であったとすると，年間会期日数は国会史上2番目に短い159日間になるところだった[13]。

2　恣意的な審議日数短縮を可能にする会期制度

諸外国の議会と比べて国会の会期は短い。

憲法は，毎年1回，国会の常会（通常国会）を召集する（52条）と規定するのみだが，常会の会期は国会法により150日間とされている。帝国議会の通常議会は90日間だったが，国会の権限強化に対応すべく延長したものだという。それでも法律案の内容の複雑化などに対応するには会期日数が足りず，毎年のように会期延長や臨時会の召集が行われてきた。年間の平均会期日数は220日を超えており，田中内閣時代の1972年には301日，竹下内閣期の1988年には311日という記録がある[14]。

現在の主要国議会と比較すると，150日間という通常会期の設定自体を見直すべきではないかと考えられる。欧米主要国の議会はほとんどがほぼ一年中開会しており，ドイツやイタリアのように会期制度そのものを廃止し，通年会期制に移行した国も少なくない。会期制度を維持していても，アメリカやイギリスでは年1回の会期がほぼ1年間継続するので，事実上の通年会期に近い。例外的に日本

---

(13) 最短記録は佐藤内閣時代の1970年，前年末の総選挙後を受けて1月に通常国会に代えて会期120日間の特別国会が召集されたときのものである。会期が短く設定されたのは，日米安全保障条約の期限が切れて自動延長となる6月23日が国会閉会中となることが望ましいとした内閣側の意向によるものであった（朝日新聞1969年12月30日付ほか）。

(14) ただし，いずれも通常国会が12月に召集されていた時代のことなので，正月休みの1か月近く，会期が空費されていた。

に近い会期制度を維持していたのはフランス議会で，80日間の第1会期と90日間の第2会期から成る年2会期制をとっていたが，1995年に憲法を改正し，夏期を除いてほぼ一年中開会できる年1会期制（10月初めから翌年6月末までの270日間）に移行した。

これまでの国会では，会期延長や臨時会の召集によって，通年会期に匹敵する日数が確保されてきた年も多かった。しかし，現在の会期制度は，内閣が国会をなるべく開かずにすませようとすれば，年間150日まで短縮できる制度なのである[15]。

日本でも会期通年化の議論は古くから存在する。1946年9月20日の衆議院帝国憲法改正特別委員会では，高橋英吉議員から「議会を年中無休にしてはどうか」との発言があり，金森徳次郎国務大臣が「此の憲法は理想を議会常設に置き，現実を会期制度に置きまして，必要があれば議会を召集する」と答弁していた。

また，地方議会では国会にさきがけて，通年会期化の改革が進んでいる。2008年の北海道白老町議会以来，通年会期を採用する議会が現れていたが，2012年の地方自治法改正によって，地方議会は「条例で定めるところにより，定例会及び臨時会とせず，毎年，条例で定める日から翌年の当該日の前日までを会期とすることができる」（102条の2）と明文の規定が置かれ，通年会期の採用を後押ししている。2016年4月1日現在，通年会期制を採用している議会は1県，28市区町村，そのほかに条例で定例会を年1回と定めているところが2県，42市区町村に及ぶ。

3　改革に反対してきた野党

会期制度の改革には憲法改正を必要としない。与野党が合意すればすぐにでも実現できる改革なのだが，これまで会期制度の改革を阻んできた原因は野党の反対にあった。

国会は，ほとんどの議会がすでに廃止してしまった「会期中に議決に至らなかった案件は，後会に継続しない」（国会法68条）とする原則（会期不継続原則）を維持している点でも特異である。この原則のために，会期末までに議決に至らなかった議案は，閉会中審査（継続審査）を行うことを議決によって決定しない限り，廃案となってしまうなど，合理的な議事運営が困難になっている。

ところが，短い会期と会期不継続原則が野党の武器となった。55年体制が確立

---

(15) 常会の150日という会期は憲法で保障されたものではないので，国会法を改正すれば，さらに短縮することも不可能ではない。

してからの国会では，内閣提出法案の国会提出前に与党内で精密に審査する事前審査の慣行が成立し，それにともなって国会審議の形骸化が進んできた。国会で法案修正につながる実質的な審議が実施されなくなり，原案通りの法案可決をめざす与党と審議を引き延ばして廃案に追い込もうとする野党との間で駆け引きが展開されるようになったのである。

そこで，従来は，会期延長を阻止しようとする野党に対して，内閣が会期の長期化をもくろむという図式が固定化していた。田中首相だけでなく，小渕首相も通年国会を検討してみてもよいのでは，という趣旨の発言をしている。

田中内閣の下での会期の長期化を批判する論陣を張った石川真澄は，通年国会について，「ちょっとみると，「慎重な討論」を保証するようにみえる」が，「逆に，「多数ならなんでもできる」ようにしようという考えに基づき，そのために，少数党の審議引き延ばし戦術などを無力化する目的をもったものである」と断じているが，これは当時の野党側の考え方を代弁するものだったといえよう。石川はさらに，駆け引き中心の国会が本来のあり方から逸脱していると指摘しつつも，会期という「土俵をはずしてしまえば，いまある不完全なかたちでの「少数意見尊重」さえ，制度的に期待できなくなってしまう」と述べていた(16)。

しかし，内閣が会期延長を強行しようとした場合には，少数派である野党にとってそれを阻止することはほとんど不可能であるし，逆に，審議を回避する内閣が登場すれば，国会は審議権を奪われ，行政監視機能を果たすこともできなくなってしまう。野党は従来型の思考回路から脱却し，より合理的な国会運営を可能にする会期制度の改革と並行して，審議の実質化を求めていくべきなのではないか。

Ⅳ　リーダーシップ強化の果て

1990年代以降，首相のリーダーシップ強化を目的とした一連の改革が実行され，成果を上げてきた。そこで想定されていたリーダーのイメージは，既得権益に切り込む改革の実行者であったろう。確かに，改革の成果を活用した最初の首相である小泉首相は，その評価はさておき，郵政民営化や公共事業の削減によって既得権益を打ち破ろうと試みた。

しかし，既得権益に切り込む改革は既得権者の離反を招き，政権基盤を危うくしかねない。小泉改革が地方の自民党支持基盤を揺るがし，2009年の政権交代に

---

(16) 石川真澄「国会にただよう暗雲 ── 議会制の墓穴掘る会期問題」『朝日ジャーナル』
1973年8月3日号。

つながったという分析(17)は説得的である。政権維持のためには，むしろ，既得権益を温存することが得策なのである。

　安倍内閣の5年を振り返ると，集団的自衛権の容認や安全保障法制の成立など，大きな政策変更を行ったようにみえる一方で，公共事業を大規模に復活するなど，国内の既得権益と衝突するような改革は慎重に回避してきたことがわかる。新たな政策の実現には法整備が必要であり，それには国会での審議期間を十分に確保する必要がある。田中首相が通年国会を理想としたのも，次々に新たな立法に着手することをめざしていたからだと考えられる。ところが，安倍内閣は重要法案の審議よりも会期の短縮を優先しており，2017年11月召集の特別国会では働き方改革，カジノ設置などに関する重要法案が軒並み先送りにされてしまった。法案の内容をみても，受動喫煙対策を強化する「健康増進法改正案」などでは，業者団体の反発を招かないよう，当初の方針から大幅に後退している。

　権力維持が自己目的化したかのような政権に対してどのように対応すべきなのか，野党だけでなく，メディアや国民もこれまでのマインドセットを見直す必要があるのではないだろうか。

---

(17) 斉藤淳『自民党長期政権の政治経済学 —— 利益誘導政治の自己矛盾』（勁草書房，2010年），白鳥浩（編著）『政権交代選挙の政治学 —— 地方から変わる日本政治』（ミネルヴァ書房，2010年）をはじめ，多くの分析がなされている。

10 解散権制約の試み
── イギリス庶民院の解散制度の変更 ──

植 村 勝 慶

Ⅰ　はじめに
Ⅱ　議会任期固定法の内容・背景・運用
Ⅲ　イギリス解散制度の位置づけ ── 他国との比較
Ⅳ　おわりに ── 日本への示唆

Ⅰ　は じ め に

　本稿は，イギリス庶民院の解散制度を大幅に変更した2011年議会任期固定法（Fixed-term Parliaments Act 2011（2011年法律第14号，2011年9月15日裁可，以下「議会任期固定法」という。）の内容とそれをめぐる議論を手がかり[1]に，日本における衆議院の解散に関する議論に何らかの示唆を得ることを目的とする。

　安倍晋三内閣総理大臣は，2017年9月25日の記者会見で，「少子高齢化という最大の課題を克服するため，我が国の経済社会システムの大改革に挑戦する。私はそう決断いたしました。そして，子育て世代への投資を拡充するため，これまでお約束していた消費税の使い道を見直すことを，本日，決断しました。国民の皆様とのお約束を変更し，国民生活に関わる重い決断を行う以上，速やかに国民の信を問わねばならない。そう決心いたしました。28日に，衆議院を解散いたします。」[2]と述べた。ここには一応の解散の理由が示されているが，それが十分な解散の理由となるかについては，異論がありうるところである。建前としての解散理由に即して考えても，「消費税の使い道の見直し」について国会での審

（1）同法については，小松浩「イギリス連立政権と解散権制限立法の成立」立命館法学341号（2010年）1頁，小堀眞裕『ウェストミンスター・モデルの変容 ── 日本政治の英国化を問い直す』（法律文化社，2011年）及び拙稿「イギリスにおける庶民院解散権の廃止 ── 連立政権と議会任期固定法の成立」本秀紀編『グローバル時代における民主主義の変容と憲法学』（日本評論社，2016年）を参照されたい。同法を含む当時の「政治改革」の全体像については，拙稿「イギリス統治機構の変容」憲法問題26（2015年）67頁以下を参照されたい。テーマの性質上，拙稿と重複の多いことにつきご海容をお願いしたい。

（2）www.kantei.go.jp/jp/97_abe/statement/2017/0925kaiken.html

［憲法研究　第2号（2018.5）］

議が暗礁に乗り上げているどころか，国会に対して問いかけもせず，国会を飛び越して，国民に問いかける手法については，違和感を抱いた者が少なくないであろう(3)。

このようないわば「解散権の濫用」ともいうべき事態に対して，「解散権の制約」を求める議論(4)がなされている。私自身も，「解散で国民に信を問う」ことは，つねに民主主義的とは言えないのではないかと考えてきた。その点で興味深いのは，議会制民主主義の母国とされ，1990年代の日本の政治改革でお手本とされたイギリスにおける庶民院解散制度の変更である。これは，のちに述べるように，解散権の濫用に象徴される首相の強力な政権運営に対して，これをコントロールしようとする動きの一環として構想されたものである。ここでは，その内容とそれをめぐる議論を手がかりに，「解散権の制約」について考えてみたい。

II　議会任期固定法の内容・背景・運用

1　議会任期固定法の内容

イギリスにおいて，従来，庶民院議員の任期5年の途中であっても，首相の助言に基づいて，国王が解散権を行使し，庶民院議員総選挙が実施されてきた。これに対して，議会任期固定法は，庶民院議員総選挙の実施日を原則5月の第1木曜日とし，次回の選挙日を「2015年5月7日」と定め《1条2項》，その後5年毎に選挙を実施するとした《1条3項》。これにより，庶民院議員の任期を原則として5年間に固定した。

ただし，一切の解散の機会がなくなったわけではない。例外的に，5年を待たずに早期に庶民院が解散され総選挙が行われる場合についての規定が置かれた《2条1項》。すなわち，(a) 庶民院が早期議会総選挙実施の決議を3分の2以上の賛成で可決した場合，と，(b) 庶民院が単純多数決で政府の不信任決議を可決

（3）朝日新聞の世論調査によれば，「消費増税分の使い道を変えることの『信を問う』という解散理由に『納得しない』は70％で，『納得する』18％を大きく上回った。」という（朝日新聞（東京版）2017年9月28日朝刊1面）。

（4）一例を挙げれば，立憲民主党は「憲法に関する当面の考え方」（2017年12月7日付）で，「解散は，選挙で選ばれている衆議院議員を任期満了前にその任期を終わらせるものである以上，相応の理由が必要なはずで，大義なき解散は許されることではない。しかし実際には，政権は自身に都合のよい時期に自由に解散権を行使できてしまっている。」との現状認識を示したうえで，「内閣が恣意的に総選挙のタイミングを選べるような運用は是正されるべきであり，この点についての憲法論議を進める」としている。出典は，https://cdp-japan.jp/news/wp-content/uploads/2017/12/20171207『憲法に関する当面の考え方』．pdf　である。

したのち14日以内に新政府の信任決議が可決されない場合，である。これらの例外の存在からすれば，あたかも完全に庶民院議員の任期が完全に固定されるがごとくに思える，この法律の正式名称は，ややミスリーディングである。

議会任期固定法の眼目は，法形式的には，国王大権としての解散権を廃止し，実質的には，首相の判断のみで議会が解散されることをなくし，代えて，あらたに制定法上の自主的な庶民院解散制度を創設することにある[5]。従来，庶民院の解散は，コモン・ロー上の国王大権の行使としてなされ，その実際の行為は，つねに首相の助言に基づいていた。そして，首相は国王に助言するに先立ち，閣議を経る必要はないとされてきた。

国王は，首相の助言を拒否しうる場合がありうることは議論されていた。そもそも国王が首相の助言に従い解散権を行使するべきであるということそれ自体も憲法習律（constitutional convention）であるが，国王はつねに首相の助言に従う必要はなくて拒否しうる場合もあるとされ[6]，それが「解散権の制約」として議論されてきた。このような憲法習律は，抽象的な可能性として議論されるにとどまり，これに基づいて首相の助言を拒否した例が近年存在するわけではない。したがって，結局のところは，首相の判断に従って解散が行われることになる。制度的には，内閣の承認＝閣議を経るという制約もなく，首相周辺の人々で決定がなされてきた。

2　議会任期固定法の背景

（1）連立政権の固定化という戦術的選択

議会任期固定法の成立の背景には，2010年の庶民院議員の総選挙により登場した連立政権の固定化という戦術的選択であったという側面は否定できない。この選挙の結果では，保守党は307議席，労働党は258議席となり，いわゆる「ハング・パーラメント（ちゅうぶらりん議会）」の状態となった。二大政党のいずれもが単独で過半数の議席を確保し政権を担うことができない状況となり，政党間の連立交渉の結果，保守党と，57議席を有する自由民主党との連立政権が誕生した。5月20日の連立政権合意には，議会任期固定制の確立が盛り込まれ，例外として解

（5）イギリスの憲法秩序においては，憲法典のみならず，国会法や内閣法などの一般法典も存在せず，従来からのコモン・ロー（＝慣習法）に加えて，憲法上の慣習，議会制定法の複合体として構成されている。議会主権のイギリスでは，効力順位としては議会制定法が最高位にあり，「憲法改革」と称される統治機構改革においても，従来のコモン・ローや慣習を否定，修正，具体化するための議会制定法が近年積み重ねられつつある。

（6）拙稿・前掲注（1）「イギリスにおける庶民院解散権の廃止」278頁注（22）を参照されたい。

［憲法研究 第2号（2018.5）］

散される場合として，庶民院における55％の賛成を必要とする決議のみが明示されており，不信任決議による解散については言及されていなかった。55％の賛成を要件とするということは，たとえ世論動向から保守党単独の政権が可能であると予測できる状況になったとしても，連立する自由民主党の希望に反して保守党のみでは庶民院の解散を決定することはできないことを意味したのであった。

（2）大統領的「首相」の解散権の濫用への反省という改革

短期的にこのような戦術的選択という意味があるとしても，さらにその背景には，それ以前のサッチャー保守党政権やその後のブレア労働党政権などの「大統領（制）」化（presidentialisation）する首相の政治手法への批判があると見られている。

3　議会任期固定法の運用

（1）議会任期固定法の運用

2010年に成立した保守党と自由民主党の連立内閣は，2015年まで継続し，議会任期固定が定めるとおりに，2015年5月7日に，庶民院議員の総選挙が実施された。この選挙の結果，保守党の僅差による勝利（保守党331議席，労働党232議席，スコットランド国民党56議席，自由民主党8議席など）となり，連立政権は解消され，保守党単独の政権が成立した。重要な争点であるEU（ヨーロッパ連合）から離脱するかどうかについては，別途レファレンダムによって行うこととし，総選挙の主要な争点から外れることとなり，当時のキャメロン首相は，保守党内で異論を封じ込めることに成功したと言える。しかし，2016年6月に実施されたEU離脱の是非を問うレファレンダムでは，離脱51.9％に対して，残留48.1％と小差で離脱が支持され[7]，キャメロン首相が辞任し，7月にメイ氏が保守党首に選出され，首相に就任した。

その後，EUとの離脱交渉を正式に始める「離脱通知」の権限をメイ首相に与える「2017年ヨーロッパ連合（離脱通知）法」が2017年03月16日に成立したことを踏まえ，2017年3月29日，イギリスがEUからの離脱を正式に通知し，メイ首相は4月18日に，6月8日に総選挙を前倒し実施する方針を表明した。

議会任期固定法によれば，任期前の早期解散実施については，庶民院における3分の2の議員の賛成（当時の650議席を前提とすれば，434名の賛成）が必要とさ

（7）江島晶子「代表・国民投票・EU離脱（Brexit）――権力者の自己言及（イギリスの場合）」法律時報89巻5号（2017年）19頁以下を参照されたい。

■英国総選挙の主な政党の獲得議席及び得票

政党	獲得議席	議席の増減	議席率	得票率	得票率の増減	全有権者中の得票率
保守党	318	-13	48.9%	42.4%	+5.5%	29.1%
労働党	262	+30	40.3%	40.0%	+9.5%	27.5%
スコットランド民族党	35	-21	5.4%	3.0%	-1.7%	2.1%
自民党	12	+4	1.8%	7.4%	-0.5%	5.1%
民主統一党	10	+2	1.5%	0.9%	+0.3%	0.6%
英国独立党	0	-1	0%	1.8%	-10.8%	1.2%
その他	13	-2	2.0%	4.5%	-2.3%	3.1%
	650	±0	100%	100%	±0	68.7%

出典：http://www.bbc.com/news/election/2017/results　ただし，「全有権者中の得票率」については，
　　　得票率に投票率68.7%を掛けて植村が算出したものである。

れたが，庶民院は，4月19日，12時57分から2時27分の審議で，賛成522，反対13で早期解散の実施を可決した[8]。Brexit を巡る EU との交渉において，強固で安定したリーダシップを確保することを目指すメイ首相と，政権交代を求めるコービン労働党党首の思惑が一致したと言える。

2017年6月8日の庶民院議員総選挙では，メイ首相の期待に反して，保守党は，庶民院定数650議席のうち，317議席を確保するにとどまり，過半数議席を失い，10議席を持つ民主統一党（北アイルランドの地域政党。DUP）に閣外協力を求め，かろうじて過半数の327議席を確保した。

2017年の総選挙野結果を一見すれば，保守党と労働党の得票率が以前と比べれば上昇していることがわかる。第三党として躍進してきた自由民主党が2010年から2015年の連立政権に参加した結果，大きく支持率を下げ，今回議席を増したが得票率が少し下がり，2015年総選挙の際に躍進した英国独立党が得票率をマイナ

（8）HC Deb 19 April 2017 cc681-712.　なお，議事規則16条1項に基づいて討論時間が1時間30分に制限されている。党派別の内訳は，早期解散の動議に賛成したのが，保守党325名，労働党174名，自由民主党8名，その他15名であり，反対したのが，労働党9名，その他4名であった。https://hansard.parliament.uk/Commons/2017-04-19/division/BE856226-DD6B-4409-9462-D8D910F942D1/EarlyParliamentaryGeneralElection?outputType=Party による。スコットランド国民党は，任期を全うすべきであるが早期選挙に立ちはだかるつもりはないとして，棄権した。http://www.bbc.com/news/uk-scotland-scotland-politics-39643126

［憲法研究 第2号(2018.5)］

ス10.8％と大幅に減少させたことによるものと思われる。それでも，保守党と労働党の得票率が近接した結果，単独政党による政権の成立は困難になっており，多数代表制的民主主義からの離脱傾向は維持されているように思われる。

（2）議会任期固定法の効用

　議会任期固定法が首相主導による解散を封じることにより，2010年から2015年にかけて保守党と自由民主党の連立政権に一定の安定性をもたらしたことは否定できないであろう。最初の解散と総選挙は，規定どおりに，2015年に実施された。

　2回目の2017年の解散は，議会任期固定法が定める例外（a）による解散であるが，この事態をどのように評価すべきであろうか。議会審議の内訳をみれば，保守党単独では可決できなかったが，労働党の一部が賛成することにより成立したことがわかる。したがって，首相＝保守党の党首である党議拘束がいくら強力であったとしても，保守党だけでは，この早期選挙は実施できず，労働党などが賛成することで初めて可能であった。その意味では，議会任期固定法が適切に運用されたと評し得るであろう。議会任期固定法が定めるもうひとつの例外（b）の早期解散については，まだ用いられていない。

　ノートンは，議会任期固定法の制定過程において，信任決議に当たるかどうかの認定を議長が行うとされた原案が修正され，信任決議の形式が法律上特定されたことに注目し，従来であれば，信任決議は，直接的な信任決議のみならず，重要法案の成否や予算の承認などに首相が政府を信任するかどうかの位置づけを与えることができたにもかかわらず，今後は，明確な信任投票という選択肢のみが制定法化されたこととなり，首相が与党内のバックベンチャー（＝平議員）に対してもっていた統制力が低下すると予想している(9)。日本における不信任決議はすでに憲法上政府それ自体の不信任のみを対象とする単独の決議として法典化されているから，それのみを想定して議論しがちであるが，統治機構の法典化がわずかであり憲法習律に依存するところが多いイギリスにおいては，何を政府の信任の決議とするのかの認定権が事実上首相の手の中にあったのである。それが，この法律により，政府の不信任の手続がいわば純化され法典化され，重要法案などに政府信任の意味を付与して，与党内の造反を阻止するという選択肢を首相から奪うことになった。この点に注目すれば，確かに，首相がもっているバックベンチャーに対する統制力の低下を予測し得るように思われる。

————————————

（9）Philip Norton, "The Fixed-term Parliaments Act and Votes of Confidence." *Parliamentary Affairs* 69 (1) pp. 3-18.

そして，シュレイターとベルは，議会任期固定法が，イギリスにおける多数代表制の政治的伝統からの離脱傾向の表れであり，かつ，そのような傾向を促進すると予測する。すなわち，二大政党制が得票率を低下させて，第三党が躍進する中で，選挙結果が単独政党による議会内多数派を形成する可能性を減少させており，2010年の連立政権の成立がその帰結であるとされる。そして，この連立政権が成立させた議会任期固定法は，①首相が自己の政党に有利なタイミングで総選挙を実施する裁量を奪うことになり，②単独政党による政権を出現させてにくくし，少数派政権や連立政権を出現させることとなり，③立法府が解散決定に関与することとなり，総選挙実施を背景に与党内に平議員や野党に対して影響力を及ぼすことを困難にすることによって，立法府と執行部の関係を変化させ，④国王大権と憲法習律で規律されていた領域を制定法化し明確化することで，従来の憲法の柔軟性を縮減することになるなどの効果を齎すとされるのである(10)。

議会任期固定法が首相主導による解散やそれの可能性をちらつかせることによる「威嚇的効果」に対する実質的な制約になるかどうかについては，党議拘束の強さからそれほど影響がないとみることもできよう(11)が，庶民院議員の造反の可能性（その拡大傾向）(12)を考慮すれば，党執行部の権限の強さの大きな源泉がなくなることによる効果にもう少し期待が寄せられてもいいのではないかと考えられ(13)，さらに言えば，不信任決議がそれとして独立した決議の形式に変更させられたということは，解散の「威嚇的効果」を用いることができる場面自体がかなり限定されるということになるのではないだろうか。

（3）議会任期固定法の今後

議会任期固定法は，この法律に基づく解散が二度行われただけであるから，イギリスにおける実効的な憲法の一部として認知され，政治のルールとして十分に定着したとまでは言い難いだろう。

そもそも同法制定時において批判が強かったことから，貴族院においてサンセット条項を挿入すべきであるという修正が提起されたが，それへの対抗策として，法律中に見直し規定が盛り込まれている。すなわち，同法により，首相は，

---

(10) P. Schleiter and V. Belu, "The Decline of Majoritarianism in the UK and the Fixed-term Parliaments Act" *Parliamentary Affairs* 69 (1) pp.36-52.

(11) 小松浩・前掲注（1）16頁。

(12) 高安健将『議院内閣制 —— 変貌する英国モデル』中公新書（中央公論新社，2018年）93頁は，一般的な傾向として指摘しているにとどまる。

(13) この点については，拙稿・前掲注（1）「イギリス統治機構の変容」67頁以下及び憲法問題26号120頁以下の討論の記録を参照されたい。

［憲法研究 第2号（2018.5）］

「2020年6月1日以降2020年11月30日以前」に，「本法の運用の審査を行い，認定の結果ふさわしいと判断された場合には，本法の廃止又は改正を勧告する委員会の設置」を行うとともに，その「委員会の認定及び勧告の公刊」の措置を講じなければならない《第7条第4項ないし第6項》。必ずしも委員会が同法の廃止や改正を勧告するわけではないが，当初から見直しの可能性が組み込まれていることに留意が必要である。

その後においても，見直しの動きは見られた。たとえば，2014年10月23日の庶民院のバックベンチ・ビジネス委員会においては，議会任期固定法の廃止を巡って討論がなされ，廃止決議案は，68対21で否決されている[14]。議員提案であるが，議会任期固定法廃止法案が幾度か提案されている[15]。2017年の総選挙においても，議会任期固定法の廃止が保守党の公約中に掲げられていた[16]ことも注目に値しよう。ただし，総選挙での保守党惨敗で，この公約が直ちに実現され，議会任期固定法が廃止される見通しにはない[17]。

Ⅲ　イギリス解散制度の位置づけ─他国との比較

このようなイギリスの改革は，諸外国の動向と比較すれば，どのように位置づけられることになろうか。大統領や首相が自由な解散権を行使しうるとされている国は，それほど多くないことは，すでに小堀眞裕によって指摘されている。小堀による整理[18]は，1990年以前にOECDに加盟している国々を対象としたもの

---

(14) HC Deb 23 October 2014 cc1069-1112.

(15) Fixed-term Parliaments Act 2011 (Repeal) Bill 2014-15 [HL Bill 24 2014-15], Fixed-term Parliaments (Repeal) Bill 2016-17 [HL Bill 59 2016-17] & Fixed-term Parliaments (Repeal) Bill 2014-15 [HC Bill 156 2014-15]. ただし，いずれも本格的に審議されるには至っていない。

(16) *Forward Together Our Plan for a Stronger Britain and a Prosperous Future The Conservative and Unionist Party Manifesto 2017* p.43. at https://www.conservatives. com/manifesto　その廃止の理由などの説明はとくにない。

(17) ちなみに，議会任期固定法は議会を解散する国王大権を完全に消滅させてわけではなくて，同法が存続する間，国王大権がいわば「停止」されている状態にあると考えて，もし廃止された場合には，庶民院を解散する国王大権は復活する可能性がある。see, AW Bradley, KD Ewing and CJS Knight, *Constitutional & Administrative Law*, 16th edition, Pearson, 2015, p.263.

(18) 小堀眞裕・前掲書注（1）163頁の「図表6－1　議会解散の国際比較」及び「図表6－2　解散実績の国際比較」とそれらに関する記述を参照されたい。イギリス，イタリア，カナダ，ドイツ及びフランスの解散制度を概観するものとし，高澤美有紀「主要国議会の解散制度」調査と情報─ISSUE BRIEF─923号（2016年）も参照されたい。

である。そこでは，解散制度がないアメリカ合衆国とノルウェー[19]の２か国を除いて，「自由な解散」の制限度合いで３つに分類されている。すなわち，①「半固定」＝解散権行使が「非常に制限されている。または存在していない。不信任（信任投票敗北を含む）解散のみが任期満了前解散としてありえる。」という類型，そして，「政権による任期満了前解散あり」が，②「実質的な解散権は首相ないしは大統領にあるが，連立崩壊や不信任案可決以外などで，『自由な解散』を政権が行うことは一般的ではない。」という類型と，③「首相による『自由な解散』が一般化してきた国」という類型に分けられている。

①には，ドイツ，スウェーデン，トルコ，イギリスが分類されている。ドイツ連邦共和国基本法では，ワイマール時代における反省から，解散権を行使できる場合が厳格に制限され，（イ）連邦議会における連邦首相選挙において３回目までの選挙で総議員の過半数の投票を得た者がいない場合に，大統領は選挙後７日以内に３回目の選挙での最多票を得た者を連邦首相に任命するか，または，連邦議会を解散するかを選択しなければならない場合（63条４項）と，（ロ）信任の動議が，連邦議会議員の過半数の同意を得られないときに，連邦大統領は，連邦首相の提案に基づいて，21日以内に，連邦議会を解散することができる（ただし，その解散権は，連邦議会が議員の過半数をもって，別の連邦首相を選出すると直ちに消滅する。）場合（68条１）である。このように形式上は大統領や首相に裁量的に解散権行使の余地はないが，（ロ）の解散要件において，首相が提出した信任案を与党議員の棄権によってあえて否決させることで実質的に解散を実現した例が３回ある（1972年，1983年及び2005年）[20]が，最近はそのような手法は用いられていない。トルコは，この時点では，①に分類されていたが，現在では，2017年４月の憲法改正で大幅に大統領の権限が強化され，議会の解散権を有することになったので，③に分類されることとなるだろう。イギリスについては，例外（b）の今後の運用の実態を踏まえないと評価がむずかしいところであるが，２回の解

---

(19) 池谷知明ほか編『新西欧比較政治』（一藝社，2015年）142頁。see，https://www.stortinget.no/en/In-English/About-the-Storting/

(20) これらについては，石村修「西ドイツにおける議会の解散権（１）」専修大学法学研究所編『公法の諸問題 ２』（専修大学法学研究所紀要10，1985年）135頁以下，石村修「西ドイツにおける議会の解散権（２）」『専修法学論集』41号（1985年）109頁以下，加藤一彦『議会政治の憲法学』（日本評論社，2009年）の第八章「プレビシットとしての首相の議会解散権」及び植松健一「プレビシット解散の法理と自主解散の論理：ドイツ連邦議会解散第二次訴訟に関する一考察プレビシット解散の法理と自主解散の論理：ドイツ連邦議会解散第二次訴訟に関する一考察」名古屋大学法政論集230号（2009年）371頁以下を参照されたい。なお，直近の2017年９月の連邦議会の結果とその後については，泉眞樹子「【ドイツ】2017年連邦議会選挙」外国の立法274-1号（2018年）４頁を参照されたい。

［憲法研究 第2号（2018.5）］

散は，議会任期固定法の本来の規律に従って運用されているところから，当面は，
①に分類されるのが妥当であろう。

　②には，フランス，イタリア，ポルトガル，オーストラリア，ニュージーラン
ド，アイルランド，オランダ，スペイン，ベルギー，フィンランド，オーストリ
ア，アイスランド，ルクセンブルグが分類されている。フランスにおいては，大
統領は，首相及び両院議長に諮問した後に国民議会を解散することができるとさ
れるが，この意見には拘束されないとされる[21]。2000年に憲法改正が行われ，
大統領の任期が7年，国民議会議員の任期が5年だったのが，ともに5年となり，
コアビタシオンが生じにくくなり，2002年以降は，大統領選挙と国民議会選挙が
それぞれ5月と6月に実施されており，1997年の解散が最後である[22]。また，
法案審議促進手段としての法案の可決に政府の信任をかける手続の対象が，2008
年憲法改正で，「政府提出の予算法律案または社会保障財政法律案」に限定され，
「会期ごとに1つの別の政府提出法案または議員提出法案について，この手続を
発動することができる」という量的な制約を課せられた[23]。フランスにおいても，
解散制度が用いられない状況が続いている。

　③に分類されているのは，日本，カナダ，デンマーク及びギリシャである。

　それぞれの国について個別の政治事情を踏まえた上で詳細な検討をする必要は
あるが，イギリスの解散制度の変更もあり，自由な解散権を行使しうるとされて
いる国は，きわめて少ないと言えよう。

Ⅳ　おわりに——日本への示唆

　従来イギリスは二大政党制と前提とし，小選挙区制を通じて政権交代が繰り返
され，庶民院議員総選挙で勝利した政党が単独で政権を担うとされ，法的にも，
議会主権であり，その政治的決定には制限はないとされ，憲法典も違憲審査制も

---

(21) 辻村みよ子・糠塚康江『フランス憲法入門』（三省堂，2012年）119-120頁。念のため
　　に付け加えると，①総選挙実施後1年以内（憲法12条4項），②大統領の非常事態権限の
　　行使中（憲法16条5項），又は③大統領が欠けた場合，又は，政府の負託を受けた憲法院
　　がその構成員の絶対多数の裁決によって障害自由を認定した場合に，大統領の職務が，
　　元老院議長又は政府によって臨時に行使されているときには（7条4項及び11項），解散
　　できないとされている（高澤美有紀・前掲注(18)10頁）。
(22) 小堀真裕・前掲書注(1)166頁及び高澤美有紀・前掲注(18)11頁を参照されたい。なお，
　　直近の2017年6月の国民議会選挙については，安藤英梨香「【フランス】2017年国民議会
　　選挙の結果」外国の立法272-2号（2017年）8頁を参照されたい。
(23) 辻村みよ子・糠塚康江・前掲書注(21)129頁。

存在しなかった。その意味では，いわば「裸の多数決型民主主義」であった。限界事例であるゆえに，ライプハルト[24]によって，その原型としての位置づけを与えられてきた。

　しかしながら，ブレア労働党政権下での憲法改革以降，統治機構としては分権化と規範化が進み，多数決型民主主義から離脱しつつある。そのような流れの延長上に庶民院解散制度の変更を位置づけることができよう。イギリスと日本を比較した場合には，すでに包括的な憲法典があり，違憲審査制があり，権力分立が規定され，地方自治も保障されている以上，日本においては，全国的な政治部門において多数決主義の枠組みが維持されていても，その他の憲法上の規制が十分に機能しておれば，「自由な解散権の運用」をそれほど懸念すべきではないと考えるべきであるかもしれない。しかしながら，期待されている憲法上の規律が十分有効に機能としていないと評価されるとすれば，民主政の制度設計と運用の全体構造のなかで，解散制度が大きな比重を持ちすぎることについても，批判的な検討がなされるべきである。

　最近，政治学者の高安健将によって，「議院内閣制一般からみた場合，英国の議院内閣制は必ずしも典型ではない。」そして，「ウェストミンスター・モデルは，議院内閣制一般の特徴というよりも，英国の議院内閣制の特徴なのである。」[25]と指摘されている。従来，憲法学においては，議院内閣制論においては，議会優位型と均衡型に区別できるとされ，イギリスが後者に分類されてきた[26]。しかしながら，イギリスの実態をみれば，首相による解散権の存在は「均衡」ではなくて，執行府の優位をもたらしてきたのであり，むしろ，立法府と執行部の均衡を回復するためにこそ，実質的に，首相の解散権を廃止し，議会における自主的な解散制度を新設したと評価されるべきであろう。イギリスにおけるそのような動きの背景には，二大政党制が揺らいできているにもかかわらず，小選挙区制で辛うじて二大政党の優位を維持している状況もがあることも考慮されるべきである。日本には，二大政党制が成立するきざしさえなく，政党の再編が繰り返され，

---

(24) Arend Lijahart, *Patterns of Democracy : Government Forms and Performance in Thirty-Six Countries 2ⁿᵈ Edition* (Yale University Press, 2012),pp.3-4. アレンド・レイプハルト著（粕谷祐子・菊池啓一訳）『民主主義対民主主義［原著第2版］：多数決型とコンセンサス型の36カ国比較研究』（勁草書房，2014年）3頁。

(25) 高安健将・前掲書注(12)26頁。

(26) 辻村みよ子『比較憲法（第3版）』（岩波書店，2018年）176-179頁参照。辻村自身は，議院内閣制の本質は内閣の議会への依存にあり均衡は必ずしも必要条件ではないことから，均衡本質説よりも責任本質説を妥当とする。また，「比較憲法的に見れば，解散権が任意に行使されるという慣行は時代遅れであるといえる」と指摘する（同179頁）。

［憲法研究 第2号(2018.5)］

政党政治そのものへの正統性が低くなっている(27)。そのような日本においては,均衡型の議院内閣制というすでに存在しない幻想を前提に日本での解散権の所在や運用に関する議論がなされるべきではなく,さまざまな制度改革を試みるイギリスと同様に,解散制度の役割を限定し濫用の可能性を縮減する制度的な工夫を考えることが必要であるように思える(28)。

---

(27) たとえば,小熊英二「『3：2：5』の構図－現代日本の得票構造と『ブロック帰属意識』」世界2018年1月号（903号）79頁以下を参照されたい。

(28) このような可能性は,日本国憲法の解散権をめぐる解釈論的対抗において,69条限定説に立脚すれば,自律解散の余地については別途議論があるとしても,69条の場合のみに解散が許されるということを再確認すれば実現できる。7条説や制度説に立脚したとしても,従来の議論では,自由な解散権が積極的に肯定されてきたわけではなくて,その権限の趣旨にふさわしい適切な行使を求められてきたところであり（たとえば,深瀬忠一「衆議院の解散」宮沢還暦記念『日本国憲法体系　第4巻　統治機構I』有斐閣,1962年,127頁,芦部信喜『憲法（第6版）』岩波書店,2014年,334-5頁,長谷部恭男『憲法（第7版）』新世社,2018年,402-403頁など。),そのような憲法上の理解を前提に,法律や議院規則や政治慣行などで,実体的のみならず,手続的にも制約の可能性が追求されていいのではないだろうか。以前行使されてきた権限が,その範囲を縮小する方向で,国権の最高機関である国会において,「立憲主義的」に解釈変更されることは許されるように思われる。

＊本稿におけるインターネット情報は2018年2月26日現在である。

11 選挙制度改革の課題
── 参議院の議員定数不均衡問題を中心に ──

岡 田 信 弘

は じ め に
Ⅰ　本判決の内容
Ⅱ　本判決の位置づけとメッセージ
Ⅲ　本判決に対する「応答」としての合区解消論
お わ り に

は じ め に

　選挙制度改革については，「安倍一強体制」の成立との関わりで，衆議院議員の選挙制度のあり方に関しても様々に議論されているが，本稿では，議員定数不均衡問題と関わらせながら専ら参議院のそれについて検討することとしたい。

　次のような事情に鑑みてのことである。自由民主党（以下「自民党」という）は，本年３月25日に開催された党大会で2018年の運動方針を採択した。その中には「憲法改正」に関わる項目も含まれていた。「憲法改正案を示し，改正実現を目指す」という章には，次のような記述が見られる。少し長くなるが引用する。「憲法改正推進本部は，平成28年の初めから具体的な改正項目を検討するため有識者ヒアリングを行ってきた。これらの知見や議論を踏まえ，国民に問うにふさわしいと判断されたテーマとして，①安全保障に関わる「自衛隊」，②統治機構のあり方に関する「緊急事態」，③一票の較差と地域の民意反映が問われる「合区解消・地方公共団体」，④国家百年の計たる「教育充実」の４項目について議論を重ねてきた。憲法改正は，国民の幅広い支持が必要であることに鑑み，これらの４テーマを含め，各党各会派から具体的な意見・提案があれば真剣に検討するなど，建設的な議論を重ね，改正案を示し，憲法改正の実現を目指す。」[1]というものである。４項目のいずれも「国民に問うにふさわしい」テーマといえるのか問題と

（１）自民党の2018年運動方針については，https://www.jimin.jp/aboutus/convention/ からアクセスすることができる。

［憲法研究 第2号（2018.5）］

なるが，ここでは，「合区解消」に絞って検討することとしたい。なお，このテーマが取り上げられるに至った背景として，参議院の議員定数不均衡問題に関する最高裁判決の展開，特に最近の判決における，より厳格な態度があることは想像に難くない。

本稿では，まず，直近の2017（平成29）年9月27日最高裁大法廷判決[2]（以下「29年判決」という）の内容とメッセージを概観した上で，次に，それに対する「応答」としての自民党の合区解消論について検討を試みることとしたい。

29年判決は，2016（平成28）年7月10日に施行された参議院議員通常選挙（以下「本件選挙」という）について提起された選挙無効訴訟に関するものである。本件選挙は，前年の公職選挙法改正（以下「27年改正」という）後に行われた初めての通常選挙である。27年改正は，参議院の選挙区選出議員の選挙区及び定数について，島根県及び鳥取県，徳島県及び高知県をそれぞれ合区して定数2人の選挙区とするとともに，3選挙区の定数を2人ずつ減員し，5選挙区の定数を2人ずつ増員すること（10増10減）などを内容とするものであった。これにより，2010（平成22）年実施の国勢調査結果による人口に基づく選挙区間の最大較差は2.97倍（本件選挙当時の最大較差は3.08倍）となった。また，その附則7条には，2019（平成31）年に行われる通常選挙に向けて，選挙区間における1人当たりの人口の較差の是正等を考慮しつつ選挙制度の抜本的な見直しについて引き続き検討を行い，必ず結論を得るものとする（以下，下線は筆者），との規定が置かれていた。

本件選挙については，全国の高裁・高裁支部に選挙無効訴訟が提起され，16の裁判体により16件の判決が出されている。そのうち，10件においていわゆる違憲状態・合憲の判断が示され，6件において合憲判断がされている[3]。いずれの判決に対しても上告がなされ，最高裁大法廷において，本判決と同日に同旨の判決が出されている。

I　本判決の内容

1　判断枠組みに関する議論

（1）判断枠組定立の前提

本判決は，判断枠組定立の前提として，憲法上の要請としての選挙権の平等と

（2）民集71巻7号1139頁。なお，本判決の評釈として，千葉勝美・法時89巻13号（2017年）4頁，堀口悟郎・法セ756号（2018年）96頁，松本和彦・法教448号（2018年）123頁，只野雅人・論究ジュリ24号（2018年）198頁，齊藤愛・法教450号（2018年）44頁などがある。
（3）高裁判決についてより詳しくは，例えば，只野・前掲注（2）199頁注（5）などを参照。

それに基づく立法府の裁量のあり方から議論を始めている。次のような議論である。憲法は，選挙権の平等，換言すれば，議員の選出における各選挙人の投票の有する影響力の平等，すなわち投票価値の平等を要求していると解されるが，しかしそれは，選挙制度の仕組みを決定する唯一，絶対の基準となるものではない。投票価値の平等は，国会が正当に考慮することができる他の政策的目的ないし理由との関連において調和的に実現されるべきものであり，それゆえ，国会が具体的に定めたところがその裁量権の行使として合理性を有するものである限り，それによって投票価値の平等が一定程度で譲歩を求められることになっても，憲法に違反するとはいえない。

（2）判断枠組み

合理性を有するか否かの判断枠組みは，2つの要素によって構成されている。すなわち，①人口変動の結果，当該選挙制度の仕組みの下で投票価値の著しい不平等状態が生じ，かつ，②それが相当期間継続しているにもかかわらずこれを是正する措置を講じないことが，国会の裁量権の限界を超えると判断される場合に，当該定数配分規定は憲法に違反するに至るものと判断される，とされる。

本判決によると，以上の議論は，1983（昭和58）年大法廷判決[4]（以下「58年判決」という）以降の参議院議員（地方選出議員ないし選挙区選出議員）選挙に関する累次の大法廷判決の趣旨とするところであり，基本的な判断枠組みとしてこれを変更する必要は認められない，とされている。

（3）考慮要素としての二院制論

本判決で注目されるのは，補充的な考慮要素として示されている二院制の趣旨や都道府県の位置づけに関する議論であろう。まず，二院制の趣旨については次のように述べている。憲法が，二院制の下で，一定の事項について衆議院の優越を認める反面，参議院議員につき任期を6年の長期とし，解散もなく，選挙は3年ごとにその半数について行うことを定めている趣旨は，立法をはじめとする多くの事柄について参議院にも衆議院とほぼ等しい権限を与えつつ，参議院議員の任期をより長期とすること等によって，多角的かつ長期的な民意を反映させ，衆議院との権限の抑制，均衡を図り，国政の運営の安定性，継続性を確保しようとしたものと解される。そうすると，二院制の下での参議院のあり方や役割を踏まえ，参議院議員につき衆議院議員とは異なる選挙制度を採用し，国民各層の多様

（4）最大判昭和58・4・27民集37巻3号345頁。

［憲法研究 第2号(2018.5)］

な意見を反映させて，参議院に衆議院と異なる独自の機能を発揮させようとすることも，選挙制度の仕組みを定めるに当たって国会に委ねられた裁量権の合理的行使として是認し得るものと考えられる。

また，都道府県について次のように述べていることも注目されるところである。具体的な選挙制度の仕組みを決定するに当たり，一定の地域の住民の意思を集約的に反映させるという意義ないし機能を加味する観点から，政治的に一つのまとまりを有する単位である都道府県の意義や実体等を一つの要素として考慮すること自体が否定されるべきものであるとはいえず，投票価値の平等の要請との調和が保たれる限りにおいて，このような要素を踏まえた選挙制度を構築することが直ちに国会の合理的な裁量を超えるものとは解されない。このような議論は，先行判例（特に，2012〔平成24〕年・2014〔平成26〕年大法廷判決(5)〔以下，それぞれ「24年判決」「26年判決」という〕）の射程を限定しようとしているようにも読めるものである。すなわち，本判決は，先行判例の判断は，都道府県を各選挙区の単位として固定することが投票価値の大きな不平等状態を長期にわたって継続させてきた要因であるとみたことによるものにほかならず，各選挙区の区域を定めるに当たり，都道府県という単位を用いること自体を不合理なものとして許されないとしたものではない，と解しているのである。

2　具体的判断に関する議論

本判決は，判断枠組みの①の要素の観点から専ら検討を加え，違憲状態に至っていないと判断した。議論の組み立ては次のようなものである。

27年改正は，従前の改正のように単に一部の選挙区の定数を増減するにとどまらず，人口の少ない選挙区について，参議院の創設以来初めての合区を行うことにより，都道府県を各選挙区の単位とする選挙制度の仕組みを見直すことをも内容とするものであり，これによって，選挙区間の最大較差は2.97倍（本件選挙当時は3.08倍）にまで縮小するに至っている。加えて，27年改正法は，先に指摘したように，その附則において，次回の通常選挙に向けて選挙制度の抜本的な見直しについて引き続き検討を行い必ず結論を得る旨を定めており，これによって，今後における投票価値の較差の更なる是正に向けての方向性と立法府の決意が示されるとともに，再び従前のような大きな較差を生じさせることのないよう配慮されているものということができる。

以上のような事情を総合すれば，本件選挙当時，27年改正後の本件定数配分規

（5）最大判平成24・10・17民集66巻10号3357頁，最大判平成26・11・26民集68巻9号1363頁。

定の下での選挙区間における投票価値の不均衡は，違憲の問題が生ずる程度の著しい不平等状態にあったものとはいえず，本件定数配分規定が憲法に違反するに至っていたということはできない。

本判決には，個別意見として，木内道祥裁判官，林景一裁判官の各意見，鬼丸かおる裁判官，山本庸幸裁判官の各反対意見が付されている。木内裁判官，林裁判官の各意見は，本件選挙当時，27年改正後の本件定数配分規定の下での選挙区間における投票価値の不均衡は，違憲の問題が生ずる程度の著しい不平等状態にあったが，本件選挙までの間に更に改正がされなかったことをもって国会の裁量権の限界を超えるものとはいえず，本件定数配分規定が憲法に違反するに至っていたということはできない，とするものである。これに対して，鬼丸裁判官，山本裁判官の各反対意見は，本件定数配分規定の憲法適合性につき違憲であるとの結論を採るものであり，そのうち，鬼丸裁判官の反対意見は本件選挙の違法を宣言すべき旨を述べ，山本裁判官の反対意見は本件選挙を無効とすべき旨を述べるものである。

II　本判決の位置づけとメッセージ

1　先行判例との関係

参議院の議員定数不均衡問題に関する最高裁判決の展開について，筆者は，別稿[6]で，二院制論に関する「原像」と「現像」を対比する形で整理を試みたことがある。本判決と先行判例との関係を検討する手がかりとして，簡単にそれを再現しておきたい。

「原像」を示すものとして取り上げたのは，58年判決であった。この判決は，1977（昭和52）年7月に実施された参議院議員通常選挙における最大較差1対5.26について，「許容限度を超えて違憲の問題が生ずる程度の著しい不平等状態とはいえない」と判断したものである。そのような結論を導き出す前提として，次のような「参議院像」あるいは「二院制像」が語られていた。すなわち，「憲法が国会の構成について衆議院と参議院の二院制を採用し，各議院の権限及び議員の任期等に差異を設けているところから，ひとしく全国民を代表する議員であるという枠の中にあっても，参議院議員については，衆議院議員とはその選出方法を異ならせることによってその代表の実質的内容ないし機能に独特の要素を持たせ

（6）岡田信弘編著『二院制の比較研究——英・独・仏・伊と日本の二院制』（日本評論社，2014年）1頁以下。

ようとする意図の下に」，参議院議員を全国選出議員と地方選出議員とに分けたと述べている。そしてこのような「原像」あるいは「二院制の本旨」に基づいて，当時の選挙制度について次のように説明する。まず全国区制について，「全国を一選挙区として選挙させ特別の職能的知識経験を有する者の選出を容易にすることによって，事実上ある程度職能代表的な色彩が反映されることを図」るものとして位置づける一方で，地方区については，「都道府県が歴史的にも政治的，経済的，社会的にも独自の意義と実体を有し一つの政治的まとまりを有する単位としてとらえうることに照らし，これを構成する住民の意思を集約的に反映させるという意義ないし機能を加味しようとしたものであると解することができる」と説明していたのである。ここでは，都道府県について，「一つの政治的まとまりを有する単位としてとらえうる」と述べていることに注目しておきたい。本判決における議論との重なりを見ることができるからである。

　その後，参議院の議員定数不均衡問題についても，投票価値の平等の観点から実質的にはより厳格な評価がされるようになったことは周知のとおりである。それに伴って，「原像」としての「二院制像」も揺らぎを見せ始めた。そしてそのような傾向が多数意見においてより明確な形で示されたのが，24年判決であった。

　24年判決は，2010（平成22）年7月に行われた参議院議員通常選挙における最大較差1対5.00について，「違憲の問題が生ずる程度の著しい不平等状態に至っていた」が，「本件選挙までの間に本件定数配分規定を改正しなかったことが国会の裁量権の限界を超えるものとはいえず，本件定数配分規定が憲法に違反するに至っていたということはできない」と判断したものである。いわゆる「違憲状態判決」である。24年判決について，『判例時報』の匿名解説は，「従来の最高裁判例との整合性を維持しつつその後の状況の変化を考慮していわゆる違憲状態の評価を導いている点が注目される」と評価している[7]。確かに，次に取り上げる文章には，58年判決との共通性を見ることができる。「憲法が二院制を採用し衆議院と参議院の権限及び議員の任期等に差異を設けている趣旨は，それぞれの議院に特色のある機能を発揮させることによって，国会を公正かつ効果的に国民を代表する機関たらしめようとするところにあると解される」と述べている点である。

　しかし，ここから先の議論には，それまでの最高裁判決，少なくとも58年判決との間にかなりの揺らぎを見ることができよう。選挙制度の決定に関する国会の裁量の合理性を判断するに当たっては，「制度と社会の状況の変化を考慮するこ

（7）判時2166号7頁。

とが必要」だとする新たな検討視角を示しているからである。24年判決が「制度と社会の状況の変化」として取り上げているのは次の３点であった。まず第１に，両議院の選挙制度が同質的なものとなってきていること，第２に，議員の長い任期を背景に国政の運営における参議院の役割はこれまでにも増して大きくなってきているといえること，そして第３に，衆議院について選挙区間の人口較差が２倍未満となることを基本とする旨の区割り基準が定められていることである。そしてこれらの事情に照らすと，参議院についても，二院制に係る憲法の趣旨との調和の下にという留保を付してはいるが，「更に適切に民意が反映されるよう投票価値の平等の要請について十分に配慮することが求められる」とする基本的な考え方が導かれている。加えて，都道府県を単位として各選挙区の定数を設定する現行の方式をしかるべき形で改めるなど，現行の選挙制度の仕組み自体の見直しを内容とする立法的措置を講じ，できるだけ速やかに違憲の問題が生ずる前記の不平等状態を解消する必要がある旨を指摘してもいた。「変質」，少なくとも「揺らぎ」が見られるとともに，これが最高裁判決における参議院や二院制の「現像」であるというのが，筆者の見立てであった[8]。26年判決も，基本的には同様の議論を展開している。

　ところで，本（＝29年）判決について，『判例時報』の匿名解説[9]は，「平成24年及び同26年各大法廷判決の説示と同様の表現を用いて参議院議員の選挙における投票価値の平等の重要性を確認しつつ，二院制に係る憲法の趣旨や議員定数の配分に当たり考慮を要する固有の要素が存することなどから，参議院議員の選挙における投票価値の平等については衆議院議員の選挙と異なる評価をすべき要素が残されていることを示唆したものと考えられる」と述べている。本判決の位置づけに関する表現として，抽象的には的を射ているように思われるが，「現像」としてとらえてよいのか，それとも「原像」回帰を示す表現として理解してよいのか迷うところである。その意味で，分かりにくい表現といわざるをえないが，その原因は，本判決の内容に求めるべきであろう。そこで，最高裁の元裁判官であった千葉勝美の議論を参考に，本判決のより正確な位置づけについて検討することとしたい。

───────────────

（８）辻村みよ子は，24年判決における二院制理解について，「両院の差異よりも，両院ともに「適切に民意を国政に反映する責務を負っている」という共通性に着目し，衆参両院の選挙制度を「同質的な選挙制度」と指摘した」ものと評している（辻村みよ子「参議院における議員定数不均衡」長谷部恭男・石川健治・宍戸常寿編『憲法判例百選Ⅱ〔第６版〕』（有斐閣，2013年）333頁）。こうした評価からすると，本判決における「二院制像」は「原像」回帰的なものと解されることになるのではなかろうか。

（９）判時2354号（2018年）７頁。

2　千葉勝美元最高裁裁判官の指摘

　千葉元裁判官の本判決に対する評価は，先行判例との微妙な違いを認めつつも，基本的には「現像」線上に位置づけるものといえようか。元裁判官は，２つのことについて注目している。

　１点目は，都道府県の位置づけである。既に指摘したように，本判決は，都道府県を「政治的に一つのまとまりを有する単位」として位置づけた上で，それを一つの要素として考慮すること自体が否定されるべきものであるとはいえないとしていた。この点について，只野雅人は，24年判決・26年判決との間に無視することのできない差異がある，と評価している[10]。彼によると，両判決では，都道府県選挙区は「選挙の単位」とされ，「地方における一つのまとまりを有する行政等の単位」として，一定の意義を有してきたものと表現されていた。これに対して，本判決では，「行政等の単位」ではなく「政治的まとまり」を有する単位という，58年判決以来見られた都道府県選挙区の実質的な意義づけのための表現が再び用いられている，とされるのである。「原像」回帰の側面を指摘しているといえよう。

　この点について，千葉元裁判官は，国会に対する「注意喚起」の要素を重視して，次のような理解を示している[11]。「国会が各選挙区を都道府県を単位とすること自体不合理なものとしたわけではないことを念押しし，その部分的手直しのように見える合区それ自体も積極的に評価できる措置であることを示し，それを含め，更なる合区やより広い範囲で合区的処理となるブロック制の導入等についても投票価値の平等の要請と調和するものである限り許容されるので，一足飛びに憲法改正に走るのではなく，広い範囲の選択肢の下で国会が選挙制度の改革に取り組むことができるということを注意喚起したものではなかろうか。」と述べているのである。このような読解の背景には，千葉元裁判官の「憲法改正」に対する慎重な態度が存するように思われるが，この点については後でより詳しく言及することとしたい。

　千葉元裁判官が取り上げる２点目は，判断枠組みの具体的な適用の仕方に関わっている。先に指摘したように，本判決は，判断枠組みを構成する①の要素，すなわち，著しい較差に至っているか否かの観点から検討を加え，結論として至っているとはいえないので違憲ではないとした。問題は，その①の要素の判断の仕

---

(10)　只野・前掲注（２）204頁。
(11)　以下，千葉元裁判官の議論については，千葉・前掲注（２）４～６頁。

方に，先行判例との間に違いがあるのではないかということである。千葉元裁判官は，次のような指摘を行っている。「本来，合憲性の審査は選挙時点で行うものであるが，今回の大法廷は，その時点での3.08は括弧書きで記載されており，むしろ，参議院創設以来初めての合区を行って現行制度の仕組みを見直しこれによりこれまで5倍前後で推移してきた較差は2.97倍にまで縮小したことを正面から取り上げている」が，これは，「いかに国会が較差是正のために努力をし成果を上げたかを強調するように読めるもので，選挙時点での較差そのものに焦点が定まっていないという疑問が生じてくる」とする。加えて，27年改正法の附則で，「国会が更なる較差是正の決意表明等をしていることを，較差の程度が違憲状態といえるかどうかを判断する際の大きな2つめの考慮要素として挙げている」ことを取り上げ，従前の大法廷判決では，「較差の評価においては，その程度が最重要な考慮要素であって，国会の較差是正に向けての今後の姿勢等は，較差が違憲状態とされた場合に，それが「合理的な期間」を超えて是正されなかったとして立法裁量の逸脱濫用に当たるか否かを最終的に決する場面での考慮要素としてきたはずである」とされる。

　この点に関する結論として，元裁判官は，「本判決は，平成27年改正時点では較差が2.97倍まで縮小させた改正措置は評価できるとし，それに加えて，このまま放置すれば再び3倍を超える大きな較差が生じかねない状況にあって（既に3.08倍になっている。），国会が，次の選挙までに更なる較差是正を行うという決意を示しており，これは，思い切って合区を採用して較差を縮小させた国会の姿勢がこれからも続けられ成果を得るはずだとみたのであろう。すなわち，本判決は，3.08倍まで較差が縮小され，それだけでは十分とはいえないとしても（十分であれば，即合憲判断がされたはずである。），それに加え，更なる較差是正が確実に行われようとしていることを併せて評価して，今回は違憲状態とはいえないという判断をしたことになる」と述べている。実に正確に的を射ている指摘といえよう。しかし，筆者には，判断枠組みの具体的な適用の仕方としては，木内，林両裁判官の意見のほうが適切であったように思われる。千葉元裁判官も指摘しているように，「本来，合憲性の審査は選挙時点で行うものである」と解するからである。こうした従来の判断の仕方を変えてまで，判断枠組みの①の要素に関する検討のみで結論を導き出す必要性があったのか，筆者には疑問である。

　ともあれ，24年判決や26年判決と比べた場合，「原像」回帰的側面を有する本判決のインパクトは幾分緩められているように，筆者には思われるが，自民党にとっては依然として「重み」を有するものであったようである。合区解消が「憲法改正」項目の一つとして取り上げられたからである。自民党は，「今回の大法

［憲法研究　第2号（2018.5）］

廷判決が国会に発したメッセージは，いまだ較差の是正が十分とはいえないので，更なる較差是正の努力を確実に続けて結果を出すように，というものであり，その意味で，司法部が立法府に投げた球は，ずしりと重いものとして受け止めるべきではなかろうか」という，千葉元裁判官の指摘に素直に，それも過剰な形で「応答」したといえようか。

Ⅲ　本判決に対する「応答」としての合区解消論

1　「憲法改正」としての自民党の合区解消論

先に言及した自民党の2018年運動方針における「憲法改正」の内容は，「憲法改正推進本部」がまとめたもの⑿を元にしている。それによると，日本国憲法の47条を改正し，①両院議員の選挙区及び定数配分は，人口を基本としながら，行政区画，地勢等を総合勘案する，とりわけ，②政治的・社会的に重要な意義を持つ都道府県をまたがる合区を解消し，都道府県を基本とする選挙制度を維持するため，参議院議員選挙においては，半数改選ごとに各広域地方公共団体（都道府県）から少なくとも一人が選出可能となるように規定する方向でおおむね一致している，とされている。

そして，具体的な条文案としては，次のようなものが考えられているようである（「たたき台素案」）。

第47条　両議院の議員の選挙について，選挙区を設けるときは，人口を基本とし，行政区画，地域的な一体性，地勢等を総合的に勘案して，選挙区及び各選挙区において選挙すべき議員の数を定めるものとする。

参議院議員の全部又は一部の選挙について，広域の地方公共団体のそれぞれの区域を選挙区とする場合には，改選ごとに各選挙区において少なくとも一人を選挙すべきものとすることができる。

前項に定めるもののほか，選挙区，投票の方法その他両議院の議員の選挙に関する事項は，法律でこれを定める。

なお，「論点とりまとめ」によると，選挙制度に関連することとして，その基盤となる基礎的地方公共団体（市町村）と広域地方公共団体（都道府県）を92条

⑿　自由民主憲法改正推進本部「憲法改正に関する論点とりまとめ」（2017〔平成29〕年12月20日）。この「論点とりまとめ」については，https://www.jimin.jp/news/policy/136448html からアクセスできる。

に明記することも検討されている[13]。また，こうした「改正」案の前提にどのような考え方が存しているのかが問題となる。一方で，人口の減少・一極集中が進む中での投票価値の平等（人口比例）の追求による地域の民意の反映に関する問題状況への対応の必要性が語られるとともに，他方で，最高裁が重視している投票価値の平等の要請は，憲法を根拠としていることが指摘されている。

2　「憲法改正」としての合区解消論の当否

　自民党は，最高裁判決が投じた球を適切に返球するには「憲法改正」によるしかないと考えたようである。本判決が投げた球に限定して考えた場合，「憲法改正」による返球は強すぎるか，あるいは的を外したものと評価せざるをえないのではなかろうか。先に何度も指摘したように，本判決は，「原像」回帰的側面を有しているのであり，その意味で，24年判決や26年判決と比べた場合，立法府の裁量を広く認めようとしていると解する余地があるからである。

　しかし何よりも問われなければならないのは，選挙制度改革を「憲法改正」の次元で論ずることが妥当かどうかということである。参議院の選挙制度改革を論ずるに当たり，地域代表的要素を考慮することが選択肢の一つであることは筆者も否定しない。しかし，広域地方公共団体を憲法上都道府県に限定してしまうことには問題があるし，また，全国を一つの選挙区とする選挙制度の採用を極めて難しくするが，それでよいかも問題となろう。更には，間接選挙制の採用を完全に否定してよいのであろうか[14]。

　いずれにしても，参議院の選挙制度は，衆議院のそれとの関わりで検討する必要があり，それを憲法事項として固定してしまうと，制度を取りまく様々な環境の変化に弾力的に対応するのが難しくなるであろう。選挙制度の具体的なあり方に関わるルールは法律事項に位置づけておくべきである，というのが筆者の基本的な考え方である。

---

(13) 条文案は，次のとおりである。
　　「第92条　地方公共団体は，基礎的な地方公共団体及びこれを包括する広域の地方公共団体とすることを基本とし，その種類並びに組織及び運営に関する事項は，地方自治の本旨に基づいて，法律でこれを定める。」
(14) 芦部信喜博士は，憲法43条の「選挙」は間接選挙を含むと解される，としている。筆者は，参議院の選挙制度については間接選挙も一つの選択肢としてありうると考えている。ただし，その際には，両院の権限関係についても見直す必要があり，その場合には「憲法改正」も視野に入れる必要が出てくるであろう。

お わ り に

　千葉元裁判官は，24年判決における補足意見の中で，参議院の選挙制度改革の立法のあり方に関して次のように述べていた。少し長くなるが引用する。「今後の選挙制度の見直しに当たっては，現行の選挙制度の仕組み自体の見直しが必要であり，弥縫策では足りず，立法府においては，短兵急に結論を出すのではなく，法原理的な観点からの吟味に加え，二院制に関する政治哲学や諸外国の二院制議会の現状分析[15]と評価等が不可欠であり，さらに，グローバルな視点を保持した上での日本の社会，産業，文化，歴史等についての構造的な分析が求められるなど，専門的で多角的な検討が求められるところである」とした上で，「新しい選挙制度については，それが地域を基準にする場合でも，それ以外の基準による場合でも，立法府が，このような検討を十分に行った上で，二院制に係る憲法の趣旨や参議院の果たすべき役割，機能をしっかりと捉えて制度設計を行うなど，相応の時間をかけて周到に裁量権を行使する必要があるというべきである。」[16]これは，「憲法改正」を前提にした指摘ではなく，あくまでも立法による制度の見直しについて述べたものである。したがって，参議院の選挙制度改革を「憲法改正」の次元で論ずる際には，千葉元裁判官が考慮要素として指摘している様々な事柄を更に慎重かつ丁寧に検討した上で結論を導き出す必要があるであろう。こうした観点からすると，自民党の「憲法改正」としての合区解消論は，問題の「重さ」に比べあまりにも「軽すぎる」と評価せざるをえないように思われる。

　ともあれ，本判決は，参議院の議員定数不均衡問題に関する最高裁判決の中で，「現像」を基本的には維持しつつ「原像」回帰的側面をも含む，その意味で立法府に対し微妙なメッセージを発したものと位置づけることができ，また，自民党の本判決に対する「応答」については，最高裁が立法府に投げた球に対する返球としては正確さを欠き，受け手の捕球可能な範囲を大きく逸れたものと解さざるをえないというのが，筆者の見立てである。

---

(15) 諸外国の二院制議会の現状分析については，例えば，岡田・前掲注(6)を参照のこと。
(16) 千葉勝美『違憲審査 —— その焦点の定め方』（有斐閣，2017年）159～160頁参照。

| 書評 |

新 井 　誠

糠塚康江編『代表制民主主義を再考する
—— 選挙をめぐる三つの問い』

（ナカニシヤ出版，2017年3月）

I　はじめに

　最高裁判決は，近年，一票の較差訴訟において投票価値の平等にインセンティブを与える傾向を見せており，参議院の都道府県選挙区制度にも一定の批判の目を向けている。これに対して課題を突きつけられた国会は，最高裁判決との間のデッドロックを解消すべく，参議院議員選挙区選挙に，ほんの一部の人口規模の小さい県同士を同一選挙区（いわゆる「合区」）化する手法を導入した。民主主義を基盤とする統治の正当化を図るためには，政治的意思決定における個人の平等が選挙制度の構築において必要であるとされることから，投票価値の平等の確保もまた最重要課題だとする声は強く，国会に新たな一歩を踏み出させた以上のような最高裁の姿勢に賛意が向けられることも多い。

　他方で合区に対しては，対象地域（島根・鳥取，高知・徳島）の住民をはじめとする人々からの反発の声も強い。自分たちの地域の代表者を一部の県のみが出せないのは納得がいかないという理由からである。では，感情的，非合理的な訴えにも聞こえるこうした声は，はたして全く耳を貸すことのできないものなのか。この問題を考えるにあたって重要な要素となるのが，代表制論における土地や領域の位置付けである。個人格を基盤として論理形成される代表制論とそれに基づく選挙制度論においてそれらの要素は，前近代的な遺物（あるいは近代における異物）として葬り去られるべきものなのか。それとも現代を分析するにあたり改めて考察される重要な要素なのか。

　本書の「まえがき」（編者・糠塚執筆）には，本書の副題にもある「三つの問い」が以下のように明示される。「第1：代表制民主主義は，選挙を正統性の起点としている。そこでの選挙という営みは，選挙人個人のとっての意味と選挙区の選挙人団にとっての意味とでは，異なるのだろうか。「異なる」のであれば，それはどういう意味においてなのか。」，「第2：選挙区ごとに選挙人団が確定され，議員が選出される。この仕組みは，何に基づいてルール化され，何を実現しよう

［憲法研究 第2号(2018.5)］

としているのか。」，「第3：選挙区が領域性をもった「土地」という地理的実在
を基盤にしていることは，「選挙」という営みに，何をもたらしているのか。」(v
頁)。これらの提示により，本書の企画が，代表制と領域との間の緊張関係を踏
まえながらも，代表制民主主義にとっての個人と土地の関わりに改めて注目する
ことをあえて選択したということが十分伝わる。

Ⅱ 構 成

本書は，編者である糠塚を代表とする科研費の共同研究の成果として刊行され
ている。執筆者は糠塚を含む，憲法学者，行政法学者，民法学者，法理学者，法
社会学者，政治学者，政治記者など14名である。各章はこれらの研究者による個
別論文（うち一本は2名による共同論文）で構成されており，そこでは各人の個性
がいかんなく発揮される。各論文の概要は本書の「まえがき」ですでに紹介され
ているので，ここでは大きな括りのみを示しておきたい。

本書は4部構成である。「第Ⅰ部 選挙という営み」は，最高裁が一票の較差
是正の厳格な確保へと舵を切ったようにも見られる昨今，選挙や政治的意思決定
の場面において，人口・有権者比以外の要素（としての地域）が，どの程度入り
込んでよいのか，あるいは入り込まないでいるべきか，そうした点に関する再考
をそれぞれ別の視点で切り込む2つの論文（「第1章 領域と代表」(只野雅人)，「第
2章 選挙と投票－個人の投票価値の平等と選挙人団の自治」(飯島淳子)）から構成
される。

「第Ⅱ部 選挙区・議員・有権者：切断と接近」は，選挙区制そのものに視線
を向けて，選挙区制の成り立ちや区画の基準といった基礎的情報の提供に加え，
そうした選挙区内における議員と有権者の距離の問題が論じられる3本の論文
（「第3章 『地域代表』と選挙区制」(大山礼子)，「第4章 衆議院議員選挙区の区割基
準に関する一考察」(稲葉馨)，「第5章 《proximité》考－何を概念化するのか」(糠塚
康江)）と，他方で，領域あるいは土地を前提に，そこの「住民」であることを
法的に要請する選挙制度自体から生じる問題点，あるいは土地を基盤とする選挙
制度の将来的展望について考えさせられる2本の論文（「第6章 ホームレスと選
挙権－土地から切り離された個人の同定について」(長谷川貴陽史)，「第7章 代替不
在者投票から考えるインターネット投票への道」(河村和徳・伊藤裕顕)）から構成さ
れる。

「第Ⅲ部 選挙と領域性」は，具体的な選挙制度の議論からは一定の距離を置
きつつも，人々の権利や政治的営みと土地・空間との関係性についてふれた4本

〈書評〉『代表制民主主義を再考する —— 選挙をめぐる三つの問い』(糠塚康江編)〔新井　誠〕

の論文(「第8章　土地と自由，選挙権－序説」(中島徹)，「第9章　所有権のイメージ」(小粥太郎)，「第10章　住民投票・空間・自治」(牧原出)，「第11章　現代フランスにおける『都市問題』の語りかた－エロー県モンペリエ市セヴェンヌ地区の事例」(小田中直樹))から構成される。

　「第Ⅳ部　日本の問題状況」は，〈「国家」の立憲主義〉とは区別される〈「社会」の立憲主義〉という概念を打ち立て，それに関する実践的課題を検討する「第12章　〈国民が担う立憲主義〉に関する考察」(佐々木弘通)と，選挙制度の改革において人々の「より良き生」を確保することが重要であるとしながらも，その構築自体を進める者－しかもそれは政治家，官僚というよりも一部の距離圏内にいる知的エリートたち－により一般市民の声や利益からは離れた形で実施されていることからも，そこにおける閉鎖的な政治文化が変わらなければ，選挙制度改革も単にこれを政治理念と政治制度の縮小再生産に終わると断罪する「第13章　代表民主主義における理念と現実－現代日本政治の思想と制度」(樺島博志)の2本から構成される。

　本書は，いくつかの論文から構成されるためか，あるいは各論者における土地や領域といった要素への思い入れが異なるためか，「まえがき」で示された主題に対する距離差，あるいは主題に対する評価の温度差があることは否めない。しかし，「まえがき」において「相互作用から生まれる化学変化を期待したい」(x頁)と観測されるように，そうした距離や温度の違いこそが，本書内の論文間の対話を引き起こす触媒であるとするならば，それは本書にとってのプラスの面となる。そのような多岐にわたる問題意識を有する本書の重厚な論説を全て咀嚼し，そうした化学反応が十分に生じる横断的分析をする能力を評者は十分に持ちあわせていない。以下では，評者が特に自らの関心のままに目を向けた二つの視点を挙げ，これについて若干の検討を行ってみたい。

Ⅲ　代表制と領域の関係性をめぐる再考

　第1に，評者の興味を惹いたのが，従来の一般的な憲法的論点などを前提にしながら領域と代表制との関係を語る諸論文間におけるそれぞれの立場あるいは熱量の格差である。

　本書でこの問題に最も強い熱量で臨むのが，本書の編者である糠塚である。糠塚は，「はしがき」において，①合区をめぐる当該都道府県の声と，さらに，②地方における選挙結果からみた一定の(その地域における)「共通意思」が，全国的スケールにおいては希釈されることの問題を突く(iv頁)。特にこの後者の問

題につき，評者もまた民主政にとって深刻な問題だと考える一人である。憲法学における代表制論では，両院の議員が全国民代表としての機能を有することが法的に要請され，これにより議員が（一部利益よりも）全国民の利益を慮って行動することが強く求められる。しかし，代表者を選出する選挙民たちは，そうした議員の規範的縛り以外の要素もふまえて投票に臨むことは否定されない。そうなると人々は，結局のところ当該「土地の利益」を一つの利益として投票行動に出ることが高度に推察される。これにより，人口比例に基づく選挙制度によってたつ場合に，「人口多数地域の利益」が事の本質として多数派となることを代表論においてどのように評価するのかという問題が生じる。この点，評者は，各地の人口均衡を失った状態のなかで一票の価値の平等を追求することで，中央の議会において可視化されない周辺利益が過度に生じ，このことによって現実の政治社会への影響が極めて強く生じているとの認識に立つ。

　沖縄の米軍基地問題を例に取り上げる。もし仮に，人口バランスとは関係なく国会の定数の大半を，沖縄で選出したと想像しよう。こうした場合に沖縄の出来事は，国民全体が注目する「中央」の問題になるに違いない（逆に，人口規模が多数の場所の話題が，なぜか全国規模の重大事件であるかのような扱いを受けて全国的なニュースになるような現状を見てみるとよい）。糠塚は，こうした「中央」と「地方」の関係をめぐる問題構造を見逃していない。しかし他方で，こうした（評者のような）ラディカルな提案が，現状の憲法論との緊張関係を生じさせることをもまた十分踏まえている。そうしたこともあり，糠塚自身が本書に寄せる論稿（第5章）では，その点を煽ることなく，冷静かつ自制的に論を進める。そして，「地理的『近さ』は，必ずしも選挙人と議員の〈つながり〉を保障しない」し，また「議員が選出される『場所（lieu）』も代表しない」ことを確認しながら，「選出された議員が選挙人との『対話を継続し，強化する』」（以上136頁）というコミュニケーション過程から生じる（質的）密接性（proximité）に，地域と代表者とを取りつなぐ新たな接合点としての期待をかけている。

　もっとも糠塚に見られたこうした熱量は，他の論者において必ずしも引き継がれているわけではない。たとえば政治制度論を研究する大山の論文は，そもそもの前提として，「地域を基盤とする代表」なるものへの懐疑の姿勢を見せる。大山は，地域代表的性格を持たそうとしてきた選挙区設定により，さまざまなことが犠牲にされてきていることを語っており，そのひとつとして一票の較差，その他として，同一選挙内での各選挙区の定数の違いの較差が広がることによる同一選挙内での選挙方法の違いを弊害として挙げる。大山論文は「『地域代表』の強調も日本独特の議論」であり「ヨーロッパでは欧州議会議員の直接選挙において

〈書評〉『代表制民主主義を再考する —— 選挙をめぐる三つの問い』(糠塚康江編)〔新井　誠〕

比例代表制…を採用することが加盟国に適用される共通ルールになっている…ことからも明らかなように，すでに比例代表制が規範化している」といい，加えて小選挙区制などの採用を採用する場合も，それは「地域代表の論理ではなく，議員と有権者の距離の近さ」(以上77-78頁)，すなわち「近接性」(proximité) であることを示唆する (78頁注(56)を参照)。こうした視線からは，糠塚の「まえがき」の悩み，あるいは評者のような問題意識は，もはや手放されるべき対象と映るのかもしれない。他方，只野論文は，土地の代表論自体には一定の理解を示しつつも，それをどうにか論理的に昇華できないかという観点からの論調となっている。そして結果的には，地域における利益は，①固定的ではなく常に可変的であること，②世の中の利益はなにも「地域」にまつわるものだけでなく，各地域における声のなかにも，さまざまな少数者の声がある，ということを強調することで，領域重視の具体的制度設計からは一定の距離を保とうとする。

　以上に共通するのは，従来の憲法学などにおける代表制や民主主義論に関する盤石な基礎理論を十分に踏まえたものであるがゆえの，地域，土地，領域という“前近代的”なるものを再度憲法理論に取り入れることへの十分な慎重さゆえの論理展開である点である。評者のように，無邪気にこの問題群に取り組むことをしないこうした慎重さこそ，これら諸論文の学問的価値の証となるのであろう。しかし評者にとってはなお，物足りない部分もないわけではない。たとえば，《proximité》概念は，地域代表論に代わるほどまでの意味を有するのであろうか。なかには，自らの選挙区から選出する代表者が常に私との (質的あるいは物理的) 距離を密接にしてほしいということよりも，一定の地域の代表者が出ていること自体を自らのアイデンティティ形成において必要だと考える住民もいるのではなかろうか。さまざまなことが都市に吸収され，都市の価値を基準に世の中が動く現代において，高知・徳島，あるいは島根・鳥取に住む人々にとっては，自らの県固有の代表者が出せないこと自体，自らの土地が二級扱いされているとの認識を持たせる効果を生じさせるのではないか。ここではそうしたことが問題となるのであって，具体的な議員と住民との密接さが問題となるのではない。こうしたある意味の「感情」を憲法 (学) が，突き放すことなく，どのように論点化していけるのかが，この領域と代表制をめぐる議論の，大きな，そして中心的な柱であると評者自身は考えている。

Ⅳ　憲法学的論点からの距離

　第2に，本書での評者の関心は，憲法研究者ではない研究者たちが，いくつか

の論稿において憲法学とは異なる視点で，領域あるいは土地と代表制や政治制度
との関係を語る部分に見出される。それらは，憲法学における所与の議論をふま
えたものであったり，あるいは意識的にそこからの距離を置いたと推察されるも
のまであったりする。が，各分野における専門知のもとで様々な議論が展開され
ており，領域や土地と，代表制や民主主義との間での，さらなる議論の広がりが
期待される。

　まず，上述の領域と代表，あるいは投票価値の平等の確保を前提とする議会構
成員の組織方法といった視点からの距離を考えるうえで興味深いのが，飯島論文
である。行政法学者である飯島は，憲法学では「政治的意思決定プロセスとして
の公職選挙」が特に注目され，個人間の投票価値の平等確保が一義的に重視され
るものの，他方で，政策決定プロセスにおける様々な決定組織内構成員の構成要
素について無頓着であることを遠回しに語っているように感じられる。飯島によ
れば，各地域や公的機関における様々な組織では，一定の利益代表者の選出が意
図的に組み込まれることが指摘され，人格主義的ではない組織論が提示される。
これに関してはおそらく，飯島の提示する組織と，民主的正統性の確保を意図す
る代表議会との組織方法の意味は全く異なるとの評価も可能となる。とりわけ後
者の代表議会は，構成員がどんなに偏ろうとも，均等な人々の意思表示により選
出される人々で構成されるからこそ，その民主的正統性が確保される点が重視さ
れるにすぎないとの評価もありうる。その意味で，議会とそれ以外の組織を単純
比較することはできないし，飯島もそれを十分承知しているであろう。とはいえ，
組織構成の手法として，各種利益の公正性を確保する手立てを考える思考は，民
主主義的な基盤に視線が向けられがちな憲法学にとって新鮮なものに映る。

　公益の決定・実現に関わる組織構成の手法として魅力的でもあるこうした見方
は，しかし，究極的には専門知による組織内自律を維持するための議論に親和的
になる可能性も残している。その場合，国家レベルにおける意思決定に関わる部
分で，これが過度に機能し，極度の部分社会の登場が見込まれる可能性がないか。
法理学者である樺島の論文は，そうした政策決定の自律的組織の形成において，
特に永田町，霞が関，東京都心部の学術界，中央マスコミといった近距離の部門
内部で形成される「ムラ社会」が，全国民的視点からの民主主義の形成を弱めて
しまうことを危惧することに力点が置かれる。投票価値の平等の確保の議論以外
の手法で進められる組織方法の有意義な点と，自治的組織形成内での「ムラ」化
の進行という，ある意味での対立を引き起こすスリリングな対話を，これら二つ
の論文に期待できる。

　民法学者である小粥の論文は，代表民主主義の議論との直接的な結びつきはな

〈書評〉『代表制民主主義を再考する —— 選挙をめぐる三つの問い』(糠塚康江編)〔新井　誠〕

い。しかし小粥は，所有権の従来の議論を通じて，近代的な（個人格的価値，交換価値）切り離して議論を展開することから漏れ出してしまう「領域への愛着」という視点の問題を提起する点において，最初の問いに繋がる可能性を秘めている。また行政学者である牧原の論文は，住民投票において住民が，土地ないしは空間との関連を意識しているとし，そのことと，人と土地との間を切り離した近代法との緊張関係を語る点で，小粥論文との共通点をも見出せる。こうした異分野間におけるそれぞれの問題意識が，結果的につながっていく点もまた，本書の楽しみ方の一つである。

　他方で，領域と人々の関係を見つめるこうした視線の先に，現在の選挙制度に関する問題が控えていることを忘れてはならない。それが，法社会学者である長谷川の論文が取り上げるホームレスの選挙権問題である。住民票を自ら望む場所に置けないことで生じるこの問題は，土地との愛着があるかないかということを超えた，選挙権行使自体が奪われる深刻な事態である。住民登録制度は住民登録のためのシステムであり，本来的には選挙人を特定するシステムではない。このことを考えれば，選挙権行使がままならない状況を作り出しているのは，住民票の登録をできないことではなく，法の欠陥であることを改めて意識しなければなるまい。

　さらに，選挙における投票制度が地域や土地との結びつきで論じられてきたのは，選挙制度における投票行為自体が，一部の郵便投票などを除き，あくまで「自ら投票所に行く」という前提条件があってのことであった。しかし，問題は多く残るものの，投票には今や，電子投票制度が導入される時代へと突入している。今後はさらに，インターネット投票などの可能性が考えられる。政治学者である河村と政治記者である伊藤の論文からは，こうした状況のもとで，さまざまな選挙区の形が想定されることになり，結果的に特定の土地との密接なつながりが（自ら投票所に投票に行くというための物理的距離の不要という事態が生じる可能性も手伝って），希薄となっていく可能性を読み取ることができる。そのような状況において，土地の利益にとって代わる別の利益が大胆に構想される近未来がやってくるかもしれない。その時，憲法学もまた，新たな議論への対応が迫られることになり，こうした他分野との対話の重要性が改めて認識されることになろう。

V　まとめにかえて

　以上本稿では，評者自身が自らの関心の中から2つの大きな枠組みを切り出し，それぞれの問題関心に関する雑駁なコメントを行った。繰り返しになるが，代表

[憲法研究 第 2 号(2018. 5)]

制民主主義を語るこれまでの憲法論では，土地や領域という要素に，「前近代的（？）」な「胡散臭さ（？）」といったマイナスイメージのレッテルが貼られてきたためか，こうした要素を放逐した理論構築に重きが置かれてきたようにも感じる。しかし，人口規模などを基盤とする地域間格差が進むなか，小さい声しか持たない地域がこれまで以上にそれを余儀なくさせられる国土構造となっている。こうした状況の下で，人々が領域にまつわる何等かの利益に関心を抱いていることを改めて法的理論研究において主題化し，意識的に可視化させようとすることも意図したと考えられる本書のような企画は，大変時機を得たものであり，多くの読者の獲得を期待したいところである。

　もっとも本書評では，評者の捉えた枠組みのなかで触れることができなかったいくつかの論文があり，これら論文が放つ壮大な問題関心への切り込みが弱い部分がある。それに加え，評者が特に扱った論文に関しても，各論者の指摘する問題の本質をつかみ切れないまま，十分な論評に及んでいない可能性がある。本書の読者自身におかれては，これらの諸論稿を横断的に読み込み，編者のいう「化学変化」を十二分に楽しんでいただけると幸いである。

◇憲法年表（2017年10月1日－2018年3月31日）*

政治・社会の動き	憲法・判例の動き
2017年	
10.10 衆議院総選挙公示	10.10 総選挙，自民党公約に憲法改正明示（4項目中心）
10.22 衆議院総選挙，自民党大勝，立憲民主党が野党第一党に躍進	
11. 1 第195回特別国会（～12月9日）第4次安倍内閣発足	11.16 自民党憲法改正推進本部審議（合区問題）
11. 5-7 トランプ大統領来日	11.21 立憲民主党憲法調査会初会合（解散権制約，臨時国会開催期限等）
11.10 希望の党，玉木代表決定	
11.14 小池都知事，希望の党代表辞任	11.22 希望の党憲法調査会初会合（知る権利明記，地方自治強化，解散権制約等）
11.14 文科省　加計学園認可決定	
12. 1 皇室会議開催（天皇退位2018年4月30日に内定）	12. 2 第195回国会衆議院憲法審査会第1回開催
12. 6 トランプ大統領，エルサレムをイスラエルの首都と認定	12. 6 参議院憲法審査会第1回開催12.20自民党憲法改正推進本部審議（9条問題）
12. 8 天皇の退位特例法の施行日を2019年4月30日とする政令を閣議決定	12. 6 最高裁大法廷，NHK受信契約の義務規定を「合憲」と判断
	12.18 最高裁，心身喪失者等医療観察法，合憲判断
12.21 国連総会，エルサレムの首都認定につき，米国に撤回求める決議採択	12.20 広島高裁，受刑者の選挙権制限に合憲判決
	12.27 東京地裁，ワンセグ受信料訴訟でNHK勝訴（5件中4件で勝訴）
2018年	
1. 1 北朝鮮「新年の辞」，ICBM実戦配備宣言	1.22 首相，衆参両院の施政演説で，憲法改正について期待を表明
1.16 法制審議会民法部会，相続法改正要綱案決定	
1.18 オウム真理教事件，刑事裁判終結	1.31 自民党憲法改正推進本部，緊急事態条項について議論
1.22 通常国会召集	
1.23 小野寺防衛大臣，防衛計画の大綱を年度末に見直す方針を表明	
2. 7 ドイツキリスト教民主・社会同盟（CDU）社会民主党（SPD）との大連立で合意	2.16 自民党憲法改正推進本部，参議院「合区」解消改憲条文案素案提示
2. 9 平昌オリンピック開会，北朝鮮参加（～2月25日）	2.26 自民党憲法改正推進本部が同党国会議員に公募した9条改正条文案に120私案提出。同本部，3月25日までに改憲案の取りまとめを目指す方針を発表。
3. 2 朝日新聞，森友問題の財務省文書書き換え疑惑を報道（野党追及，国会空転）	3.14 自民党憲法改正推進本部役員会で，9条改正案を7案提示
3. 4 イタリア総選挙（五つ星運動勝利）	3.22 自民党憲法改正推進本部，細田本部長に一任（9条の2追加の方向で調整）

［憲法研究 第 2 号(2018. 5)］

政治・社会の動き	憲法・判例の動き
3. 5 韓国高官訪朝で 4 月中の南北首脳会談決定 3. 6 政府，天皇の上位などに関する皇室典範 　　　特例法施行令（政令）閣議決定 3. 8 トランプ大統領，米朝会談を決定（ 5 月中） 3. 9 森友問題で，佐川国税庁長官が辞任 3. 9 平昌パラリンピック開会（～ 3 月18日） 3.12 財務省文書書き換えを認めて国会に報告 3.13 民法改正案（18歳成年，婚姻適齢等）を閣議決定 3.19 文書書き換え問題で国会，集中審議 3.26 中国・北朝鮮首脳会談 3.27 衆参両院委員会，佐川元財務省理財局長を証人喚問 3.28 2018年度予算成立（一般会計総額97兆7,128億円）	3.25 自民党大会　安倍総裁が憲法改正推 　　　進を明言，4 項目の具体的原案は公 　　　表されず 3.26 東京高裁，ワンセグ訴訟で NHK 逆転 　　　勝訴（原審さいたま地裁） 3.29 旧優生保護法による強制不妊 　　　手術国賠訴訟，仙台地裁で開廷

※『憲法研究』創刊号171-172頁，および辻村みよ子編著『最新 憲法資料集 —— 年表・史料・判例解説』（信山社，2018年）2-27頁の年表も参照されたい。

◇日本の憲法状況 ── 憲法審査会等の状況（2017年10月 1 日〜2018年 3 月31日）

1　衆議院憲法審査会
（ 1 ）第195回国会（2017〈平成29〉年11月 1 日〜12月 9 日）

〔第 1 回〕2017（平成29）年11月 2 日（木）
http://www.shugiin.go.jp/internet/itdb_
kenpou.nsf/html/kenpou/195-11-02.htm
◎会議に付した案件　会長及び幹事の互選

互選の結果，以下のとおり当選した。

会長	森　　英介君	（自民）
幹事	大塚　高司君	（自民）
同	大塚　　拓君	（自民）
同	岸　　信夫君	（自民）
同	中谷　　元君	（自民）
同	根本　　匠君	（自民）
同	船田　　元君	（自民）
同	山花　郁夫君	（立憲）
同	古本　伸一郎君	（希望）
同	北側　一雄君	（公明）

〔第 2 回〕2017（平成29）年11月30日（木）
http://www.shugiin.go.jp/internet/itdb_
kenpou.nsf/html/kenpou/195-11-30.htm
◎会議に付した案件

1 ．幹事の辞任及び補欠選任
補欠選任　伊藤　達也君（自民）
　　　　　大塚　高司君（自民）
　　　　　委員辞任につきその補欠
補欠選任　柴山　昌彦君（自民）
　　　　　岸　信夫君（自民）
　　　　　幹事辞任につきその補欠
補欠選任　山田　賢司君（自民）
　　　　　大塚　　拓君（自民）
　　　　　幹事辞任につきその補欠

2 ．会長代理の指名
森英介会長（自民）が，「憲法審査会の運営に関する申合せ」について報告を行い，会長代理に，山花郁夫君（立憲）を指名した。

　憲法審査会の運営に関する申合せ
憲法調査会以来の先例を踏まえ，次のように申し合わせる。
一　会長が会長代理を指名し，野党第一党の幹事の中から選定する。
二　幹事の割当てのない会派の委員についても，オブザーバーとして，幹事会等における出席及び発言について，幹事と同等の扱いとする。

3 ．日本国憲法及び日本国憲法に密接に関連する基本法制に関する件
（ 1 ）参考人から意見を聴取することに，協議決定した。
（ 2 ）「衆議院欧州各国憲法及び国民投票制度調査議員団」の調査の概要について，森会長から説明を聴取した後，調査に参加した委員及び参考人から意見を聴取した。[資料 1 参照]
（ 3 ）自由討議を行った。
（調査に参加した委員）
　　中谷　　元君（自民），
　　北側　一雄君（公明），
　　足立　康史君（維新）
（参考人）
　　前衆議院議員
　　平成29年衆議院欧州各国憲法及び国民投票制度調査議員団団員
　　武正　公一君，　　大平　喜信君

憲法研究　第 2 号（2018年 5 月）

［憲法研究 第2号（2018.5）］

［資料1］

衆議院欧州各国憲法及び国民投票制度調査議員団・団長報告

平成29（2017）年11月30日　　森英介

【はじめに】

　衆議院欧州各国憲法及び国民投票制度調査議員団を代表いたしまして，御報告を申し上げます。私どもは，去る7月11日から20日まで，英国，スウェーデン及びイタリアの憲法及び国民投票制度について調査をしてまいりました。

　この調査団は，本審査会のメンバーをもって構成されたものでありますので，この際，団長を務めさせていただきました私から，調査の具体的な内容について御報告させていただき，委員各位の御参考に供したいと存じます。

　議員団の構成は，本審査会の会長である私を団長に，会長代理であった民進党・無所属クラブの武正公一君を副団長とし，自由民主党・無所属の会からは中谷元君及び上川陽子君，公明党からは北側一雄君，日本共産党からは大平喜信君，日本維新の会からは足立康史君それぞれ参加され，合計7名の議員をもって構成されました。なお，この議員団には，衆議院憲法審査会事務局，衆議院法制局及び国立国会図書館の職員が同行いたしました。

【英国（ロンドン）】

　まず，最初の訪問地である英国のロンドンでは，下院において，ヒラリー・ベン下院EU離脱委員会委員長及びレベッカ・デイビース下院行政憲法委員会担当部長と相次いで意見交換をし，昼食会を兼ねて英日議員連盟メンバーと懇談を行った後，デービッド・キャメロン前英国首相の個人事務所を訪ねて率直な意見交換をいたしました。その後，上院においてフィリップ・ノートン上院議員とも意見交換をいたしまし

た。また，デービッド・コープ・ケンブリッジ大学教授をお招きし，長時間に及ぶ意見交換をいたしました。

　以下，その概要について御報告をいたします。

（英国における国民投票）

　まず，英国における国民投票について申し上げたいと思います。英国においては，これまでに3回，全国規模の国民投票が行われております。すなわち，①1975年のEC残留の是非を問うもの，②2011年の選択投票制の採用の是非を問うもの，そして③2016年のEU残留か離脱かを問うものであります。英国では，1973年のEC加盟以来，一定の反EC・EU的な政治勢力が存在しましたが，近年，強硬なEU離脱論を主張する英国独立党の存在もあり，当時のキャメロン首相は，保守党内のEU懐疑派からの圧力を封じるなどの思惑から，2013年にEU残留・離脱を問う国民投票の実施を表明したと言われています。この国民投票は2016年6月23日に実施され，「離脱」が「残留」を僅差で上回る結果となりましたことは，委員各位御承知のとおりです。

　この昨年の国民投票の経験を踏まえ，次の二点の重要性が異口同音に述べられました。

　第一に，国民投票というものが，時の政府への賛否の投票，すなわち信任投票になりがちであり，これを行うに当たっては慎重であるべきであることです。

　第二に，国民投票をする場合には，国民に「それが何の事項についての投票なのか」をきちんと理解して答えてもらうようにすべきであることです。

　これらの点に鑑み，「国民投票においては，公平・公正なプロセスが大切であり，そのためには，賛成・反対の双方を公平にサポートするとともに，客観的で正確な情

184

報が提供されることが肝要」であることが強調されました。

　また，国民投票運動の際，報道内容に関連して，マスメディアに対して政治家が不満を述べることは，「農家が天気に文句を言うようなもの」であって，文句を言うのではなく，反論のための事実を用意するなどして，きちんと対策を講じておくべきであるという意見も伺いました。さらに，投票者は現状維持に票を投じがちな傾向があるから，国民投票で現状を変更したい側は，「過半数の賛成で安心するのではなく，少なくとも60パーセント程度の賛成」が得られるような状況にしておく必要があるとの指摘もありました。

（議会任期固定法）

　次に，英国で2011年に制定された議会任期固定法についても調査いたしました。

　従来，議会解散権は，国王大権の一つとして，首相の要請に基づいて比較的自由に行使されていましたが，2010年に行われた下院総選挙の後，保守党と自由民主党間における連立政権合意に，議会の任期を5年に固定する旨の方針が記載されたことを受け，2011年議会任期固定法が制定されました。同法の制定により，「5年の任期満了による自動解散」を原則としつつも，例外が二つ設けられました。一つ目の例外は，「下院が定数の3分の2以上の多数で繰上総選挙の実施を可決したとき」，すなわち自律解散です。二つ目の例外は，「下院が不信任案を可決した場合においてその後14日以内に信任案を可決しないとき」です。解散は，これらの場合に限って行われることとされました。

　この議会任期固定法については，政権が安定し，首相が5年間の計画を立てることができるメリットがある一方，必要なときに適宜民意を問うことができるといったよ

うな，これまでの柔軟性がなくなってしまったというデメリットも指摘されています。

　一方，今年5月にメイ首相の主導で行われた下院の自律解散の例を見ても分かるように，結局，政府が主導して下院が賛成すれば解散が可能である以上，議会任期固定法に意味があるのかという議論も出ており，同法の見直しも提唱されているとのことでありました。

【スウェーデン（ストックホルム）】

　次の訪問地であるスウェーデンのストックホルムでは，国会において，マリア・ストックハウス国会議員と意見交換を行いました。また，マッツ・エイナション元基本法調査委員会委員をお招きして意見交換を行いました。以下，その概要について御報告をいたします。

（「統治法」の最近の大改正）

　スウェーデンにおいては，統一的な憲法典は存在せず，現在は，「統治法」，「王位継承法」，「出版の自由に関する法律」及び「表現の自由に関する基本法」の四つの法律が国家の基本法として位置付けられていますが，まず，「統治法」の最近の大改正について申し上げたいと思います。

　「統治法」は，1974年の制定以来，幾多の部分改正を経てきましたが，21世紀に入って包括的な見直しが行われることとなり，超党派の国会議員を中心に構成された調査委員会における4年半にわたる調査・検討を経て，制定以来の大改正が，ほぼ全ての政党の賛成を得て2010年に行われた，とのことでありました。

　その際，各党の合意点の一つとして，改正に当たっては，統治の仕組みをいつまでも議論するのではなく，なるべく早く合意に達して実際の政治課題に取り組むべきである，という点が挙げられるという話を伺

［憲法研究 第2号（2018.5）］

いました。

（教育無償化）

次に，スウェーデンの教育無償化について申し上げたいと思います。

スウェーデンでは，分権的な制度の下，地方が，国の制度や方針の範囲内で，自らの裁量に基づき初等中等教育を中心とする教育行政を実施しています。また，スウェーデンでは，義務教育は7歳から16歳までですが，任意で利用できるものとして，1歳児から6歳児までの就学前の幼児教育がほぼ無償で提供されており，高校のほか，大学などの高等教育についても，博士課程を含め，授業料は無償とされています。

この教育無償化政策について，スウェーデンにおいては，これに反対したり，その政策上の優先度を引き下げたりしようとする政党はないとのことでありました。また，子どもの学が親の経済状況で左右されてはならないとの考え方は，憲法に明文で規定されているわけではありませんが，スウェーデン国民にとっては自明のことであって，これを憲法上規定るという議論はなされていない，とのことでもありました。

（情報公開）

第三に，情報公開について申し上げたいと思います。スウェーデンでは，国民やマスメディアが，政府や国会などの全ての公共機関の行動をコントロールできるようにするために，公共の文書は国民が読むことができるようにすべき，との考えが行き渡っており，これが充実した情報公開制度につながっているという話を伺いました。

例えば，公務員には，原則として非公開の情報に関して守秘義務が課されていますが，マスメディアに対して非公開情報を提供した場合，一定の場合には，守秘義務違反をしても不可罰となることが憲法及び法律で定められているとのことであり，我々

派遣議員団は大きな驚きをもってこれを受けとめましたが，スウェーデン国民は，このような仕組みに大変な誇りを持っているとのことでありました。

【イタリア（ローマ）】

最後の訪問地であるイタリアのローマでは，下院において，レナート・ブルネッタ下院フォルツァ・イタリア会派長と，首相府において，アンナ・フィノッキアーロ議会関係担当大臣と，上院において，ステファニア・ジャンニーニ前教育・大学・研究大臣と，下院において，アンドレア・マッツィオッティ・ディ・チェルソ下院憲法問題委員会委員長を初め委員の方々と意見交換を行うとともに，在イタリア日本国大使館にステファノ・チェッカンティ・ローマ・サピエンツァ大学教授をお招きし，意見交換をしました。

以下，その概要についてご報告をいたします。

（イタリアの2016年憲法改正国民投票）

まず，イタリアでは，昨年（2016年）の12月に憲法改正の国民投票が行われましたが，そこに至るプロセスについて申し上げたいと思います。

イタリアの二院制は，選出方法においても，任期においても，権限においても，上下両院はほぼ同じであり，これほどまでに対称的な二院制は世界に類を見ないと言われています。その結果，下院と上院で同一の多数派が形成されない場合に国政の停滞を招くことがしばしばあり，長きにわたってその改革の必要性が主張されてきました。そして，2014年から2016年にかけて，ついに，上院の権限を大幅に縮小し，上院を地方代表の府と位置付け直す憲法改正案が議会を通過しました。

この憲法改正案は，議会で3分の2の賛成こそ得られなかったものの，上下両院で

可決されましたから，憲法上，必ずしも国民投票は必要ありませんでした。しかし，総選挙を経ていないレンツィ政権は，政権に対する民主的正統性を取り付ける等の思惑から署名を集め，敢えて国民投票を行うことを選択しました。その結果として，同案は国民投票で否決され，憲法改正は失敗することとなってしまいました。

　ところで，この憲法改正の試みは，当初は，各党の間の幅広い合意形成に十分配慮したものであり，政権の枠組みとは別の，広範な憲法改正賛成の多数派が形成されていたと伺いました。また，レンツィ政権の前のレッタ政権において国民の意識調査を行い，20万人以上の国民から回答を得ましたが，その際には，二院制改革についても，地方制度改革についても，圧倒的な支持を得ていることが確認されておりました。しかしながら，その後，各党の政局的な動きに引きずられ，また，レンツィ首相が「憲法改正の成否に自分の進退を賭ける」ことを表明したこともあって，最終的には，レンツィ政権への信任投票となってしまい，これに対する国民の拒絶反応が出て，否決されてしまったとの評価でありました。このプロセスから得られる教訓として，以下のような指摘がありました。

　第一に，憲法改正には議会における幅広い会派の合意が必要だということです。言い換えれば，政府を支持する「多数派」と，憲法改正を支持する「多数派」は別の存在であり，その時々の政治的多数派だけに頼って憲法改正をすることは，極めて危険であるということです。

　第二に，多数派が，国民投票を，自己の権力強化のための手段にしようとしないこと，国民に冷静な判断をしてもらうような工夫をすることが重要だ，ということです。前者について言えば，憲法は国民の財産で

あるから，「誰かの憲法改正」であってはならないとの意見がありました。「レンツィの憲法改革」と認識された今回の憲法改正は，その点が大きな間違いであったと伺いました。なお，2016年の憲法改正案は，憲法全体の3分の1にも及ぶ条項を改正しようというものでしたが，これだけ幅広い改正をしようとする場合に，通常の憲法改正手続にのっとって，しかも国民投票で「賛成」か「反対」かという一括した形式で国民に意思表示を求めることは不適当との指摘もありました。

　例えば，戦後，イタリア憲法を新たに制定したときと同じようなやり方，すなわち，憲法制定議会のメンバーを比例代表選挙で選び，その憲法制定議会が一年と年限を限って議論して結論を出し，それを国民投票にかける，といった手続で進めることも考えられるのではないかという指摘です。
（上院改革に対する「上院の姿勢」）

　次に，この憲法改正案における上院改革に対する「上院の姿勢」について申し上げたいと思います。最終的には国民投票で否決されてしまったものの，自己の定数を削減し，その権限を縮小するような改正案に上院自身が賛成したのは，極めて奇跡的なことのように思われますが，イタリア上院の複数の関係者に伺いますと，異口同音に「国家のためには，自分たちを犠牲にしても，それが必要だ，と判断したから賛成したのだ」と答えておられました。
（「新しい人権」）

　いわゆる「新しい人権」についても話を伺いました。

　イタリア憲法は，1947年に制定されたものであり，国民の権利等について定める憲法第一部にプライバシー権や情報アクセス権などの権利は規定されておりません。

　このような「新しい人権」を憲法に追加

［憲法研究 第 2 号（2018.5）］

するための改正を行うべきとの議論はある
のかという質問に対しては，憲法第一部に
ついては，改正しない方がよいと一般に理
解されているとのことでした。すなわち，
そのようなものへの対処は，憲法改正では
なく，憲法裁判所における解釈とそれに基
づく立法措置で対応していくべきであり，
かつ，それで十分と考えられているので
あって，憲法改正の対象となるのは，主に
統治機構について定める憲法第二部である
との回答がありました。

【おわりに】

　振り返りますと，本当に駆け足で回って
きた調査でありましたが，私は，この議員
団に本審査会の多くの会派から御参加いた
だきましたことを感謝するとともに，その
真摯な調査への取り組みに敬意の念を表し
たいと存じます。

　そして，政治的立場や評価は別として，
欧州各国における憲法や国民投票制度の実
情について，派遣議員の先生方の間で共通
の認識を持つことができたのではないかと
思っております。この共通認識をここで委
員各位とともに共有しながら，今後の本審
査会における憲法論議がより充実したもの
となることを願っております。

　なお，先般，議長に提出した『海外派遣
報告書』につきましては，既に委員各位の
事務所に配付させていただいたところであ
りますが，憲法審査会ホームページにも掲
載いたしておりますので，併せて御参照い
ただきますよう，よろしくお願いいたしま
す。

　最後になりましたが，今回の派遣に御協
力をいただきました全ての関係者の皆様
に，心から感謝を申し上げ，私の報告とさ
せていただきます。
（http://www.shugiin.go.jp/internet/itdb_
kenpou.nsf/html/kenpou/1951130chosa-

gaiyou-houkoku.pdf/$File/1951130chosa-
gaiyou-houkoku.pdf)

〔第 3 回〕2017（平成29）年12月 7 日（木）
http://www.shugiin.go.jp/internet/itdb_
kenpou.nsf/html/kenpou/195-12-07.htm
◎会議に付した案件
閉会中における参考人出頭要求に関する件
及び委員派遣に関する件について，協議決
定した。

（ 2 ）第196回国会（2018〈平成30〉年 1 月
　　22日～ 6 月20日）
開会なし

2 　参議院憲法審査会
（ 1 ）第195回国会（2017〈平成29〉年11月
　　 1 日～12月 9 日）
〔第 1 回〕2017（平成29）年12月 6 日

○憲法に対する考え方について意見の交換
を行った。
【発言者】
磯﨑仁彦君（自民），白眞勲君（民進），伊
藤孝江君（公明），仁比聡平君（共産），浅
田均君（維新），福島みずほ君（希会），松
沢成文君（希党），足立敏之君（自民），藤
田幸久君（民進），西田実仁君（公明），吉
良よし子君（共産），東徹君（維新），石井
正弘君（自民），伊藤孝恵君（民進），古賀
友一郎君（自民），風間直樹君（民進），高
野光二郎君（自民），有田芳生君（民進），
山添拓君（共産），有村治子君（自民），大
野元裕君（民進），山谷えり子君（自民），
小西洋之君（民進），二之湯武史君（自民），
宮沢由佳君（民進），舞立昇治君（自民），
牧山ひろえ君（民進），西田昌司君（自民），
二之湯智君（自民），岡田直樹君（自民）
【主な発言項目】

日本の憲法状況

・憲法の基本原理を尊重する一方，内外の変化に対応していかにして憲法の原理を守っていくのか，憲法論議の現代的な進化・発展が不可欠との見解
・憲法9条への自衛隊の明記，緊急事態条項，教育の無償化・充実強化，合区解消は重要な課題であるとの見解
・安倍内閣による憲法53条の臨時会召集義務違反と憲法7条の解散権濫用について調査することの必要性
・安保法制の違憲性と憲法9条への自衛隊の明記の問題点
・憲法改正の国民投票と国政選挙を同時に実施することの問題点
・参議院の行政監視機能を充実させるべきとの見解
・参議院は社会保障，子供の貧困，人口減少などの長期的課題に軸足を置くべきとの見解
・憲法9条は日本の平和的復興の基礎であり，9条に手を加えることは戦後日本社会の在り方を根底から変えることになるとの見解
・国民の多数は改憲を求めておらず，当審査会は動かすべきではないとの見解
・憲法改正は，国論を二分するような問題より身近で切実な問題項目から取り上げるべきとの見解
・教育無償化の明記，国と地方の統治機構の抜本改革及び憲法裁判所の設置のための憲法改正の必要性
・今必要なことは，憲法を変えることではなく，13条，14条，25条，前文の平和的生存権など憲法の規定をいかすことであるとの見解
・憲法9条への自衛隊の明記は限定的な集団的自衛権の行使をする自衛隊の明記であり，憲法違反の安保関連法の合憲化であるとの見解

・立憲主義については，権力の制限規範，権力の授権規範，国家目標規範という三つの面を組み合わせて議論していくべきとの見解
・現行憲法の欠陥は，国家の防衛と国家緊急事態に対する規定が欠如している点であるとの見解
・自衛隊・自衛権に関する条項，地方分権に関する条項，知る権利に関する条項についての議論の必要性
・憲法に緊急事態に関する条項を規定しておくことの必要性
・外務副大臣が自衛隊の服務の宣誓の文言を自己の決意表明としたことの問題点
・参議院議員が全国民の代表であることに疑義が生ずるような憲法改正は，参議院の権限の大幅な見直しになりかねず，慎重であるべきとの見解
・軍事力で作り出すものを平和とは言わないとの見解
・教育無償化に関する自民党の衆議院総選挙の公約の実現に対する希望
・全国知事会の見解も念頭に置き，合区解消問題と地方自治の本旨の具体化について同時に議論を深めていくべきとの見解
・制定過程を理由に憲法改正を主張することに関する疑問
・自衛隊が不可欠な存在であることが国民に認識されているにもかかわらず，法的に不安定な状況に置かれ続けている現状を放置すべきではないとの見解
・国会で憲法9条の制定過程について調査することの必要性
・憲法に自衛隊を明記する場合における内閣総理大臣の指揮権の明記及びその権限を制約・監視する仕組みの必要性
・合区の問題点と高知県における合区反対の状況
・今本当に憲法を変えなければいけないの

かもう少し深めて考えることの必要性
・北朝鮮情勢等を踏まえ，今ほど憲法9条が必要とされているときはないとの見解
・合区解消のための憲法改正は，憲法43条と矛盾しないとの見解
・憲法9条について正面から議論をすることの必要性
・憲法に緊急事態条項を位置付け，できることを明確にしておくことの必要性
・立憲主義の根幹は制限規範であり，ほかの考え方を併せて捉えると制限規範の考え方が後退するおそれがあるとの見解
・安全保障，水源涵養，食料生産など地方が担う役割に鑑み，都道府県から代表者を国政に送ることを国益の観点から議論することの必要性
・国民は自衛隊の存在を認めており，自衛隊を憲法に明記する必要はないとの見解
・衆議院が民意を集約する役割を持つのに対し，参議院は多様な民意を反映する役割を持つとの見解
・憲法改正による合区の解消と平成27年の公職選挙法改正の附則との関係
・現行憲法が占領目的のために作られたことが国民に理解されていないことの問題点
・合区解消に関して憲法改正以外の方策の検討の有無
・衆参で機能分担，役割分担をすべきであり，参議院は国家の基本的問題である外交防衛，教育を中心に審議すべきとの見解
・不正の手口による解釈変更とそれに基づく安保法制を放置して憲法改正議論を行うことは許されないとの見解
・自民党憲法草案の位置付け及び取扱い
・平和安全法制及び立憲主義に関する考え方

http://www.kenpoushinsa.sangiin.go.jp/

keika/hatsugen_195.html#d1_hatsugen

〔第2回〕2017（平成29）年12月8日（金）

○請願の審査　いずれの請願も保留となった。

・・・・・・・・・・・・・・・・・・・・・・・・・・

（2）第196回国会（常会）（2018〈平成30〉年1月22日〜6月20日）
〔第1回〕2018（平成30）年2月21日（水）
憲法に対する考え方について，意見の交換を行った。

発言者：岡田直樹君（自民），白眞勲君（民進），西田実仁君（公明），仁比聡平君（共産），浅田均君（維新），福島みずほ君（希会），風間直樹君（立憲），松沢成文君（希党），山谷えり子君（自民），石橋通宏君（民進），有村治子君（自民），小西洋之君（民進），竹内真二君（公明），吉良よし子君（共産），東徹君（維新），中西哲君（自民），宮沢由佳君（民進），北村経夫君（自民），浜口誠君（民進），堂故茂君（自民），牧山ひろえ君（民進），松川るい君（自民），伊藤孝恵君（民進），西田昌司君（自民），滝波宏文君（自民），石井正弘君（自民）

【主な発言項目】
・自民党が検討している合区解消に係る47条・92条の改正案についての説明
・安倍総理，安倍自民党の憲法改正に対する考え方への批判
・憲法審査会において憲法改正手続法に対する附帯決議の議論を行うことの提案
・参議院の緊急集会の重要性及び緊急集会と全国民の代表との関係
・安倍政権下で変貌する自衛隊を憲法に明記することは9条2項の意味を覆すこと

になるとの見解
・改憲項目として教育無償化・統治機構改革・憲法裁判所を取り上げるべきとの主張の背景となる考え方
・集団的自衛権を行使する自衛隊の憲法への明記は許すべきでないとの見解
・9条・日米安保条約・日米地位協定をパッケージで調査することの提案
・9条への自衛隊明記の前提として自衛権を明記することの必要性
・緊急事態条項について行政権限の強化も含めて憲法に明記することの重要性
・自衛隊の存在を憲法に明記することの必要性
・合区解消に係る憲法改正の必要性に対する疑問及び47条改正と一票の較差との関係についての疑問
・憲法審査会において日米地位協定について議論することの提案
・占領下における制約の下で憲法が制定されたことを直視することの必要性
・平和主義及び立憲主義に関する認識について議論することの必要性
・国民主権・基本的人権の尊重・恒久平和主義の3原理は改正限界であるとの見解
・憲法改正の発議における幅広い合意の必要性と憲法改正の議論における幅広い国民の理解の必要性
・憲法ではなく米軍基地の問題など憲法に反する現実こそ変えるべきとの見解
・参議院の選挙制度改革を憲法改正により行うことへの疑問
・自衛隊を国軍と位置付けた上で行動基準・軍法会議などを整備することの必要性
・憲法への自衛隊明記が国民投票で否決された場合の問題点
・平和安全法制は合憲であり立憲主義に反しないとの見解

・国民投票における最低投票率及び有料広告規制に関する議論の提案
・教育充実のための26条と89条の改正の必要性
・自衛隊及び日米同盟の強化と9条改正の必要性
・9条への自衛隊の明記と従来の解釈の維持との関係
・主権のない時代に9条と再軍備という矛盾を押し付けられたという事実を整理していくことが立憲主義そのものであるとの見解
・憲法への軍隊明記と日米安保条約・日米地位協定との関係に関する疑問
・福井県の豪雪への対応を踏まえた合区の問題点と緊急事態における選挙延期の必要性
・両院の議員が全国民を代表する点は変えるべきではないとの見解
・地方の固有財源及び固有財源で足りない場合の財源保障の必要性

http://www.kenpoushinsa.sangiin.go.jp/keika/hatsugen_196.html#d1_hatsugen

3　2017年10月22日総選挙，自由民主党公約（2017年10月10日）

選挙公約　第6項目

　国民の幅広い理解を得て，憲法改正を目指します。

　現行憲法の「国民主権」，「基本的人権」，「平和主義」の3つの基本原理は堅持しつつ，憲法改正を目指します。

＊憲法改正については，国民の幅広い理解を得つつ，衆議院・参議院の憲法審査会で議論を深め各党とも連携し，自衛隊の明記，教育の無償化・充実強化，緊急事態対応，参議院の合区解消など4項目を中心に，党内外の十分な議論を踏まえ，

［憲法研究 第 2 号（2018.5）］

憲法改正原案を国会で提案・発議し，国民投票を行い，初めての憲法改正を目指します。

https://jimin.ncss.nifty.com/pdf/
manifest/20171010_manifest.pdf

4　自由民主党憲法改正推進本部

1）2017年12月20日　憲法改正に関する論点とりまとめ〔中間とりまとめ〕
https://jimin.ncss.nifty.com/pdf/news/
policy/136448_1.pdf［資料2］参照

2）2018年1月31日　全体会合，改憲を目指す4項目のうち，大規模災害などに備える緊急事態条項について議論（集約先送り）

3）2018年3月14日役員会　提案
憲法9条第1項（戦争放棄）と第2項（戦力不保持）を維持して自衛隊の存在を明記する改正案を提示
【自民党憲法改正推進本部で示された7案】
〈9条第2項削除〉
（1）国防軍を保持（自民党憲法改正草案）
（2）陸海空自衛隊を保持（9条新第2項）
〈9条第2項維持・自衛隊明記〉
（3）必要最小限度の実力組織として自衛隊を保持（9条の2）
（4）前条（＝現行9条）の範囲内で自衛隊を保持（9条の2）
（5）前条（＝同）の規定は自衛隊を保持することを妨げない（9条の2）
〈9条第2項維持・自衛権明記〉
（6）前2項（＝同）の規定は自衛権の発動を妨げない（9条第3項）
（7）前2項（＝同）の規定は国の自衛権の行使を妨げず，そのための実力組織を保持できる（9条第3項）
（毎日新聞2018年3月15日 https://
mainichi.jp/articles/20180315/

k00/00m/010/147000c?inb=ys をもとに要約）

4）2018年3月22日　自由民主党憲法改正推進本部役員会で，細田本部長に一任を決定。
　9条2項維持案の2案を提示。（必要最小限の語を削除し，9条の2追加案で纏める方針と報道，以下，朝日新聞デジタルより引用）

「有力案
9条の2　前条の規定は，我が国の平和と独立を守り，国及び国民の安全を保つために必要な自衛の措置をとることを妨げず，そのための実力組織として，法律の定めるところにより，内閣の首長たる内閣総理大臣を最高の指揮監督者とする自衛隊を保持する。
　②　自衛隊の行動は，法律の定めるところにより，国会の承認その他の統制に服する。」
https://www.asahi.com/articles/ASL3Q6
FLPL3QUTFK02B.html

5）2018年3月25日　自民党大会で，細田推進本部長が報告。
（推進本部，自民党のウェブサイトには掲載無。以下，産経ニュースより引用）

「25日の自民党大会では，党憲法改正推進本部が憲法9条などの改憲4項目について「条文イメージ・たたき台素案」をまとめたことが報告された。細田博之本部長は4項目について「今，最小限，国家的に必要な部分を取り上げた」と強調している。素案のポイントは次の通り。
【9条改正】
　安倍晋三首相（党総裁）の提案に基づき，

自衛隊違憲論の解消に向け，戦力不保持を定めた２項を維持した上で「自衛隊」の存在を明記した。石破茂元幹事長らが主張した２項削除は，集団的自衛権をフルスペック（際限ない形）で認めることにつながりかねず，公明党の理解も得られにくいとして採用しなかった。

９条とは別条文となる「９条の２」を新設し，現行の９条に一切手を付けない形をとったのも「加憲」の立場を取る公明党に配慮したものだ。

当初は，認められる自衛権が現行憲法の範囲を超えないことを明確にするため，自衛隊を「必要最小限度の実力組織」として位置づける考えだった。ただ，党内からは「必要最小限度の幅をめぐって新たな解釈論争が起こる」などと批判が続出した。

これを踏まえ，最終案には「前条の規定は～」という表現を盛り込み，２項との整合性を取った。さらに自衛隊を「必要な自衛の措置をとることを妨げず，そのための実力組織」と位置づけ，「自衛隊」ではなく「自衛権」の明記を主張した勢力にも気配りした。

内閣の下に置かれる防衛省と自衛隊の関係に変更がないことを明確化するため「内閣の首長たる内閣総理大臣を最高の指揮監督者とする」とするシビリアンコントロール（文民統制）の規定も書き込んだ。

【緊急事態条項】

「大地震その他の異常かつ大規模な災害」で国会が機能不全に陥った場合を想定し，国民の生命・財産保護のため，政府に権限を集中する条文を新設した。国会議員の任期も衆参で各出席議員の３分の２以上の賛成で延長できるようにした。自民党の平成24年改憲草案に明記した国民の私権制限は見送った。

【参院選「合区」解消】

現行憲法で定める「投票価値の平等」と別に，衆参両院の選挙区と定数は「地域的な一体性」などを「総合的に勘案」して定めると規定。特に参院選について「改選ごとに各選挙区において少なくとも１人を選挙すべきものとすることができる」と明記した。「合区」解消と都道府県単位の選挙制度の維持を図る。

【教育の充実】

経済事情に関係なく質の高い教育を受けられるよう，26条に国の努力義務規定を盛り込んだ。日本維新の会が求める幼児教育から大学までの教育無償化は見送った。89条も改め私学助成の合憲性を明確にした。」
http://www.sankei.com/politics/news/180325/plt1803250052-n1.html

[資料2]

憲法改正に関する論点取りまとめ
平成29年12月20日
自由民主党憲法改正推進本部

1 これまでの議論の経過
（1）自由民主党における憲法論議

日本国憲法は，本年5月3日に施行70周年を迎えた。この間，国民主権，基本的人権の尊重，平和主義など憲法の基本原理は定着し，国民の福祉，国家の発展に大きな役割を果たしてきた。一方，70年の歴史の中でわが国内外の環境は大きく変化しており，憲法の規定の一部には今日の状況に対応するため改正すべき項目や追加すべき項目も考えられる。

自由民主党は結党以来，現行憲法の自主的改正を目指し，「憲法改正大綱草案」（昭和47年），「日本国憲法総括中間報告」（昭和57年），近年では「新憲法草案」（平成17年），「日本国憲法改正草案」（平成24年）などの試案を世に問うてきた。これらは，

党内の自由闊達な議論を集約したものである。

（2）憲法改正推進本部における議論の状況

平成28年の初めから，憲法改正推進本部は具体的な改正項目を検討するため，総論的なテーマを掲げた有識者ヒアリング（平成28年2月～5月），各論的なテーマを掲げた有識者ヒアリング（平成28年11月～29年6月）を行い，知見の集積及び議論の整理を行ってきた。

こうした知見や議論を踏まえ，本年6月以降8回の推進本部会議において以下のテーマが優先的検討項目として議論された。わが国を取り巻く安全保障環境の緊迫化，阪神淡路大震災や東日本大震災などで経験した緊急事態への対応，過疎と過密による人口偏在がもたらす選挙制度の変容，家庭の経済事情のいかんに関わらずより高い教育を受けることのできる環境の整備の必要性など，わが国が直面する国内外の情勢等に鑑み，まさに今，国民に問うにふさわしいと判断されたテーマとして，①安全保障に関わる「自衛隊」，②統治機構のあり方に関する「緊急事態」，③一票の較差と地域の民意反映が問われる「合区解消・地方公共団体」，④国家百年の計たる「教育充実」の4項目である。

現段階における議論の状況と方向性は，以下の通りである。

2　各テーマにおける議論の状況と方向性
（1）自衛隊について

自衛隊がわが国の独立，国の平和と安全，国民の生命と財産を守る上で必要不可欠な存在であるとの見解に異論はなかった。

その上で，改正の方向性として以下の二通りが述べられた。

① 「9条1項・2項を維持した上で，自衛隊を憲法に明記するにとどめるべき」との意見

② 「9条2項を削除し，自衛隊の目的・性格をより明確化する改正を行うべき」との意見

なお，①及び②に共通する問題意識として，「シビリアンコントロール」も憲法に明記すべきとの意見が述べられた。

（2）緊急事態について

国民の生命と財産を守るため，何らかの緊急事態に関する条項を憲法上設けることについて，以下の二通りが述べられた。

① 選挙ができない事態に備え，「国会議員の任期延長や選挙期日の特例等を憲法に規定すべき」との意見

② 諸外国の憲法に見られるように，「政府への権限集中や私権制限を含めた緊急事態条項を憲法に規定すべき」との意見

今後，現行憲法及び法律でどこまで対応できるのかという整理を行った上で，現行憲法体系で対応できない事項について憲法改正の是非を問うといった発想が必要と考えられる。

（3）合区解消・地方公共団体について

両議院議員の選挙について，一票の較差（人口比例）への対応により行政区画と選挙区のずれが一層拡大し，地方であれ都市部であれ今後地域住民の声が適切に反映されなくなる懸念がある。このため47条を改正し，①両議院議員の選挙区及び定数配分は，人口を基本としながら，行政区画，地勢等を総合勘案する，とりわけ，②政治的・社会的に重要な意義を持つ都道府県をまたがる合区を解消し，都道府県を基本とする選挙制度を維持するため，参議院議員選挙においては，半数改選ごとに各広域地方公

共団体（都道府県）から少なくとも一人が選出可能となるように規定する方向でおおむね意見は一致している。同時に，その基盤となる基礎的地方公共団体（市町村）と広域地方公共団体（都道府県）を92条に明記する方向で検討している。

（4）教育充実について

教育の重要性を理念として憲法上明らかにするため，26条3項を新設し，教育が国民一人一人にとっての幸福の追求や人格の形成を基礎づけ，国の未来を切り拓く上で欠くことのできないものであることに鑑み

て，国が教育環境の整備を不断に推進すべき旨を規定する方向でおおむね意見は一致している。

89条は私学助成が禁止されていると読めることから，条文改正を行うべきとの意見も出されている。

3　憲法改正の発議に向けて

憲法改正は，国民の幅広い支持が必要であることに鑑み，4テーマを含め，各党各会派から具体的な意見・提案があれば真剣に検討するなど，建設的な議論を行っていきたい。

◇国際学会等のご案内

1）国際憲法学会世界大会 IACL 第10回世界大会

　2018年 6 月18日―22日，ソウル　成均館大学（Sung Kyun Kwan University）

　The Xth World Congress of the International Association of Constitutional Law
　（IACL）18 to 22 June 2018 in Seoul, Korea.

　The theme of the World Congress：*"Violent Conflicts, Peace-Building and Constitutional Law"*

　http://www.iacl-aidc.org/en/

　http://wccl2018-seoul.org/

＊参加登録：2018年 4 月 1 日以降も登録可。登録料　450ドル

　http://wccl2018-seoul.org/how-to-register.html

　（詳細は『憲法研究』創刊号175頁，上記ウェブサイト参照。）

　奮ってご参加ください。

＊〔proposal と paper の提出期限延長！〕

　27の分科会での報告希望者は，proposal（750語以内）を2018年 4 月30日までに
　submission@wccl2018-seoul.org. および各分科会座長宛に提出。 5 月中旬までに了
　承された場合，paper を 6 月 2 日までに，大会委員会宛提出。 5 月 1 日までに提出さ
　れたものは，ウェブサイトに掲載されます。

　http://wccl2018-seoul.org/paper-submission.html

2）ICON SOCIETY2018年大会　2018年 6 月25―27日　香港

　　2018 ICON-S Conference

　　（I-con：*International Journal of Constitutional Law*）

　　2018 Annual Conference on "Identity, Security, Democracy: Challenges for
　　Public Law" will take place on June 25-27, 2018 in Hong Kong.

　　https://icon-society.org/

3）第 1 回 IVR（法哲学・社会哲学国際学会連合）Japan 国際会議

　　2018年 7 月 6 日― 8 日　同志社大学（京都）

　　http://2018kyoto.ivrj.org

　　法哲学・社会哲学国際学会連合（IVR）Internationale Vereinigung für Rechts-
　　und Sozialphilosophie.

　　https://ivronlineblog.wordpress.com/

4）第20回比較法国際アカデミー国際会議 2018年 7 月22日―28日

　　The 20th Congress of the International Academy of Comparative Law

　　アクロス福岡，九州大学，福岡国際会議場，福岡大学

　　http://gc.iuscomparatum.info/gc/」

［憲法研究 第2号（2018.5）］

　　http://www.congre.co.jp/iacl2018/html/schedule/schedule.html
　　登録　http://www.congre.co.jp/iacl2018/html/registratiron/registratiron.html
　　（登録は，2018年5月31日まで可）

5）Public Law Conference
　　The Frontiers of Public Law, Melbourne Law School, 11-13 July 2018
　　http://law.unimelb.edu.au/public-law-conference#home
　　（2014年スタートのケンブリッジ大学中心の学会。今年初めてオーストラリアで
　　開催）。

6）Society for Legal Scholars
　　2018 Annual Conference,
　　Queen Mary University of London
　　'Law in troubled times'
　　The 109th Annual Conference of the Society will be held in at Queen Mary
　　University of London (QMUL), from lunchtime Tuesday 4 September to
　　lunchtime Friday 7 September 2018.
　　http://slsconferenceuk.co.uk/

〈責任編集〉

辻村みよ子（つじむら　みよこ）
明治大学法科大学院教授　東北大学名誉教授

〈編集委員〉
山元　一（やまもと　はじめ）　慶應義塾大学教授
只野雅人（ただの　まさひと）　一橋大学教授
愛敬浩二（あいきょう　こうじ）　名古屋大学教授
毛利　透（もうり　とおる）　京都大学教授

◆　憲法研究　第2号　◆

2018（平成30）年5月3日　第1版第1刷発行　6522-01011

責任編集　辻村みよ子
発行者　今井貴　稲葉文子
発行所　株式会社　信山社
〒113-0033 東京都文京区本郷6-2-9-102
Tel 03-3818-1019　Fax 03-3818-0344
info@shinzansha.co.jp
出版契約 No.2018-6522-4-01010 Printed in Japan

©編著者, 2018　印刷・製本／亜細亜印刷・渋谷文泉閣
ISBN978-4-7972-6522-4：012-150-028-N20 C3332
P208　分類323.100.a001 憲法

JCOPY　〈（社）出版者著作権管理機構　委託出版物〉
本書の無断複写は著作権法上での例外を除き禁じられています。複写される場合は、
そのつど事前に、（社）出版者著作権管理機構（電話 03-3513-6969, FAX 03-3513-6979,
e-mail:info@jcopy.or.jp）の許諾を得てください。

◆ 学術世界の未来を拓く研究雑誌 ◆

憲法研究　辻村みよ子 責任編集

[編集委員] 山元一／只野雅人／愛敬浩二／毛利透

行政法研究　宇賀克也 責任編集

民法研究　第2集　大村敦志 責任編集

民法研究　広中俊雄 責任編集

消費者法研究　河上正二 責任編集

環境法研究　大塚 直 責任編集

社会保障法研究　岩村正彦・菊池馨実 責任編集

医事法研究　甲斐克則 責任編集　（近刊）

法と社会研究　太田勝造・佐藤岩夫 責任編集

法と哲学　井上達夫 責任編集

国際法研究　岩沢雄司・中谷和弘 責任編集

ジェンダー法研究　浅倉むつ子 責任編集

EU法研究　中西優美子 責任編集

法と経営研究　加賀山茂・金城亜紀 責任編集

―――― 信山社 ――――